"十四五"职业教育国家规划教材

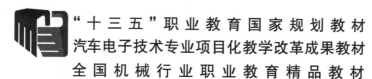

"十三五"职业教育国家规划教材
汽车电子技术专业项目化教学改革成果教材
全国机械行业职业教育精品教材

汽车底盘电控技术

第 4 版

主　编　李春明

参　编　焦传君　赵　宇　孙雪梅　李明清

　　　　王翼飞　孟祥文

机械工业出版社

本书被评为"十四五"职业教育国家规划教材,也被评为全国机械行业职业教育精品教材。

本书系统地讲解了我国目前常见车型的电控液力自动变速器、电控机械无级自动变速器、双离合器自动变速器、电控防抱死制动系统、电控驱动防滑/牵引力控制系统、电子稳定程序控制系统、电子控制悬架系统、电控动力转向与四轮转向系统、辅助制动电控系统的结构、原理、故障诊断分析、检修等内容。

本书适合高职高专的汽车电子技术、汽车检测与维修技术、汽车技术服务与营销等相关专业使用,也可以作为成人高等教育、汽车技术培训等相关课程的教材使用。

本书配有电子课件、试卷及答案,二维码视频资源,凡使用本书作为教材的教师可登录机械工业出版社教育服务网 www.cmpedu.com 注册后下载。咨询邮箱:cmpgaozhi@sina.com。咨询电话:010-88379375。

图书在版编目(CIP)数据

汽车底盘电控技术 / 李春明主编. —4 版. —北京:机械工业出版社,2019.9(2024.2 重印)
"十三五"职业教育国家规划教材 经全国职业教育教材审定委员会审定 汽车电子技术专业项目化教学改革成果教材
ISBN 978-7-111-63934-3

Ⅰ.①汽⋯ Ⅱ.①李⋯ Ⅲ.①汽车-底盘-电气控制系统-高等职业教育-教材 Ⅳ.①U463.6

中国版本图书馆 CIP 数据核字(2019)第 214758 号

机械工业出版社(北京市百万庄大街22号 邮政编码100037)
策划编辑:葛晓慧　责任编辑:葛晓慧
责任校对:肖　琳　封面设计:陈　沛
责任印制:常天培
北京机工印刷厂有限公司印刷
2024 年 2 月第 4 版第 15 次印刷
184mm×260mm ・16.5 印张・410 千字
标准书号:ISBN 978-7-111-63934-3
定价:49.00 元

电话服务　　　　　　　　　网络服务
客服电话:010-88361066　　机　工　官　网:www.cmpbook.com
　　　　　010-88379833　　机　工　官　博:weibo.com/cmp1952
　　　　　010-68326294　　金　书　网:www.golden-book.com
封底无防伪标均为盗版　　　机工教育服务网:www.cmpedu.com

关于"十四五"职业教育
国家规划教材的出版说明

为贯彻落实《中共中央关于认真学习宣传贯彻党的二十大精神的决定》《习近平新时代中国特色社会主义思想进课程教材指南》《职业院校教材管理办法》等文件精神，机械工业出版社与教材编写团队一道，认真执行思政内容进教材、进课堂、进头脑要求，尊重教育规律，遵循学科特点，对教材内容进行了更新，着力落实以下要求：

1. 提升教材铸魂育人功能，培育、践行社会主义核心价值观，教育引导学生树立共产主义远大理想和中国特色社会主义共同理想，坚定"四个自信"，厚植爱国主义情怀，把爱国情、强国志、报国行自觉融入建设社会主义现代化强国、实现中华民族伟大复兴的奋斗之中。同时，弘扬中华优秀传统文化，深入开展宪法法治教育。

2. 注重科学思维方法训练和科学伦理教育，培养学生探索未知、追求真理、勇攀科学高峰的责任感和使命感；强化学生工程伦理教育，培养学生精益求精的大国工匠精神，激发学生科技报国的家国情怀和使命担当。加快构建中国特色哲学社会科学学科体系、学术体系、话语体系。帮助学生了解相关专业和行业领域的国家战略、法律法规和相关政策，引导学生深入社会实践、关注现实问题，培育学生经世济民、诚信服务、德法兼修的职业素养。

3. 教育引导学生深刻理解并自觉实践各行业的职业精神、职业规范，增强职业责任感，培养遵纪守法、爱岗敬业、无私奉献、诚实守信、公道办事、开拓创新的职业品格和行为习惯。

在此基础上，及时更新教材知识内容，体现产业发展的新技术、新工艺、新规范、新标准。加强教材数字化建设，丰富配套资源，形成可听、可视、可练、可互动的融媒体教材。

教材建设需要各方的共同努力，也欢迎相关教材使用院校的师生及时反馈意见和建议，我们将认真组织力量进行研究，在后续重印及再版时吸纳改进，不断推动高质量教材出版。

机械工业出版社

前　　言

党的二十大报告提出："加快建设国家战略人才力量，努力培养造就更多大师、战略科学家、一流科技领军人才和创新团队、青年科技人才、卓越工程师、大国工匠、高技能人才"。高等职业教育要致力于培育更多的掌握关键核心技术的高素质技术技能人才、大国工匠、能工巧匠。

本书根据教育部高等职业教育汽车电子技术、汽车制造与试验技术、汽车检测与维修技术等专业标准对高等职业教育人才培养目标的要求编写，重点突出学生综合素质和职业能力培养。本书特点可以概括为：

1)"德技并修"理念领先。率先提出并实践"教师教学以学生为中心，学生学习以客户为中心"的服务理念，紧密围绕现代高等职业教育的专业技术应用研究展开，培养学生树立以客户为中心的意识，在服务中检验学习成效，不断增强服务本领，体现自身价值。

2) 项目引领、任务驱动。以真实生产项目、典型工作任务等为载体组织教学，通过典型工作任务将各系统的结构、工作原理、使用与维修等内容融为一体，理论与实践紧密结合，为培养"手脑"结合型的高等职业教育人才服务。

3) 内容先进。内容上包括了双离合器自动变速器、电控动力转向等新的汽车底盘电控技术，并将汽车市场的主导车型，如宝来、奥迪、丰田等轿车的底盘电控技术适度地融入教材。

4) 注重安全意识、绿色环保意识，强化学生职业素养养成，并依托任务将服务理念、职业精神和工匠精神融入教材内容。

5) 针对性强。教材的内容大部分属于汽车新技术范畴，在注重学生技能培养的同时，有针对性地加强理论基础知识，培养学生的学习能力和解决实际问题的能力。

6) 可读性强。理论知识讲解力求简洁、实用，技能要求具体明确，充分利用插图说话，形象直观，便于高职高专学生理解。

7) 配套资源丰富。教材为"互联网+"新形态教材，有电子课件、电子教案、试卷、微课视频等。

本书适合高职高专汽车电子技术、汽车检测与维修技术、汽车技术服务与营销等相关专业使用，也可以作为成人高等教育、汽车技术培训等相关课程的教材使用。

本书编写团队由校企联合组成，有长期面向中国第一汽车集团公司开展汽车技术培训教学的教授、高级技师以及企业专家等，实力雄厚。本书由长春汽车工业高等专科学校李春明任主编，编写组成员有李春明、焦传君、赵宇、孙雪梅、李明清、王翼飞、孟祥文。本书主审由河北石油职业技术大学王世震教授担任。

在本书编写过程中，得到许多专家与同行的热情支持，并参阅了许多国内外公开出版与发表的文献，在此一并表示感谢。

书中部分图稿为方便读者查阅直接采用了原厂图稿，未按国家标准规定画出，如造成其他不便，请读者谅解。

由于编者水平有限，书中可能存在不妥或错漏之处，恳请读者批评指正。

编　者

二维码索引

序号	名称	图形	序号	名称	图形
1	自动变速器液力变矩器内部结构		6	自动变速器3档	
2	液力变矩器工作原理		7	自动变速器R档	
3	自动变速器锁止离合器的控制		8	自动变速器P档机械锁	
4	自动变速器1档		9	电子稳定程序（ESP）控制系统	
5	自动变速器2档		10	电子控制悬架系统	

目 录

前言
二维码索引

单元一 电控液力自动变速器 ……… 1
- 任务一 介绍电控液力自动变速器 …… 1
- 任务二 使用电控液力自动变速器 …… 7
- 任务三 检修电控液力自动变速器 …… 9
- 任务四 比较典型的电控液力自动变速器 ………………………… 56

单元二 电控机械无级自动变速器 ……… 90
- 任务一 介绍电控机械无级自动变速器 ………………………… 90
- 任务二 检修电控机械无级自动变速器 ………………………… 91

单元三 双离合器自动变速器 ………… 119
- 任务一 介绍双离合器自动变速器 … 119
- 任务二 检修双离合器自动变速器 … 120

单元四 电控防抱死制动系统 ………… 124
- 任务一 介绍电控防抱死制动系统 … 124
- 任务二 使用电控防抱死制动系统 … 127
- 任务三 检修电控防抱死制动系统 … 128
- 任务四 比较典型的电控防抱死制动系统 ………………………… 154

单元五 电控驱动防滑/牵引力控制系统 ………………………… 161
- 任务一 介绍电控驱动防滑/牵引力控制系统 ………………… 161
- 任务二 检修电控驱动防滑/牵引力控制系统 ………………… 163
- 任务三 介绍防滑差速器 …………… 177

单元六 电子稳定程序控制系统 …… 181
- 任务一 介绍电子稳定程序控制系统 ………………………… 181
- 任务二 检修宝来轿车电子稳定程序控制系统 ………………… 187

单元七 电子控制悬架系统 ………… 193
- 任务一 介绍电子控制悬架系统 …… 193
- 任务二 比较典型的电子控制悬架系统 ………………………… 209
- 任务三 检修电子控制悬架系统 …… 214

单元八 电控动力转向与四轮转向系统 ………………………… 221
- 任务一 介绍电控动力转向系统 …… 221
- 任务二 检修电控动力转向系统 …… 235
- 任务三 介绍四轮转向系统 ………… 239

单元九 辅助制动电控系统 ………… 247
- 任务一 介绍电子驻车制动系统 …… 247
- 任务二 介绍电子制动力分配(EBV)系统 ………………………… 249
- 任务三 介绍车辆上坡起步与下坡控制系统 ………………… 251

参考文献 ……………………………… 253

单元一　电控液力自动变速器

任务内容

　　任务一　介绍电控液力自动变速器
　　任务二　使用电控液力自动变速器
　　任务三　检修电控液力自动变速器
　　任务四　比较典型的电控液力自动变速器

学习目标

　　通过本单元的学习掌握电控液力自动变速器的特点、结构、原理、使用和检修等基本知识，并能灵活地加以应用。
　　➥ 能够向客户介绍电控液力自动变速器的特点及其相关基本知识。
　　➥ 将配备电控液力自动变速器的车辆交付给客户时，能够向客户说明电控液力自动变速器的使用与维护方法。
　　➥ 能够对电控液力自动变速器进行一般故障的诊断与检修。
　　➥ 能够对常见车型典型电控液力自动变速器进行比较。

任务一　介绍电控液力自动变速器

一、自动变速器的特点

　　现代汽车广泛使用的是电控液力自动变速器，它能够根据发动机的负荷和车速的变化情况自动地选定档位，并进行档位变换，即自动地改变传动比。驾驶人只需要操纵加速踏板即可控制车速。
　　1. 优点
　　（1）整车具有更好的驾驶性能　自动变速器能根据汽车行驶工况的变化自动控制升降档，以获得最佳的燃油经济性和动力性，使得驾驶性能与驾驶人的技术水平关系不大，因而特别适用于非职业驾驶。
　　（2）良好的行驶性能　自动变速装置的档位变换不但快而且平稳，提高了汽车的乘坐舒适性。
　　（3）较好的行车安全性　在车辆行驶过程中，驾驶人必须根据道路、交通条件的变化，对车辆的行驶方向和速度进行改变和调节。自动变速的车辆，取消了离合器踏板和变速杆，只要控制节气门踏板，就能自动变速，从而减轻了驾驶人的操作强度，使行车事故率降低，平均车速提高。

(4) 降低废气排放　发动机在怠速和高速运行时,排放的废气中一氧化碳或碳氢化合物的浓度较高,而自动变速器可使发动机经常处于经济转速区域内运转,也就是在较小污染排放的转速范围内工作,从而降低了排气污染。

2. 缺点

(1) 结构较复杂　与手动变速器相比,自动变速器的结构较复杂,零件加工难度大,生产成本较高,修理也较麻烦。

(2) 传动效率低　与手动变速器相比,自动变速器的效率不够高。当然,通过与发动机的匹配优化、液力变矩器锁止、增加档位数等措施,可使自动变速器的效率接近手动变速器的水平。

二、电控液力自动变速器的组成

电控自动变速器主要由液力变矩器、齿轮变速机构、液压操纵系统和电子控制系统四大部分组成。

1. 液力变矩器

液力变矩器安装在发动机与变速器之间,将发动机转矩传给变速器输入轴。它相当于普通汽车上的离合器,但在传递力矩的方式上又不同于普通离合器。普通汽车离合器是靠摩擦传递力矩,而液力变矩器是靠液力来传递力矩。液力变矩器可改变发动机转矩,并能实现无级变速,如图1-1所示。

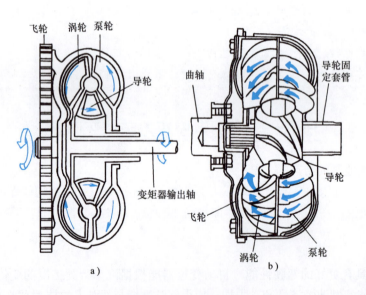

图1-1　液力变矩器
a) 结构简图　b) 工作示意图

自动变速器液力变矩器内部结构

2. 齿轮变速机构

齿轮变速机构可形成不同的传动比,组合成电控自动变速器不同的档位。目前绝大多数电控自动变速器采用行星齿轮机构进行变速,但也有个别车型采用普通齿轮机构进行变速(如本田车系)。行星齿轮机构和普通齿轮机构如图1-2所示。

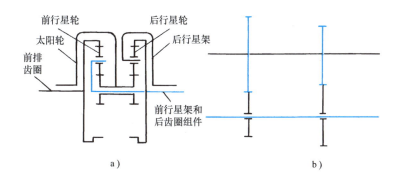

图 1-2 行星齿轮机构和普通齿轮机构
a) 辛普森式行星齿轮机构啮合方式　b) 普通齿轮机构啮合方式

3. 液压操纵系统

(1) 换档执行机构　电控自动变速器的换档执行机构的功用与普通变速器的同步器有相似之处,但电控自动变速器的换档执行机构受电液系统控制,而普通变速器的同步器是由人工控制的。电控自动变速器的换档执行机构,包括离合器、制动器、单向离合器三种,如图 1-3 所示。

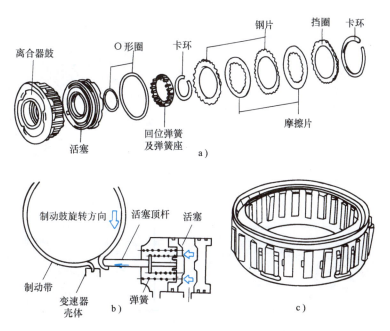

图 1-3　电控自动变速器的换档执行元件
a) 离合器　b) 制动器　c) 单向离合器

(2) 液压控制系统　电控自动变速器中的液压控制系统主要控制换档执行机构的工作,由液压泵及各种液压控制阀和液压管路等组成,如图 1-4 所示。

4. 电子控制系统

电控自动变速器中的电子控制系统与液压控制系统配合使用,通常把它们合称为电液控制系统。电子控制系统主要包括电子控制单元、各类传感器及执行器等。电子控制系统中的传感器及各种控制开关将发动机工况、车速等信号传递给电子控制单元,电子控制单元发出

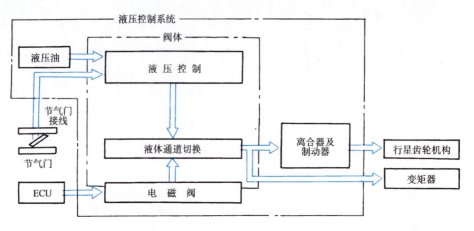

图 1-4 液压控制系统的组成

指令给执行器,执行器和液压系统按一定的规律控制换档执行机构工作,实现自动换档,如图 1-5 所示。

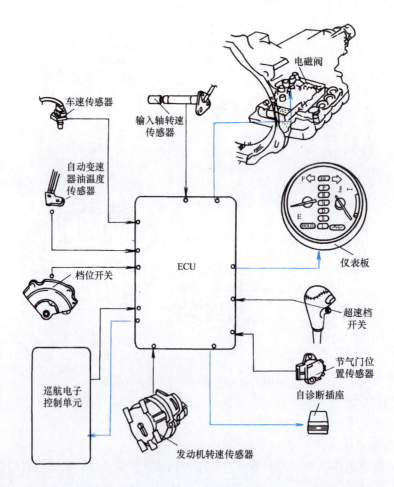

图 1-5 电子控制系统

三、电控液力自动变速器的控制原理

电控液力自动变速器是通过传感器和开关监测汽车和发动机的运行状态，接受驾驶人的指令，将发动机转速、节气门开度、车速、发动机冷却液温度、自动变速器液压油温等参数转变为电信号，并输入电控单元（ECU）。ECU根据这些信号，按照设定的换档规律，向换档电磁阀、油压电磁阀等发出电子控制信号。换档电磁阀和油压电磁阀再将ECU发出的控制信号转变为液压控制信号，阀板中的各个控制阀根据这些液压控制信号，控制换档执行机构的动作，从而实现自动换档，如图1-6所示。

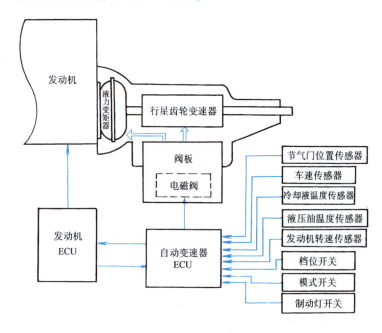

图1-6 电控液力自动变速器控制原理

四、电控液力自动变速器的分类

1. 按驱动方式不同分类

按照汽车驱动方式的不同，可将自动变速器分为后驱动自动变速器和前驱动自动变速器即变速驱动桥。

后驱动自动变速器的变矩器和齿轮变速器的输入轴及输出轴在同一轴线上，发动机的动力经变矩器、变速器、传动轴、后驱动桥的主减速器、差速器和半轴传给左右两个后轮。

前驱动自动变速器在自动变速器的壳体内还装有主减速器和差速器，纵置发动机前驱动变速器的结构和布置与后驱动自动变速器基本相同。横置发动机前驱动变速器由于汽车横向尺寸的限制，要求有较小的轴向尺寸，通常将输入轴和输出轴设计成两个轴线的方式，变矩器和齿轮变速器输入轴布置在上方，输出轴布置在下方。这样的设计减少了变速器总体的轴向尺寸，但增加了变速器的高度。

2. 按前进档的档位数不同分类

按前进档的档位数不同，可分为3个前进档、4个前进档、5个前进档的自动变速器。新型轿车装用的自动变速器基本上都是4个前进档。目前已经开发出装有5个前进档自动变速器的轿车。

3. 按齿轮变速器的类型不同分类

按齿轮变速器类型的不同,可将自动变速器分为行星齿轮式自动变速器和平行轴式自动变速器两种。行星齿轮式自动变速器结构紧凑,能获得较大的传动比,为绝大多数轿车采用。平行轴式自动变速器体积较大,最大传动比较小,只有少数几种车型使用(如本田 AC-CORD 轿车)。

4. 按控制方式不同分类

按控制方式不同,可将自动变速器分为液力控制自动变速器和电子控制自动变速器两种。

五、电控液力自动变速器档位介绍

自动变速器的换档方式有按钮式和拉杆式两种类型,驾驶人可以通过其进行档位选择。按钮式一般布置在仪表板上;拉杆式即变速杆,可布置在转向柱上或驾驶室地板上,如图 1-7 所示。通过连杆机构或钢索与液压系统控制元件的手动阀相连接,为液压系统及电控系统提供操纵信号。

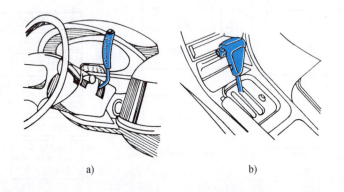

图 1-7 变速杆在轿车上的布置
a) 布置在转向柱上 b) 布置在驾驶室地板上

自动变速器的变速杆通常有 4~7 个位置,如本田车系有 7 个位置,分别为 P、R、N、D4、D3、2、1;丰田车系变速杆的位置为 P、R、N、D、2、L,日产车系变速杆的位置为 P、R、N、D、2、1,欧美部分车系变速杆的位置为 P、R、N、D、S、L 和 P、R、N、D、3、2、1 等。日产轿车系列常见变速杆位置如图 1-8 所示,其功能如下:

P 位:停车档(驻车档)。当变速杆置于该位置时,停车锁止机构将变速器输出轴锁止。

R 位:倒档。操纵杆置于此位,液压系统倒档油路被接通,驱动轮反转,实现倒车行驶。

N 位:空档。此时行星齿轮系统空转,不能输出动力。

发动机只有在变速杆位于 P 或 N 位时,汽车才能起动。

D(D4)位:前进档。当变速杆置于该位置时,液压系统控制装置根据节气门开度信号和车速信号自动接通相应的前进档油路,行星齿轮系统在执行机构的控制下得到相应的传动比,随着行驶条件的变化,在前进档

图 1-8 变速杆示意图

中自动升降档，实现自动变速功能。

3(D3)位：高速发动机制动档。变速杆位于该档时，液压控制系统只能接通前进档中的1、2、3档油路，自动变速器只能在这三个档位间自动换档，无法升入第四档，从而使汽车获得发动机制动效果。

2(S)位：中速发动机制动档。变速杆位于该档时，液压控制系统只能接通前进档中的一、二档油路，自动变速器只能在这两个档位间自动换档，无法升入更高的档位，从而使汽车获得发动机制动效果。

L位(也称1位)：低速发动机制动档。此时发动机被锁定在前进位的1档，只能在该档位行驶而无法升入高档，发动机制动效果更强。此档位多用于山区行驶、上坡加速或下坡时有效地稳定车速等特殊行驶情况，可避免频繁换档，提高其使用寿命。

2档和"L"位又称为闭锁档位，另外有些车型的3档、2档、1档或"S"位也为闭锁档位。

任务二 使用电控液力自动变速器

一、驾驶注意事项

1. 发动机起动

发动机起动时应注意如下事项：

1）起动时变速杆必须停放在P位或N位。

2）汽车在停放状态下起动，必须拉紧驻车制动，踩下制动踏板，然后旋转点火开关起动发动机。在没有制动的状态下起动发动机，有时会发生瞬间起步现象，容易发生意外。

2. 汽车起步

车辆起动后(从停放状态下起动)必须停留几秒钟再挂档行车。换档时必须查看变速杆的位置或仪表板上档位指示是否确实无误。选定档位后，放松驻车制动再缓慢放松制动踏板(过早放松制动踏板或放松过快会造成急速起步)，使汽车缓慢起步。

起步时要注意以下问题：

1）不允许边踩加速踏板边挂档。

2）不允许先踩加速踏板后挂档。

3）不允许踩着制动踏板，或者还未松开驻车制动就狠踩加速踏板。

4）除特殊必要时，接通行驶档后不应立即一脚把加速踏板踩到底。

3. 拖车时注意事项

使用自动变速器的汽车，拖车时必须低速行驶(不得超过50km/h)，每次被牵引距离不得超过50km。高速长距离牵引时，自动变速器内的旋转件会因缺乏润滑而烧蚀并发生卡滞。

自动变速器自身有故障需要牵引时，后轮驱动的车型应拆去传动轴，前轮驱动的车型应支起驱动轮。

4. 倒车时注意事项

汽车完全停止行驶后，把变速杆由D位换至R位。没有停稳时不允许从前进档换入倒档，也不允许从倒档换入前进档，否则会引起多片离合器和制动器损坏。

5. 临时停车

在等交通信号临时停车时，变速杆置于 D 位，只需用制动踏板防止汽车蠕动。这样放松制动就可以重新起步。但若停车时间较长时，必须拉紧驻车制动。

6. 快速放松节气门实现提前升档

汽车在 D 位上 1 档起步，保持节气门开度为 20%~50%，加速到 15km/h 左右，快速放松加速踏板，变速器便可立即从 1 档升入 2 档。然后继续踩加速踏板，仍然保持原有的节气门开度，加速到 30km/h 时，再次放松加速踏板，变速器便可以从 2 档升入 3 档。然后再用这种方法从 3 档升入 4 档。

用这种快速收节气门方式完成升档，可以降低发动机磨损，而且没有加速油耗和加速噪声。乘坐舒适性好，换档快。

7. 踩下加速踏板实现提前降档

在汽车达到规定的降档点车速时，稍踩加速踏板，即可实现降档，并可获得和收节气门升档时一样的好处。

二、档位使用注意事项

1）不要在 N 位上行驶。使用手动变速器的汽车为了节油，在下坡和高速行驶时可以使用空档滑行。使用自动变速器的汽车却不可在 N 位上行驶。高速 N 档滑行时车速高，发动机却保持怠速运转，油泵出油量减少，输出轴上所有的零件仍在高速运转，变速器会因润滑油不足而烧坏。

2）低速档属于发动机强制制动挡，L 位或 1 位通常只在泥泞道路和上长坡时使用，不宜长期使用；2 位通常在不太好的路面或下坡时使用，也不宜长期使用。

三、基本检查

1. 油面检查

在对自动变速器进行检查前或故障诊断前，首先要对变速器油面高度进行检查，一般在车辆行驶 1 万 km 后检查油液面。

具体检查方法：

1）将汽车停放在水平地面上，并拉紧驻车制动。

2）让发动机怠速运转 1min 以上。

3）踩住制动踏板，将变速杆拨至倒档（R）、前进挡（D）、前进低档（S、L 或 2、1）等位置，并在每个档位上停留几秒钟，使液力变矩器和所有的换档执行元件中都充满液压油。最后将变速杆拨至停车档（P）位置。

4）拔出自动变速器油尺，将油尺擦干净后再全部插入原处后拔出，检查油尺上的油面高度。

自动变速器油油面高度的标准是：如果自动变速器处于冷态（即冷车刚起动，自动变速器油的温度较低，为室温或低于 25℃ 时），油面高度应在油尺刻线的下限附近；如果自动变速器处于热态（如低速行驶 5min 以上，自动变速器油温度已达 70~80℃），油面高度应在油尺刻线的上限附近（见图 1-9）。因为低温时自动变速器油的黏度大，运转时有较多的自动变速器油附着在行星齿轮等零件上，所以油面高度较低；高温时油液黏度小，容易流回油底壳，因此油面较高。

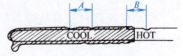

图 1-9 自动变速器油面高度的检查

若油面高度过低，应从加油管处添加合适的自动变速器油，直至油面高度符合标准为止。

继续运转发动机，检查自动变速器油底壳、油管接头等处有无漏油。如有漏油，应立即予以修复。

在自动变速器调整、加注液压油并试车后，应重新检查自动变速器液压油的油面高度是否正常，油底壳、油管接头等处有无漏油。

2. 油质检查

正常液压油的颜色一般为粉红色，且无气味。如液压油呈棕色或有焦味，说明油已变质（变质原因详见表1-1），应立即换新油。

表1-1 油质与故障原因

油液状态	变质原因
油液变为深褐色或深红色	1) 没有及时换新油液 2) 长期重载荷运转，某些部件打滑或损坏引起变速器过热
油液中有金属屑	离合器盘、制动器盘或单向离合器严重磨损
油尺上黏附胶质油膏	变速器油温过高
油液有烧焦气味	1) 油温过高、油面过低 2) 油冷却器或管路堵塞
油液从加油管溢出	油面过高或通气孔堵塞

换油时应优先采用随车手册上推荐使用的自动变速器油，表1-2列出了各国自动变速器常用油型号。目前，国内进口轿车自动变速器通常使用 DEXRON-Ⅱ 型自动变速器油。这种油稳定性好，使用寿命长。注意切不可用齿轮油或机油代替液压油，否则会造成自动变速器的严重损坏。

表1-2 各国自动变速器规定用油

中国	8号自动传动油
美国	DEXRON 或 DEXRON-Ⅱ 型
日本	推荐用 DEXRON 型
欧洲	推荐用 DEXRON-B(GMC)、ESM-M2C-33E(Ford)
德国	推荐用 DEXRON-B

任务三 检修电控液力自动变速器

一、电控液力自动变速器的结构与工作原理

（一）液力变矩器

1. 液力耦合器

液力耦合器主要零件及结构简图如图1-10所示。

液力耦合器外壳，固定在发动机曲轴的凸缘上。泵轮是液力耦合器的主动元件，它和外壳作刚性连接，与曲轴一起旋转。和从动轴相连的涡轮，是液力耦合器的从动元件，泵轮和涡轮都称为工作轮。在工作轮的环状壳体中，径向排列着许多叶片。涡轮装在密封的外壳

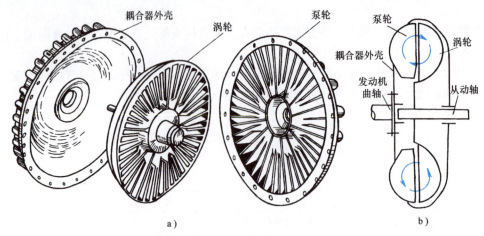

图1-10 液力耦合器结构示意图
a) 实物　b) 示意图

中，与泵轮叶片端面相对，二者之间留有3~4mm的间隙，没有刚性连接。泵轮和涡轮装合后，形成环形空腔，其内充有工作油液。通过轴线纵断面的环形，称为循环圆。

当工作轮转动时，其中的油液也被叶片带动一起旋转，在离心力作用下，油液从叶片内缘向外缘流动。因此，叶片外缘处压力较高，而内缘处压力较低，其压力差取决于工作轮的半径和转速。

由于泵轮和涡轮的半径相等，故当泵轮的转速大于涡轮的转速时，泵轮叶片外缘的液压力大于涡轮叶片外缘的液压力，于是，油液不仅随工作轮绕其旋转轴线做圆周运动，而且在上述压力差的作用下，沿循环圆做图1-11中箭头所示方向的循环流动，其形成的流线如同一个首尾相连的环形螺旋线。

液力耦合器的动力传递过程是：泵轮接受发动机传来的机械能，在液体从泵轮叶片内缘向外缘流动的

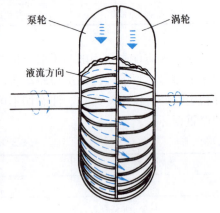

图1-11 液力耦合器工作示意图

过程中，将能量传给油液，使其动能提高；然后再通过高速流动的油液冲击涡轮叶片，将动能传给涡轮。因此，液力耦合器实现传动的必要条件是油液在泵轮和涡轮之间有循环流动，而循环流动的产生是由于两个工作轮转速不等，使两轮叶片的外缘处产生液压差所致。故液力耦合器在正常工作时，泵轮转速总是大于涡轮转速。如果二者转速相等，则液力耦合器不起传动作用。

发动机起动后，可将变速器挂上一定档位，此时，发动机驱动泵轮旋转，而与整车连着的涡轮暂时还处于静止状态，内部油液立即产生绕工作轮轴线的圆周运动和循环流动。当液流冲到涡轮叶片上时，对涡轮叶片造成冲击力，因而对涡轮作用一个绕涡轮轴线的转矩，力图使涡轮与泵轮同向旋转。对于一定的液力耦合器，发动机转速越高，作用在涡轮的转矩也越大。

加大发动机的供油量，使其转速达到一定值时，作用于涡轮上的转矩足以使汽车克服起

步阻力,汽车开始起步。随着发动机转速的继续升高,涡轮连同汽车被不断加速。

由于液体在液力耦合器中做循环流动时,没有受到任何其他附加外力,故发动机作用于泵轮上的转矩与涡轮所接受并传给从动轴的转矩相等,液力耦合器只起传递转矩的作用,而不改变转矩的大小。

设泵轮转速为 n_B,涡轮转速为 n_W,n_W/n_B 为液力耦合器的转速比 i,则耦合器的传动效率为

$$\eta=\frac{P_W}{P_B}=\frac{T_W n_W}{T_B n_B}$$

式中,η 是传动效率;P_B 是泵轮输入功率;P_W 是涡轮输出功率;T_B 是泵轮输入转矩;T_W 是涡轮输出转矩。

因作用在耦合器上的泵轮和涡轮的转矩相同,即 $T_B=T_W$,则有 $\eta=n_W/n_B=i$。

也就是说,液力耦合器的传动效率等于其转速比。涡轮与泵轮的转速差越大,转速比越小,传动效率就越低。反之,转速比越大,传动效率越高。在发动机进入运转并挂上了档,而汽车尚未起步时,泵轮虽转动而涡轮转速为零,此时耦合器的效率为零。汽车刚起步时,车速较低,涡轮转速也低,传动效率低。随着汽车加速,涡轮转速逐渐提高,涡轮对泵轮的转速比增大,耦合器的传动效率也随之升高。理论上说,当涡轮转速等于泵轮转速时,效率为100%。实际上,如涡轮转速等于泵轮转速,则涡轮与泵轮叶片外缘处的液压力将相等,从而使得耦合器内的循环流动停止,泵轮与涡轮间不再有能量传递,传动效率为零。一般而言,液力耦合器的最高效率可达97%左右。其特性曲线如图1-12所示。

由于液力耦合器是以液体作为传动介质,使得汽车起步和加速平稳,能够衰减传动系统的扭转振动并防止传动系统过载,还能在暂时停车时不脱开传动系统而维持发动机的怠速运转。但因耦合器不能改变所传递的转矩大小,使得相应的变速机构需增加档位。

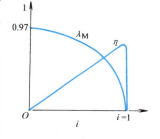

图1-12 液力耦合器的特性曲线

20世纪60年代英国生产的劳斯莱斯轿车,美国生产的奥兹莫比尔轿车,苏联生产的吉姆轿车所用的自动变速器上,都装过液力耦合器。但由于其上述缺点,近年来生产的轿车基本上不采用液力耦合器,而使用液力变矩器。

2. 液力变矩器的结构与工作原理

(1)液力变矩器的组成　液力变矩器安装在发动机和变速器之间,以自动变速器油(ATF)为工作介质,起传递转矩、变矩、变速及离合的作用。

典型的液力变矩器由泵轮、涡轮和导轮组成,如图1-13所示。它们都由铝合金精密铸造或用钢板冲压而成,在它们的环状壳体中径向排列着许多叶片,如图1-14所示。

泵轮是液力变矩器的输入元件,位于液力变矩器的后端,与变矩器壳体刚性连接。变矩器壳体总成用螺栓固定在发动机曲轴后端,随发动机曲轴一起旋转。

涡轮是液力变矩器的输出元件,它通过花键孔与行星齿轮系统的输入轴相连。涡轮位于泵轮前方,其叶片面向泵轮叶片。

导轮位于涡轮和泵轮之间,是液力变矩器的反应元件。通过单向离合器单方向固定在导

轮轴或导轮套管上。

泵轮、涡轮和导轮装配好后，会形成断面为循环圆的环状体，在环形内腔中充满液压油。

（2）液力变矩器的工作原理 变矩器工作时，壳体内充满自动变速器油，发动机带动外壳旋转，外壳带动泵轮旋转，泵轮叶片间的液压油在离心力的作用下，从内缘流向外缘。当泵轮转速大于涡轮转速时，泵轮叶片外缘的液压大于涡轮外缘的液压，油液在绕着泵轮轴线做圆周运动的同时，在上述压差的作用下由泵轮流向涡轮。泵轮顺时针旋转，油液将带动涡轮同样按顺时针方向旋转。如果涡轮静止或涡

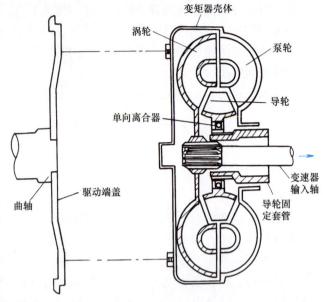

图1-13 液力变矩器

轮的转速比泵轮的转速小得多，则由液体传递给涡轮的动能就很小，而大部分能量在油液从涡轮返回泵轮的过程中损失了，油液在从涡轮叶片外缘流向内缘的过程中，圆周速度和动能逐渐减小。当油液回到泵轮后，泵轮对油液做功，使之在泵轮叶片内缘流向外缘的过程中动能和圆周速度渐次增大，再流向涡轮，如图1-15所示。

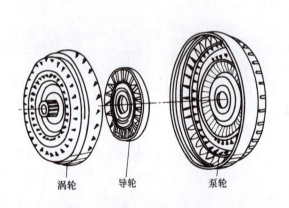

图1-14 泵轮、涡轮和导轮

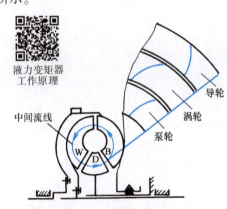

图1-15 液力变矩器工作原理展开示意图

3. 液力变矩器的锁止机构

由于液力变矩器的泵轮和涡轮之间存在着转速差和液力损失，其效率不如普通机械式变速器高，为提高液力变矩器在高转速比工况下的效率及汽车正常行驶时的燃油经济性，绝大部分液力变矩器增设了锁止机构，使变矩器输入轴与输出轴刚性连接，增大传动效率。其类型主要有由锁止离合器锁止的液力变矩器、由离心式离合器锁止的液力变矩器和由行星齿轮机构锁止的液力变矩器。

（1）由锁止离合器锁止的液力变矩器 在带有锁止机构的液力变矩器中，以锁止离合器作为锁止机构最常见，其结构如图1-16所示。锁止离合器的从动盘安装在涡轮轮毂花键

上，主动部分压盘(包括传力盘和活塞)与泵轮固连。如果自动变速器油经油道进入活塞左腔室，推动压盘右移压紧从动盘，离合器接合，泵轮与涡轮固连在一起，于是变矩器的输入轴与输出轴刚性连接。当活塞左腔室油压被卸除后，主、从动部分分离，锁止离合器解除锁止状态，变矩器恢复正常液力传动。当锁止离合器接合时，单向离合器脱开，导轮可在油液中自由旋转。

图1-17所示是带有锁止离合器的液力变矩器的另一种常见结构。带有摩擦材料的传力盘总成与涡轮相连，随涡轮一起旋转。涡轮轴制有内、外两条液压油道，当自动变速器油从内油道进入传力盘左腔而经外油道排出时，离合器处于分离状态。当自动变速器油经涡轮轴外油道进入传力盘右腔而内油道排出时，传力盘总成被压向变矩器壳，传力盘上摩擦材料与变矩器壳接触并逐渐压紧，涡轮与变矩器壳即泵轮连接成一体。可见，这种锁止离合器的工作由自动变速器油的流向控制。

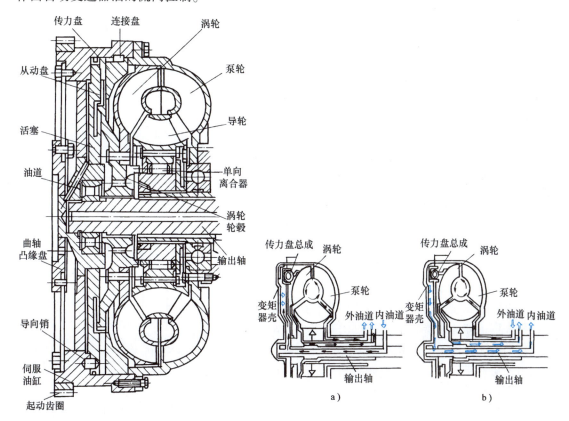

图1-16 带锁止离合器的液力变矩器

图1-17 带锁止离合器的液力变矩器工作原理
a) 分离状态 b) 锁止状态

黏性离合器也是锁止离合器的一种类型，由转子、离合器盖、壳体和油封组成。硅酮液被封在离合器盖和壳体之间，可以缓和离合器接合时的冲击。当离合器锁止时，转矩由壳体传递给离合器盖，再经硅酮液传递给转子，带动涡轮轮毂旋转。

电控自动变速器必须满足五个方面的条件，ECU才能使锁止离合器进入锁止工况。
1) 发动机冷却液温度不得低于53~65℃(因车型而异)。
2) 档位开关指示变速器处于前进档(N位和P位不能锁止)。

3) 制动灯开关必须指示没有进行制动。

4) 车速必须高于 37～65km/h（因车型而异,大部分自动变速器在三档进入锁止工况,少数变速器在二档时进入锁止工况）。

5) 来自节气门开度的传感器信号,必须高于最低电压,以指示节气门处于开启状态。

(2) 由离心式离合器锁止的液力变矩器　由离心式离合器锁止的液力变矩器如图 1-18 所示。离心式离合器通过单向离合器与涡轮轮毂相连,其外缘通过弹簧与腹板相连,腹板上固定有若干片摩擦片。当离合器处于分离状态时,腹板被弹簧拉向离合器中心。随着涡轮转速的升高,腹板在离心力的作用下外张,靠近变矩器壳。当涡轮达到一定转速时,摩擦片压紧变矩器壳,离合器通过单向离合器带动涡轮旋转。此时,涡轮与泵轮连接成一体。可见,离心式离合器锁止的液力变矩器的工作是由发动机转速和负荷控制的。

上述两种锁止机构通常带有减振器总成,由若干减振弹簧组成,其主要作用是衰减发动机的扭转振动,减小噪声和冲击。

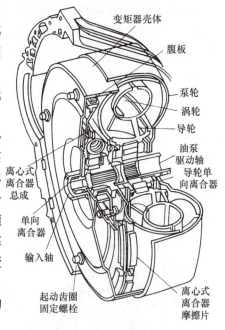

图 1-18　由离心式离合器锁止的液力变矩器

(3) 由行星齿轮机构锁止的液力变矩器　此型变矩器在三元件液力变矩器的基础上,增加了一套行星齿轮机构,如图 1-19 所示。行星架与发动机曲轴相连,为输入元件,太阳轮通过花键与涡轮轴相连,齿圈与泵轮相连,与太阳轮和齿圈同时啮合的行星齿轮安装在行星架上。发动机的动力传递给行星架后,一部分经太阳轮传递给涡轮轴,另一部分经齿圈传递给泵轮,再由涡轮输出。传递动力的多少,由变速器所处的档位决定,如变速器处于三档时,有 93% 的动力经过机械传动的途径传递,而液力传动只占 7%。这时可以认为液力变矩器被锁止,泵轮与涡轮连成一体,通过机械传动的方式传递动力。

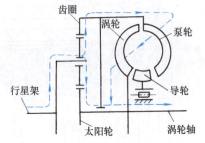

图 1-19　由行星齿轮机构锁止的液力变矩器

以上三种带有锁止机构的液力变矩器的共同特点是:当汽车在良好路面上行驶时,变矩器的输入轴和输出轴刚性连接,此时变矩比为 1,变矩器效率达到 100%,提高了汽车的行驶速度和燃油经济性。若汽车在坏路面行驶或起步时,锁止机构解除锁止,变矩器发挥变矩作用,自动适应行驶阻力的变化,保证汽车正常行驶。因此,目前采用自动变速器的汽车越来越多地使用带有锁止机构的液力变矩器。

(二) 齿轮变速机构

液力变矩器可以在一定范围内自动无级地改变转矩和传动比,以适应行驶阻力的变化,但变矩比小,不能完全满足汽车使用的要求,必须与齿轮变速器组合使用,扩大传动比的变化范围,才能满足汽车行驶的要求。自动变速器的齿轮变速机构主要有行星齿轮变速机构和平行轴齿轮变速机构，目前绝大多数自动变速器多采用行星齿轮变速机构与液力变矩器配合使用，行星齿轮变速机构由行星齿轮机构和执行机构组成，执行机构根据自动变速器控制系统的命令来接合或分离、制动或放松行星齿轮机构的某个元件，通过改变动力传递路线得到不同的传动比。

1. 平行轴式齿轮变速机构

平行轴式齿轮变速机构应用于本田（HONDA）车系和部分福特（FORD）车系。

（1）基本变速机构的组成　平行轴齿轮变速机构由普通齿轮及平行轴组成，如图1-20所示。

（2）变速原理　图1-21所示的一对齿轮中，设主动齿轮的转速为n_1，齿数为z_1；从动齿轮的转速为n_2，齿数为z_2。则其转过的齿数为$z_2 n_2$，由于两轮转过的齿数应相等，即$z_1 n_1 = z_2 n_2$，因此可得出一对齿轮的传动比为

$$i_{12} = n_1/n_2 = z_2/z_1$$

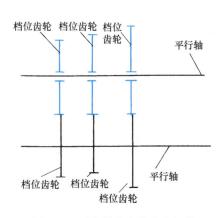

图1-20　平行轴式齿轮变速机构

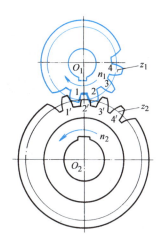

图1-21　普通齿轮变速器原理示意图

由多个齿轮组成的轮系传动比

$i = i_1 i_2 \cdots i_n$ = 所有从动齿轮齿数的乘积/所有主动齿轮齿数的乘积

2. 行星齿轮变速机构

（1）单行星排　单排行星齿轮机构由太阳轮、齿圈和装有行星齿轮的行星架三元件组成，如图1-22所示。齿圈又称齿环，制有内齿，其余齿轮均为外齿轮。行星齿轮通过齿轮轴支撑在行星架上。整个行星齿轮机构装配好后，太阳轮位于中心，所有行星齿轮在与太阳轮外啮合的同时还与齿圈内啮合。

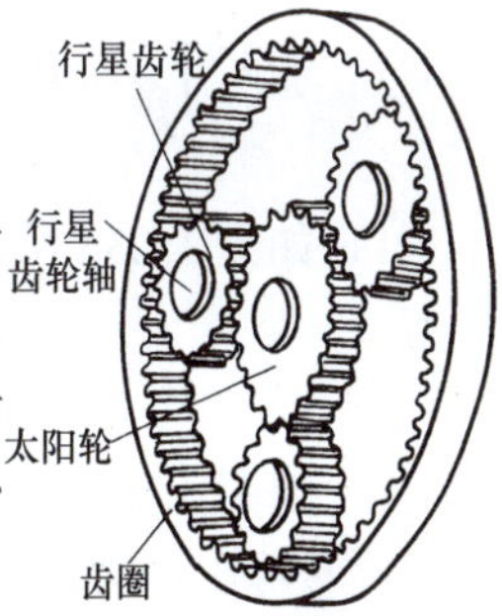

为分析单排行星齿轮机构的运动规律，设太阳轮、齿圈和行星架的转速分别为n_1、n_2和n_3，齿数分别为z_1、z_2和z_3，齿圈与太阳轮的齿数比为α。根据能量守恒定律，由作用在该机构各元件上的力矩和结构参数可导出表示单排行星齿轮机构一般运动规律的特性方程式

$$n_1 + \alpha n_2 - (1+\alpha) n_3 = 0$$

图1-22　单排行星齿轮机构

由上式可见，单排行星齿轮机构具有两个自由度，在太阳轮、齿圈和行星架这三个基本

构件中，任选两个分别作为主动件和从动件，而使另一元件固定不动（即使该元件转速为0），或使其运动受一定的约束，则机构只有一个自由度，整个轮系以一定的传动比传递动力。下面对各种情况分别进行讨论：

1）如图1-23a所示，太阳轮为输入元件，由行星架输出，齿圈被固定。太阳轮带动行星齿轮沿静止的齿圈旋转，从而带动行星架以较慢的速度与太阳轮同向旋转，传动比为

$$i_{13} = 1+\alpha$$

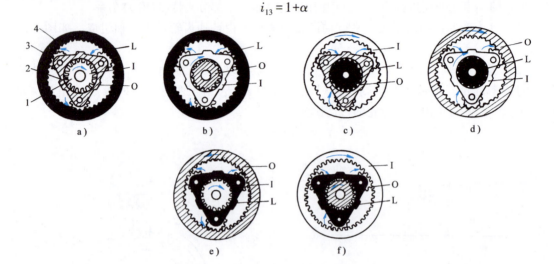

图1-23　单排行星齿轮机构的工作状态

a）太阳轮输入，行星架输出，齿圈固定　b）行星架输入，太阳轮输出，齿圈固定
c）太阳轮固定，齿圈输入，行星架输出　d）太阳轮固定，行星架输入，齿圈输出
e）太阳轮输入，行星架固定，行星齿轮带动齿圈输出动力
f）齿圈输入，行星架固定，行星齿轮自转并带动太阳轮输出动力

1—太阳轮　2—行星架　3—行星齿轮　4—齿圈

I—输入元件　O—输出元件　L—固定元件

2）如图1-23b所示，输入元件是行星架，由太阳轮输出，齿圈被固定。传动比为

$$i_{31} = 1/(1+\alpha)$$

3）如图1-23c所示，固定元件是太阳轮，动力经齿圈输入，由行星架输出。传动比为

$$i_{23} = 1+z_1/z_2$$

4）如图1-23d所示，固定元件是太阳轮，输入元件是行星架，输出元件是齿圈。传动比为

$$i_{32} = z_2/(z_1+z_2)$$

5）如图1-23e所示，输入元件是太阳轮，行星架被固定，行星齿轮只能自转，并带动齿圈旋转输出动力。齿圈的旋转方向与太阳轮相反，传动比为

$$i_{12} = -z_2/z_1$$

6）如图1-23f所示，输入元件是齿圈，行星架被固定，行星齿轮只能自转，并带动太阳轮旋转输出动力。太阳轮的旋转方向与齿圈相反，传动比为

$$i_{21} = -z_1/z_2$$

7）若三元件中的两元件被连接在一起转动，则第三元件必然与这两者以相同的转速转动。

8）若所有元件均不受约束，则行星齿轮机构失去传动作用。

行星齿轮机构与外啮合齿轮机构相比具有以下优点：

1）所有行星齿轮均参与工作，都承受载荷，行星齿轮工作更安静，强度更大。

2）行星齿轮工作时，齿轮间产生的作用力由齿轮系统内部承受，不传递到变速器壳体，变速器可以设计得更薄、更轻。

3）行星齿轮机构采用内啮合与外啮合相结合的方式，与单一的外啮合相比，减小了变速器尺寸。

4）行星齿轮系统的齿轮处于常啮合状态，不存在挂档时的齿轮冲击，工作平稳，寿命长。

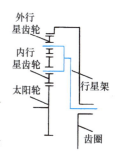

图 1-24 双排行星齿轮变速机构

（2）双行星排 双行星排齿轮机构如图 1-24 所示。设太阳轮、齿圈和行星架的转速分别为 n_1、n_2 和 n_3，齿数分别为 z_1、z_2 和 z_3，齿圈与太阳轮的齿数比为 α，其运动规律为

$$n_1 - \alpha n_2 + (\alpha - 1) n_3 = 0$$

对双行星排齿轮机构的运动分析同单行星排。

（三）换档执行机构

行星齿轮变速器中的所有齿轮都处于常啮合状态，档位变换必须通过不同方式对行星齿轮机构的基本元件进行约束（即固定或连接某些基本元件）来实现。能对这些基本元件实施约束的机构，就是行星齿轮变速器的换档执行机构。

执行机构主要由离合器、制动器和单向离合器三种执行元件组成，离合器和制动器以液压方式控制行星齿轮机构元件的旋转，而单向离合器则以机械方式对行星齿轮机构的元件进行锁止。

1. 多片离合器

离合器的作用是将变速器的输入轴和行星排的某个基本元件连接，或将行星排的某两个基本元件连接在一起，使之成为一个整体转动。

自动变速器中所用的离合器为湿式多片离合器。通常由离合器毂、离合器活塞、回位弹簧、钢片、摩擦片、花键毂等组成，其结构如图 1-25 所示。

离合器毂通过花键与主动元件相连或与其制成一体，钢片通过外缘键齿与离合器毂的内花键槽配合，与主动元件同步旋转。离合器花键毂与行星齿轮机构的主动元件制成一体，摩擦片通过内缘键齿与花键毂相连，钢片和摩擦片均可以轴向移动。压盘固定于离合器毂槽中，用以限制钢片、摩擦片的位移量，其外侧安装了限位卡环，活塞装于离合器毂内，回位弹簧一端抵于活塞端面，另一端支撑在保持座上，回位弹簧有周置螺旋弹簧、中央布置螺旋弹簧和中央布置碟形弹簧 3 种不同形式。

当离合器处于分离状态时，活塞在回位弹簧的作用下处于左极限位置，钢片、摩擦片间

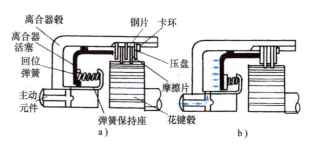

图 1-25 多片离合器
a) 分离状态 b) 接合状态

存在一定间隙。当自动变速器油经油道进入活塞左腔室后,液压力克服弹簧张力使活塞右移,将所有钢片、摩擦片依次压紧,离合器接合。该元件成为输入元件,动力经主动元件、离合器毂、钢片、摩擦片和花键毂传至行星齿轮机构。油压撤出后,活塞在回位弹簧的作用下回位,离合器分离,动力传递路线被切断。

当离合器处于分离状态时,活塞左端的离合器液压缸内不可避免地残留有少量变速器油。当离合器毂随同主动元件一起旋转时,残留的变速器油在离心力的作用下被甩向液压缸的外缘,并在该处产生一定的油压。若离合器毂的转速较高,该油压将推动活塞压向离合器片,力图使离合器接合,从而导致钢片和摩擦片间出现不正常滑磨,影响离合器的使用寿命。为了防止出现这种现象,在离合器活塞或离合器毂左端的壁面上设有一个由钢球组成的溢流阀,如图1-26所示。当液压油进入液压缸内时,钢球在油压的作用下压紧在阀座上,溢流阀处于关闭状态,保证了液压缸的密封。当液压缸内的液压油通过油路排出时,缸体内的液压力下降,溢流阀的钢球在离心力的作用下离开阀座,阀处于开启状态,残留在缸内的液压油因离心力的作用从溢流阀的阀孔排出,使离合器得以彻底分离。

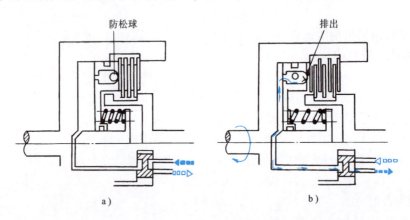

图1-26 离合器溢流阀的作用
a) 溢流阀关闭 b) 溢流阀开启

2. 制动器

制动器的作用是固定行星齿轮机构中的基本元件,阻止其旋转。在自动变速器中常用的制动器有片式制动器和带式制动器两种。

(1) 片式制动器 片式制动器由制动器活塞、回位弹簧、钢片、摩擦片及制动器毂等组成,如图1-27所示。结构和工作原理与湿式多片离合器基本相同,只是其钢片通过外花键齿安装在变速器壳体的内花键齿圈上,摩擦片则通过内花键齿和制动器毂上的外花键槽相连,制动器毂与行星齿轮机构的元件相连。当液压缸中没有液压油时,制动毂可以自由旋转,当液压油进入制动器的液压缸后,通过活塞将钢片和摩擦片压紧在一起,制动器毂以及与其相连的行星齿轮机构的某一元件被固定住而不

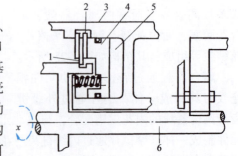

图1-27 片式制动器工作原理示意图
1—摩擦片 2—钢片 3—变速器壳体
4—活塞 5—液压缸 6—制动器毂

能旋转。

钢片、摩擦片均由钢板冲压而成，摩擦片表面有厚度为 0.38~0.76mm 的摩擦材料层。为保证分离彻底，钢片和摩擦片间必须有足够的间隙，标准间隙范围为 0.25~0.38mm，可通过选择适当的压盘、卡环及摩擦片厚度等方法调整该值。

片式离合器、制动器所能传递的动力的大小与摩擦片的面积、片数及钢片与摩擦片间的压紧力有关，压紧力的大小由作用在活塞上的油压及作用面积决定，但增大油压会引起接合时的冲击。当压紧力一定时，传递动力的大小就取决于摩擦片的面积和片数。考虑到通用化、标准化等因素，其基本尺寸基本相近或相同，因不同离合器、制动器所传递动力大小各异，所以所使用的摩擦片的片数不同，一般摩擦片为 2~6 片，钢片等于或多于摩擦片的片数。这样，同一厂家同一类型的自动变速器可以在不改变离合器、制动器外形和尺寸的条件下，通过增减摩擦片的片数来满足不同排量车型传递动力的要求。增加或减少摩擦片的片数时，要相应地减少或增加钢片的片数，或者增减调整垫片的厚度，以保证离合器的自由间隙不变。因此，有些离合器在相邻两个摩擦片间有两片钢片，就是使自动变速器在改型时具有灵活性，而不是漏装了摩擦片。

片式制动器的工作平顺性较好，还能通过增减摩擦片的片数来满足不同排量发动机的要求，因此近年来在轿车自动变速器中使用得越来越多。

（2）带式制动器　带式制动器由制动带及其伺服装置（控制油缸）组成。制动带是内表面带有镀层的开口式环形钢带，开口的一端支撑在与变速器壳体固连的支座上，另一端与伺服装置相连。按变形能力可分为刚性制动带和挠性制动带。刚性制动带比挠性制动带厚，具有较大的强度和热容性，但不能产生与制动器毂相适应的变形。挠性制动带在工作时可与制动器毂完全贴合，而且价格低廉。按结构可分为单边式和双边式制动带两种类型，双边式制动带具有自行增力功能，制动效果更好，多用于转矩较大的低档和倒档制动器。用于不同档位的同类型制动带内表面镀层的材料不尽相同，低、倒档制动带镀层多采用金属摩擦材料，其作用是保证足够的制动力矩，高档制动带一般使用有机耐磨材料，防止制动鼓过度磨损。

制动器伺服装置有直接作用式和间接作用式两种类型。直接作用式伺服装置如图 1-28 所示。制动带开口的一端通过摇臂支承于固定在变速器壳体的支承销上，另一端支承于液压缸活塞杆端部，活塞在回位弹簧和左腔油压的作用下位于右极限位置，此时，制动带和制动器毂之间存在一定间隙。

制动时，液压油进入活塞右腔，克服左腔油压和回位弹簧的作用力推动活塞左移，制动带以固定支座为支点收紧，在制动力矩的作用下，制动器毂停止旋转，行星齿轮机构某元件被锁止。随着油压撤除，活塞逐渐回位，制动解除。若仅依靠弹簧张力，则活塞回位速度较慢，目前大多

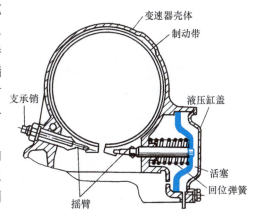

图 1-28　直接作用式伺服装置

数制动器设置了左腔进油道。在右腔撤除油压的同时左腔进油，活塞在油压和回位弹簧的共同作用下回位，可迅速解除制动。

图 1-29 所示为间接作用式伺服装置。它与上述结构的区别在于制动器开口的一端支承于推杆的端部，活塞杆通过杠杆控制推杆的动作，由于采用杠杆结构将活塞作用力放大，制动力矩进一步增加。

制动解除后，制动带与制动鼓之间应存在一定间隙，否则会造成制动带过度磨损和制动器毂的滑磨，影响行星齿轮系统的正常工作。调整该间隙的常见结构有以下三种：

1) 长度可调整的支承销。
2) 长度可调的活塞杆(或推杆)。
3) 调整螺钉。

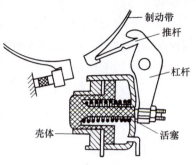

图 1-29　间接作用式伺服装置

3. 单向离合器

单向离合器的作用是使某元件只能按一定方向旋转，在另一个方向上锁止。在行星齿轮系统中有若干个单向离合器，其工作性能对变速器的换档品质有很大影响。执行机构的灵敏性直接影响换档的平顺性，单向离合器具有灵敏度高的优点，可瞬间锁止(或解除锁止)，提高了换档时机的准确性。另外，单向离合器不需要附加的液压或机械操纵装置，结构简单，不易发生故障。单向离合器有滚子式和楔块式两种类型。

滚子式单向离合器如图 1-30 所示，它由滚子，弹簧，弹簧保持座和内、外座圈组成。外座圈的内表面制有若干偏心的弧形滚道，因此，由光滑的内座圈和外座圈构成的滚子滚道的宽度不均匀，滚子被弹簧压向小端。在外座圈固定的情况下，内座圈可沿顺时针方向旋转，带动滚子压缩弹簧，使其落入滚道大端。若内座圈沿逆时针方向旋转，滚子被带向滚道小端，内座圈卡住不能转动，单向离合器锁止。

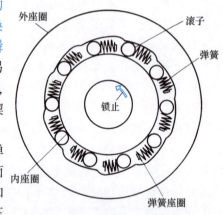

图 1-30　滚子式单向离合器

楔块式单向离合器如图 1-31 所示，内、外座圈组成的滚道的宽度是均匀的，采用不均匀形状的楔块，楔块大端长度大于滚道宽度，在外座圈固定的情况下，内座圈可沿逆时针方

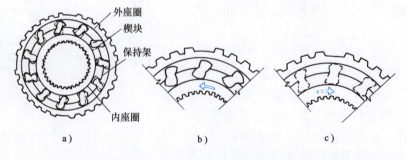

图 1-31　楔块式单向离合器
a) 自由转动　b)、c) 锁止

向旋转,带动楔块顺时针方向转动。若楔块沿顺时针方向转动,楔块将被卡在内、外座圈之间,单向离合器内座圈锁止。

(四)组合式行星齿轮系统

两个以上的行星排进行组合,选取不同的基本元件作为输入或输出,以及采用执行元件不同的工作方式,可得到不同类型的行星齿轮变速器。但考虑到效率的高低,行星齿轮机构的复杂程度,目前常用的自动变速器的行星齿轮装置有辛普森(Simpson)式和拉维娜(Ravigneaux)式两种。

1. 辛普森行星齿轮系统

辛普森行星齿轮系统是举世闻名的应用于轿车自动变速器的行星齿轮系统,以其设计者霍华德·辛普森的名字命名。它是三速行星齿轮系统,能提供三个前进档和一个倒档。其结构特点是:前后两个行星齿轮机构共用一个太阳轮轴。

典型的辛普森行星齿轮系统如图1-32所示,其行星齿轮机构包括两个行星排,它的执行机构由前进档离合器(C1),直接档离合器(C2),单向离合器(F),2档制动器(B1)和低、倒档制动器(B2)组成。其结构如图1-33所示。

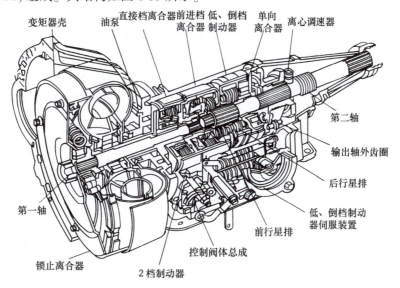

图1-32 辛普森行星齿轮系统

各档执行元件工作情况见表1-3。

表1-3 各档执行元件工作情况

档 位		C1	C2	B1	B2	F
D	1	○				○
	2	○		○		
	3	○	○			
R			○		○	

注:○表示离合器制动器或单向离合器接合。

输入轴通过直接档离合器和前进档离合器分别与太阳轮和前排齿圈相连,2档制动器可用来固定太阳轮，低、倒档制动器可使后行星架成为固定元件，单向离合器保证后排行星架只能沿顺时针方向转动，前排行星架和后排齿圈与输出轴相连而成为输出元件。

该行星齿轮系统各档动力传递路线是：

（1）D位1档　如图1-34a所示。前进档离合器接合，前排齿圈成为输入元件，单向离合器使后行星架无法逆时针旋转。动力传递路线是第一轴、前排齿圈、太阳轮、后排齿圈、第二轴。

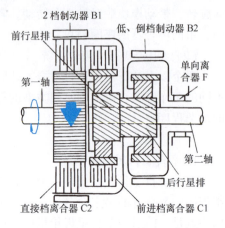

（2）D位2档　如图1-34b所示，前进档离合器接合，使前排齿圈成为输入元件，二档制动器将太阳轮固定。动力经第一轴、前排齿圈和行星架输出给第二轴。

图1-33　辛普森行星齿轮系统结构

（3）D位3档　如图1-34c所示，前进档离合器和直接档离合器工作，此时，前排太阳轮和齿圈均与第一轴相连，因此，行星架也与它们同速转动，形成直接档，将第一轴的动力直接传给第二轴。

（4）R位　如图1-34d所示，直接档离合器接合，前排太阳轮成为输入元件，低、倒档制动器固定后排行星架。动力经第一轴、太阳轮、后排行星齿轮和后排齿圈传至第二轴。由于行星架是固定元件，使第二轴的旋转方向与第一轴相反，变速器得到倒档。

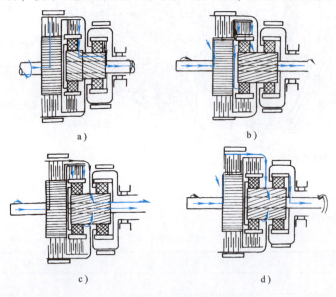

图1-34　辛普森行星齿轮系统工作原理
a）D位1档　b）D位2档　c）D位3档　d）R位

2. 拉维娜行星齿轮系统

拉维娜行星齿轮系统采用双行星排组合，其结构特点是：两行星排共用行星架3和齿圈6，小太阳轮、短行星轮、长行星轮、行星架及齿圈组成一个双行星轮式行星排，大太阳轮、长行星轮、行星架及齿圈组成一个单行星轮式行星排，如图1-35所示。该行星齿轮系统中有四个独立元件：小太阳轮、大太阳轮、行星架和齿圈。行星架上的两套行星齿轮相互啮合，其中短行星齿轮与小太阳轮啮合，长行星齿轮同时与大太阳轮、齿圈啮合。

典型三速拉维娜式行星齿轮变速器结构简图如图1-36所示，前进档离合器用于连接输入轴和小太阳轮，倒档及直接档离合器用于连接输入轴和大太阳轮，二档制动器用于固定大太阳轮，倒档及低档制动器起固定行星架的作用，单向离合器对行星架逆时针方向旋转有锁止作用。

各档传递路线为：

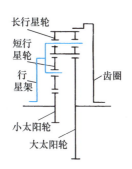
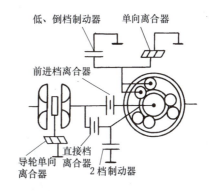

图1-35　拉维娜行星齿轮机构　　　　图1-36　三速拉维娜式行星齿轮变速器结构简图

（1）D位1档　单向离合器锁止行星架，使其无法逆时针旋转，前进档离合器接合，小太阳轮成为输入元件。动力传递路线是第一轴、小太阳轮、短行星齿轮、长行星齿轮、齿圈。

（2）D位2档　前进档离合器接合，2档制动器将大太阳轮固定。动力传递路线是第一轴、小太阳轮、短行星齿轮、长行星齿轮、齿圈。

（3）D位3档　前进档离合器和直接档离合器参与工作，大、小太阳轮被锁成一体，长、短行星齿轮同方向旋转，由于这两套行星齿轮处于常啮合状态而无法旋转，于是整个行星齿轮系统被联锁成一体，以直接档传递动力。

（4）R位　直接档离合器工作，大太阳轮成为输入元件，低、倒档制动器将行星架固定。动力传递路线是大太阳轮、长行星齿轮、齿圈。小太阳轮和短行星齿轮空转。

执行元件工作情况与表1-3中的相同。

3. 带有超速档的行星齿轮系统

为进一步提高汽车的动力性和燃油经济性，安装有自动变速器的汽车越来越多地采用可提供超速档的行星齿轮系统。提供超速档的行星齿轮系统有两种典型结构，一种是在辛普森（或拉维娜）行星齿轮系统的基础上增加一个单排行星齿轮机构——超速行星机构；另一种是采用两排简单的行星齿轮机构，通过执行元件的工作得到超速档。

（五）液压控制系统

自动变速器的自动控制是靠液压控制系统来完成的。液压控制系统由动力源、执行机构和控制机构三部分组成。

动力源是由液力变矩器泵轮驱动的液压泵，它除了向控制机构、执行机构供给液压油以实现换档外，还给液力变矩器提供冷却补偿油，向行星齿轮变速器供应润滑油。

执行机构包括各离合器、制动器的液压缸，前面已经介绍。

控制机构包括主油路调压阀、手动阀、换档阀及锁止离合器控制阀等,集中安装在自动变速器的阀体上。

1. 液压泵

液压泵又称油泵,一般位于液力变矩器和行星齿轮系统之间,由液力变矩器泵轮驱动。其类型主要有齿轮泵、转子泵和叶片泵,如图 1-37 所示。三种泵的共同特点是:内部元件(转子)由液力变矩器花键毂或驱动轴驱动,外部元件与内部元件之间有一定的偏心距。

图 1-38 所示为叶片泵的工作原理示意图。叶片泵由转子、定子、叶片和配油盘组成。相邻叶片间形成密封的工作腔室,通过油道与位于油底壳上方的滤清器相连。当转子按图示方向旋转时,叶片间工作腔室的容积发生变化。其中,右边叶片工作腔室容积增大,产生低压区,甚至形成局部真空。在变速器壳体内液压的作用下,油底壳内变速器油被压入滤清器,并通过油道进入低压腔室,所以该腔室是油泵的吸油腔。与此相反,容积减小的腔室是压油腔,变速器油从这里被压出油泵,进入压力调节机构的油路。

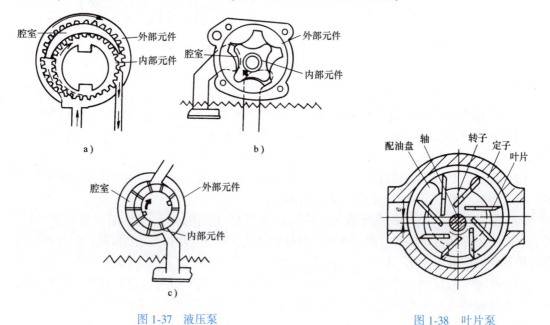

图 1-37 液压泵
a) 半月形齿轮泵 b) 转子泵 c) 叶片泵

图 1-38 叶片泵

随着转子的运转,油泵不停地吸油、排油。大多数自动变速器都采用定容积泵,即转子每转一圈,被油泵吸入变速器油的容积固定不变。半月形齿轮泵和转子泵都属于这种类型。叶片泵是泵量可变的容积泵,其吸油腔容积的大小取决于转子和定子之间的偏心距。偏心距越大,腔室容积的变化量就越大。因此,可通过改变定子的位置调节偏心距,进而改变油泵的泵油量。这种容积可调的油泵更适应自动变速器的工作要求,在换档过程中提供较多的油量,在正常行驶时,油泵泵油量减少。

变速器油进入油泵前必须经过滤清器滤除杂质和异物,防止油泵油路和控制阀磨损或阻塞。常用的滤清器有表面滤清器和深滤程滤清器两种。表面滤清器通过金属滤网的表面孔隙过滤杂质,由于滤芯较薄,过滤杂质的能力较差。深滤程滤清器的滤芯比较厚,变速器油在流过滤芯的过程中被逐步过滤,过滤效果大大提高。

油泵使用时应注意以下几点：

1）发动机不工作时，油泵不泵油，变速器内无控制油压。推车起动时，即使 D 位或 R 位，输出轴实际上是空转，发动机无法起动。

2）车辆被牵引时，发动机不工作，油泵也不工作，无液压油。长距离牵引，齿轮系统无润滑油，磨损加剧。因此牵引距离不应超过 50km，牵引速度不得高于 50km/h。

3）变速器齿轮系统有故障或严重漏油时，牵引车辆应将传动轴脱开。对于前轮驱动的汽车，应将前轮悬空牵引。

2. 主油路调压阀

液压油从油泵输出后，即进入主油路系统，油泵是由发动机直接驱动的，输出流量和压力均受发动机运转状况的影响，变化很大。当主油路压力过高时，会引起换档冲击和增加功率消耗；而主油路压力过低时，又会使离合器、制动器等执行元件打滑，因此在主油路系统中必须设置主油路调压阀。其作用是将油泵输出压力精确调节到所需值后再输入主油路。应满足主油路系统在不同工况、不同档位时，具有不同油压的要求：

1）节气门开度较小时，自动变速器所传递的转矩较小，执行机构中的离合器、制动器不易打滑，主油路压力可以降低。而当发动机节气门开度较大时，因传递的转矩增大，为防止离合器、制动器打滑，主油路压力要升高。

2）汽车在低速档行驶时，所传递的转矩较大，主油路压力要高。而在高速档行驶时，自动变速器传递的转矩较小，可降低主油路油压，以减少油泵运转阻力。

3）倒档的使用时间较少，为减小自动变速器尺寸，倒档执行机构被做得较小，为避免出现打滑，需提高操纵油压。

主油路调压阀通常采用阶梯形滑阀，如图 1-39 所示。它由上部的阀芯、下部的柱塞套筒及调压弹簧组成。在阀门的上部 A 处，受到来自油泵的液压力作用；下端则受到柱塞下部 C 处来自调压电磁阀所控制的节气门油压力作用，以及调压弹簧的作用力。共同作用的平衡，决定阀体所处的位置。

若油泵压力升高，作用在 A 处向下的液压力大，推动阀体下移，出油口打开，油泵输出的部分油液经出油口排回到油底壳，使工作油压力被调整到规定值。当加速踏板踩下时，发动机转速增加，油泵转

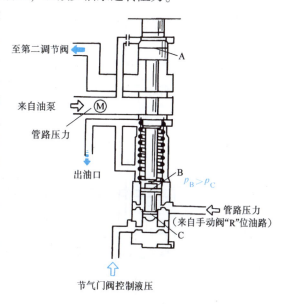

图 1-39 主油路调压阀的工作原理

速随之加快，由油泵产生的液压力也升高，向下的液压作用力增大。但此时，节气门控制油压也增强，使得向上的作用力也增大，于是主调压阀继续保持平衡，满足了发动机功率增加时主油路油压增大的要求。

倒档时，手动阀打开另一条油路，将液压油引入主调压阀柱塞的 B 腔，使得向上推动阀体的作用力增加，阀芯上移，出油口被关小，主油路压力升高，从而获得了高于"D"、

"2"、"L"等前进档的管路压力。

3. 手动阀

手动阀通过连杆机构与驾驶室内的变速杆相连,驾驶人操纵变速杆可以带动手动阀移动,其作用是根据变速杆位置的不同依次将管路压力导入相应各档油路。图1-40所示为丰田自动变速器手动阀。

4. 换档阀

电液式控制系统换档阀的工作完全由换档电磁阀控制,其控制方式有两种:一种是加压控制,即通过开启或关闭换档阀控制油路进油孔来控制换档阀的工作;另一种是泄压控制,即通过

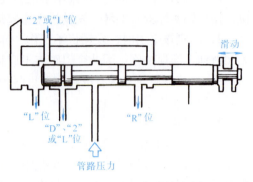

图1-40 丰田自动变速器手动阀

开启或关闭换档阀控制油路泄油孔来控制换档阀的工作。加压控制方式的工作原理如图1-41所示,液压油经电磁阀后通至换档阀的左端。当电磁阀关闭时,没有油压作用在换档阀左端,换档阀在右端弹簧力的作用下移向左端(图1-41a);当电磁阀开启时,液压油作用在换档阀左端,使换档阀克服弹簧力右移(图1-41b),从而改变油路,实现档位变换。

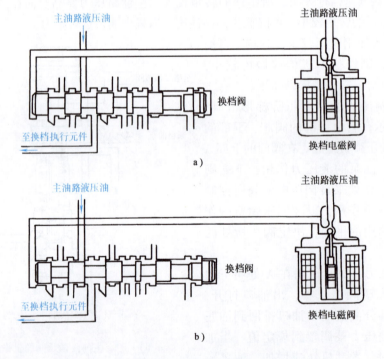

图1-41 电液控制系统换档阀的工作原理
a) 电磁阀关闭 b) 电磁阀开启

目前自动变速器通常有三个换档阀,分别由三个换档电磁阀来控制,并通过三个换档阀之间油路的互锁作用实现四个档位的变换。目前大部分电子控制自动变速器采用两个电磁阀操纵三个换档阀的控制方式。这种换档控制的工作原理如图1-42所示。它采用泄压控制的

方式。由图中可知，1、2档换档阀和3、4档换档阀由电磁阀A控制，2、3档换档阀则由电磁阀B控制。电磁阀不通电时关闭泄油孔，来自手动阀的主油路液压油通过节流孔后作用在各换档阀右端，使阀芯克服弹簧力左移。电磁阀通电时泄油孔开启，换档阀右端液压油被泄空，阀芯在左端弹簧力的作用下右移。

图1-42a为1档，此时电磁阀A断电，电磁阀B通电，1、2档换档阀阀芯左移，关闭2档油路；2、3档换档阀阀芯右移，关闭3档油路。同时使主油路油压作用在3、4档换档阀阀芯右端，让3、4档换档阀阀芯停留在右位。

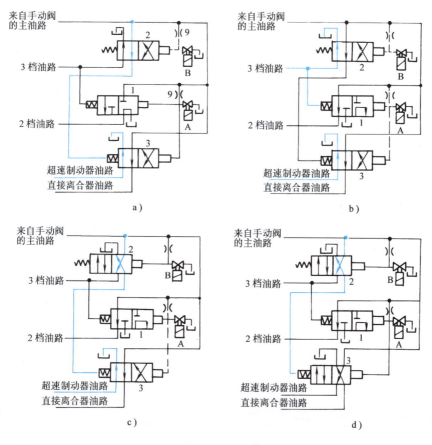

图1-42 电控自动变速器换档液压系统原理
a) 1档 b) 2档 c) 3档 d) 4档
A、B—换档电磁阀 1—1、2换档阀 2—2、3换档阀 3—3、4换档阀

图1-42b为2档，此时电磁阀A和电磁阀B同时通电，1、2档换档阀右端油压下降，阀芯右移，打开2档油路。

图1-42c为3档，此时电磁阀A通电，电磁阀B断电，2、3档电磁阀右端油压上升，阀芯左移，打开3档油路。同时使主油路油压作用在1、2档换档阀左端，并让3、4档换档阀阀芯左端控制油压泄空。

图1-42d为4档，此时电磁阀A和电磁阀B均不通电，3、4档换档阀阀芯右端控制压力上升，阀芯左移，关闭直接档离合器油路，接通超速制动器油路，由于1、2档换档阀阀芯左端作用着主油路油压，虽然右端有液压油作用，但阀芯仍然保持在右端不能左移。

5. 锁止离合器控制阀

目前在一些新型的电控自动变速器上，锁止电磁阀采用脉冲式电磁阀，ECU 可利用脉冲电信号占空比大小来调节锁止电磁阀的开度，以控制作用在锁止离合器控制阀右端的油压，由此调节锁止离合器控制阀左移时排油孔的开度，从而控制锁止离合器活塞右侧油压的大小（图 1-43）。当作用在锁止电磁阀上的脉冲电信号的占空比为零时，电磁阀关闭，没有油压作用在锁止离合器控制阀的右端，此时锁止离合器活塞左右两侧的油压相同，锁止离合器处于分离状态。当作用在锁止电磁阀上的脉冲电信号较小时，电磁阀的开度和作用在锁止离合器控制阀右端的油压以及锁止控制阀左移打开的排油孔开度均较小，锁止离合器活塞左右两侧油压差以及由此产生的锁止离合器接合力也较小，使锁止离合器处于半接合状态。脉冲信号的占空比越大，锁止离合器活塞左右两侧油压差以及锁止离合器接合力也越大。当脉冲信号的占空比达到一定数值时，锁止离合器即可完全接合。这样，ECU 在控制锁止离合器接合时，可以通过电磁阀来调节其接合速度，让接合力逐渐增大，使接合过程更加柔和。有些车型的自动变速器 ECU 还具有滑动锁止控制程序，也就是在汽车的行驶条件已接近但尚未达到锁止控制程序所要求的条件时，先让锁止离合器处于磨滑状态（即半接合状态），变矩器处于半机械半液力传动工况。

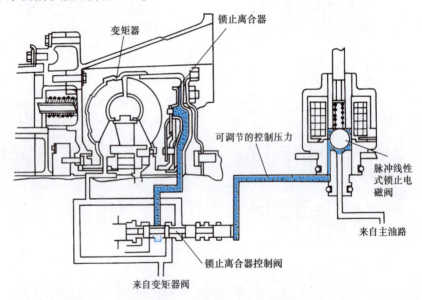

图 1-43 电控系统锁止离合器控制阀工作原理（脉冲式电子阀）

(六) 电子控制系统

电子控制系统由信号输入装置、ECU 和执行器组成。

1. 信号输入装置

信号输入装置包括传感器和信号开关装置，其中，常用的传感器有：节气门位置传感器、发动机转速传感器、车速传感器、输入轴转速传感器和油温传感器；常用的开关装置有：超速档开关、模式选择开关、多功能开关、空档起动开关等。

（1）节气门位置传感器　节气门位置传感器安装在发动机节气门体上并与节气门联动，其作用就是测量发动机节气门的开度，向 ECU 提供发动机负荷信号，以控制自动变速器换档时刻及主油路油压。常见的节气门位置传感器为可变电阻式，如图 1-44 所示。由一个线性电位计和一个怠速开关组成，节气门轴带动线性电位计及怠速开关的滑动触点。当节气门轴转动时，电位计所控制的线性电阻值发生变化，所对应的电位也发生变化，变化的电位信号输送给电控单元。当节气门关闭时，怠速开关闭合，将怠速信号输送给电控单元。

（2）发动机转速传感器　发动机转速传感器一般安装在分电器内或曲轴后端的靶轮附近。通常为磁感应式，用于测量发动机的转速。

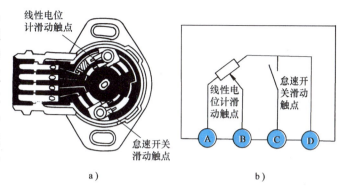

图1-44　节气门位置传感器
a）结构　b）电路
A—基准电压　B—节气门开度信号　C—怠速信号　D—接地

（3）车速传感器　车速传感器的种类较多，常用以下三种：

1）电磁感应式车速传感器。主要由永久磁铁和电磁感应线圈组成，如图1-45所示。这种车速传感器一般安装在变速器输出轴附近，由变速器输出轴上的停车锁止齿轮充当感应转子。当输出轴转动时，感应转子的凸齿不断靠近或离开车速传感器，使感应线圈内的磁通量发生变化，从而产生交流感应电压。车速越高，输出轴的转速越高，感应电压的脉冲频率也越大。电控单元根据感应电压脉冲频率的大小计算车速，作为换档控制的另一主要依据。

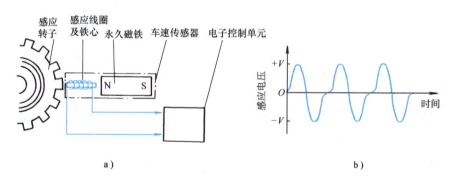

图1-45　车速传感器
a）结构　b）感应电压曲线图

2）笛簧开关式车速传感器。该传感器笛（舌）簧开关由小玻璃管内安装的两个细长触头构成，触头由铁、镍等磁性材料制成。受玻璃管外磁极控制，触头可因互相吸引而闭合，也可因互相排斥而断开，具有开关作用。舌簧开关置于车速表的转子附近（图1-46），当车速表软轴旋转时，产生脉冲信号。

3）光电式车速传感器。如图1-47所示，由发光二极管、光敏元件及速度表软轴驱动的遮光板组成。其工作原理如图1-48所示，ECU根据脉冲数计算出车速。

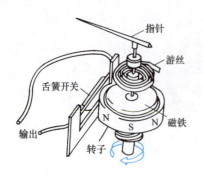
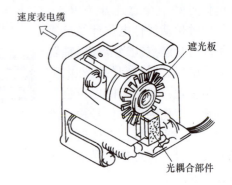

图 1-46　笛簧开关式车速传感器工作原理　　　　　图 1-47　光电式车速传感器的结构

（4）输入轴转速传感器　输入轴转速传感器与车速传感器类似，也是一种电磁感应式转速传感器，它安装在行星齿轮变速器的输入轴（液力变矩器涡轮输出轴）附近或与输入轴连接的离合器毂附近的壳体上，用于检测输入轴转速，并将信号送入 ECU，以更精确地控制换档过程。输入轴转速传感器还提供变矩器涡轮的转速信号，与发动机转速即变矩器泵轮转速进行比较，计算出变矩器的转速比，以优化锁止离合器的控制过程，减小换档冲击，保证汽车的行驶平顺性良好。

（5）变速器油温传感器　变速器油温传感器安装在自动变速器油底壳内的液压阀阀板上，用于连续监控自动变速器中变速器的油温，以作为 ECU 进行换档控制、油压控制、锁止离合器控制的依据。变速器油温传感器内部结构是一个负温度系数的热敏电阻。

（6）超速档开关　超速档开关通常安装在自动变速器操纵手柄上，如图 1-49 所示，用于控制自动变速器的超速档。如果超速档开关打开，变速器操纵手柄又处于 D 档，则自动变速器随着车速的提高而升档时，可升到最高档（即超速档）；而开关关闭时，无论车速怎样高，自动变速器最多只能升至次高档。

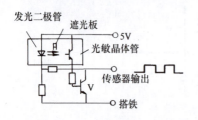
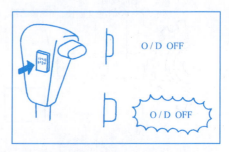

图 1-48　光电式车速传感器的电路　　　　　　　图 1-49　超速档开关

在驾驶室仪表板上，有"O/D OFF"指示灯显示超速档开关的状态。当超速档开关打开时，"O/D OFF"指示灯熄灭；当超速档开关关闭时，"O/D OFF"指示灯随之亮起。

（7）模式选择开关　模式选择开关又称程序开关，用于选择自动变速器的控制模式，即选择自动变速器的换档规律，以满足不同的使用要求。图 1-50 所示为一安装在变速杆旁的模式开关。常见的控制模式大致有以下几种：

1）经济模式（Economy）。该模式以汽车获得最佳燃油经济性为目标设计换档规律。当自动变速器在经济模式下工作时，其换档规律使汽车在行驶过程中，发动机经常在经济转速范围内运转，降低了燃油消耗。发动机转速相对较低时就会换入高档，即提前升档，延迟降档。

2）动力模式（Power）。该模式以汽车获得最大动力性为目标设计换档规律。当自动变速器在动力模式下工作时，其换档规律使汽车在行驶过程中，发动机经常处在大转矩、大功率范围内运行，提高了汽车的动力性能和爬坡能力。只有发动机转速较高时，才能换入高档，即延迟升档，提前降档。

3）普通模式（Normal）。普通模式的换档规律介于经济模式与动力模式之间，它使汽车既保证了一定的动力性，又有较好的燃油经济性。

4）手动模式（Manual）。该模式让驾驶人可在1～4档之间以手动方式选择合适的档位，使汽车像装用了手动变速器一样行驶，而又不必像手动变速器那样换档时必须踩离合器踏板。

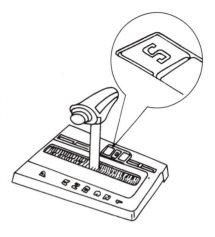

图1-50　模式选择开关
（运动型/经济型）

（8）多功能开关　多功能开关装在变速器壳体的手动阀摇臂轴或变速杆上，由变速杆进行控制，如图1-51所示，具有下列功能：

1）指示变速杆位置。变速杆的位置是利用多功能开关传给变速器控制系统。多功能开关电路如图1-52所示，触点2、3、4通过多种组合（开和关）将换档位置P、R、N、D、3、2和1传给变速器控制单元。

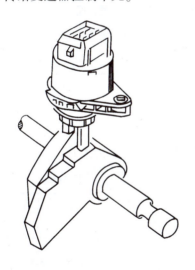

图1-51　多功能开关

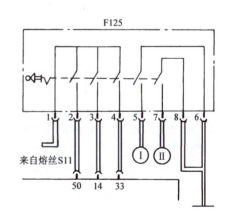

图1-52　变速杆位置信号电路

2）倒档信号灯的开启。当变速杆置于R档时，接通倒车灯继电器，倒档信号灯开启。

3）空档起动。发动机只有当变速杆在位置P或N时才能起动。多功能开关将变速杆位置处于P或N时的信号传给起动继电器，使点火开关能工作。同时，在挂前进档时中断起动机，即制止起动机在汽车进入行驶状态后啮合。

（9）空档起动开关　空档起动开关及其电路如图1-53所示，其作用与多功能开关相同。

（10）制动灯开关　制动灯开关安装在制动踏板支架上，踩下制动踏板时开关接通，通

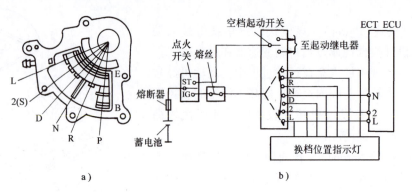

图 1-53 空档起动开关与电路
a) 空档起动开关 b) 空档起动开关电路

知 ECU 已经制动，松开变矩器锁止离合器，同时点亮制动灯。还可以防止驱动轮制动抱死时，发动机突然熄火。

2. 执行器

电磁阀是电子控制系统的执行元件，按其作用不同可分为换档电磁阀、锁止电磁阀和调压电磁阀。按其工作方式不同可分为开关式电磁阀和脉冲式电磁阀。

（1）开关式电磁阀　开关式电磁阀的作用是开启和关闭变速器油路，可用于控制换档阀及液力变矩器的闭锁离合器锁止阀。

开关式电磁阀由电磁线圈、磁铁、阀芯和回位弹簧等组成（图 1-54）。线圈不通电时，阀芯被油压推开，打开泄油孔，油路压力为 0；线圈通电时，电磁力使阀芯左移，关闭泄油孔，油路压力上升。

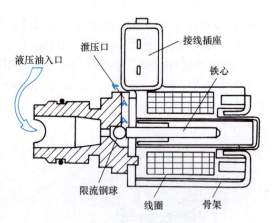

图 1-54 开关式电磁阀

（2）脉冲式电磁阀　脉冲式电磁阀结构如图 1-55 所示，其作用是控制油路中油压的大小。控制信号是频率固定的脉冲电信号，电磁阀在脉冲电信号的作用下不断反复地开启和关闭泄油孔，ECU 通过改变每个脉冲周期内电流接通和断开的时间比例，即所谓占空比〔在一个脉冲周期内，通电时间长为 A，断电时间长为 B，占空比 $= A/(A+B) \times 100\%$〕来改变电磁阀开启和关闭的时间比例，达到控制油路油压的目的。占空比越大，油路压力越低；反之，占空比越小，油路压力就越高（图 1-56）。

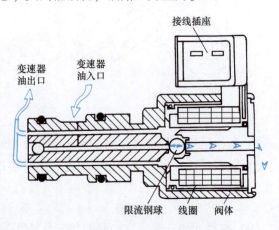

图 1-55 脉冲式电磁阀

脉冲式电磁阀一般安装在主油路或减振器背压油路中，在变速器自动升档及降档瞬间，或在锁止离合器锁止及解除锁止动作开始时使油压下降，以减少换档和锁止、解锁冲击，使车辆行驶更平稳。

3. ECU

电子控制自动变速器可与发动机电子燃油喷射系统共用 1 个 ECU，也可使用独立的 ECU。ECU 是电子控制系统的核心，由接收器、控制器和输出装置 3 部分组

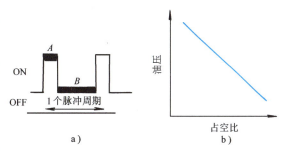

图 1-56 脉冲式电磁阀的原理
a）脉冲电信号　b）电磁阀特性

成。接收器接收各输入装置的输出信号，并对其放大或调制；控制器将这些信号与内存中的数据进行对比，根据对比结果做出是否换档等决定，再由输出装置将控制信号输送给电磁阀。ECU 具有以下控制功能：

（1）控制换档时刻　换档时刻的控制是 ECU 最重要的控制内容之一，汽车在每一特定行驶工况，都有一个与之对应的最佳换档时刻，ECU 可以让自动变速器在任何行驶条件下都按最佳换档时刻进行换档，从而使汽车的动力性和经济性等指标综合起来达到最佳。

通常，ECU 将汽车在不同使用要求下的最佳换档规律以自动换档图的形式储存在存储器中。带有模式选择开关的电控式自动变速器在模式开关处于不同位置时，对汽车的使用要求不同，其换档规律也不同，一般有普通、经济、动力等几种形式的换档规律，图 1-57 所示为变速杆在 D 位时的换档规律。

汽车在行驶时，ECU 根据模式选择开关和档位开关的信号，从存储器中选出相应的自动换档图，再将车速传感器、节气门位置传感器测得的车速、节气门开度与所选的自动换档图进行比较，如在一定节气门开度下行驶的汽车达到设定的换档车速时，ECU 便向换档电磁阀发出电信号，由电磁阀的动作决定液压油通往各操纵元件的流向，以实现档位的自动变换。其原理框图如图 1-58 所示。

（2）控制主油路油压　电液式控制系统中的主油路油压是由主油路调压电磁阀调节的。主油路油压随发动机负荷增大而增高，以满足传递大功率时对离合器、制动器等执行元件液压缸工作压力的要求。

电控式自动变速器的电液式控制系统以一个油压电磁阀来产生节气门油压。油压电磁阀是脉冲式电磁阀，ECU 根据节气门位置传感器测定的节气门开度，控制发往油压电磁阀的脉冲信号的占空比，使主油路油压随节气门开度而变化。节气门开度越大，脉冲电信号的占空比越小，油压电磁阀排油孔开度越小，节气门油压也就越大。节气门控制油压被作为控制油压反馈到主油路调压阀，使主油路调压阀随着节气门开度的变化调节主油路油压的高低，以获得不同发动机负荷下主油路压力的最佳值，并将驱动油泵的动力减小到最小。图 1-59 所示即为主油路油压随节气门开度的变化情况。由于倒档使用的时间较少，为减小自动变速器的体积，通常将倒档执行机构的尺寸缩得较小，同时传递转矩较大，因此油压较其他档位时高。

除正常的主油路压力控制之外，ECU 还可以根据各个传感器测得的自动变速器的工作条件，在一些特殊情况下，对主油路油压做适当的修正，使油路压力控制获得最佳效果。例

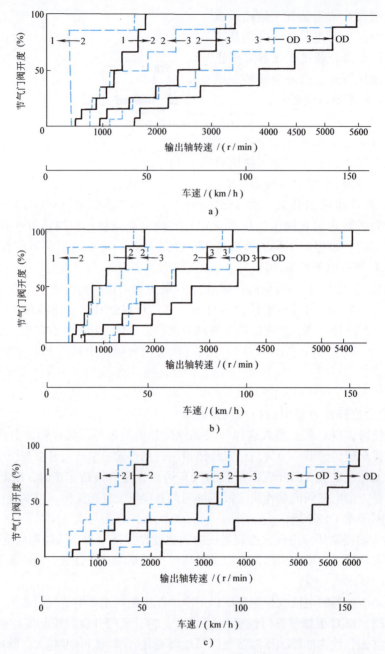

图 1-57 变速杆在 D 位时的换档规律
a)"N"（普通）型 b)"E"经济型 c)"P"动力型

如，在变速杆位于前进低档(S、L 或 2、1)位置时，汽车驱动力相应较大，ECU 自动使主油路油压高于前进位(D 位)时的油压，以满足动力传递的需要。为减小换档冲击，ECU 还在自动变速器换档过程中按照换档时节气门开度的大小，通过油压电磁阀适当减小主油路油压（图 1-60a），以改善换档质量。ECU 还可以根据液压油温度传感器的信号，在变速器油温度未达到正常工作温度时(低于 60℃)，将主油路油压调至低于正常值(图 1-60b)，以防止因

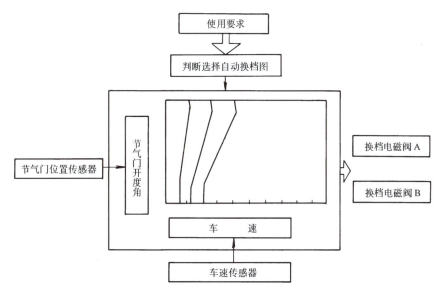

图 1-58 自动换档控制框图

油温低、黏度较大而产生换档冲击；当变速器油温过低时（低于 $-30℃$），ECU 使主油路压力升至最大值，以加速离合器、制动器的接合，防止温度过低时因变速器油黏度过大而使换档过程过于平缓（图 1-60c）。在海拔较高时，发动机输出功率降低，ECU 将主油路油压调至低于正常值，以防止换档时出现冲击（图 1-60d）。

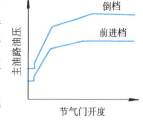

图 1-59 主油路油压特性

（3）控制锁止离合器　电子控制自动变速器中，液力变矩器的锁止离合器的工作也是由 ECU 控制的，ECU 按照设定的控制程序，通过锁止电磁阀来控制锁止离合器的接合或分离。自动变速器在各种工作条件下的最佳锁止离合器控制程序被事先储存在 ECU 的存储器内，ECU 根据自动变速器的档位、选取的控制模式等工作条件从存储器内选择出相应的锁止控制程序，再将车速、节气门开度与锁止控制程序进行比较。当满足锁止条件时，ECU 即向锁止电磁阀发出电信号，使锁止离合器接合，液力变矩器按机械传动工况工作。在以下几种情况下可强制解除锁止：当汽车制动或节气门全闭时，为防止发动机失速，ECU 切断通向锁止电磁阀的电路强行解除锁止；在自动变速器升降档过程中，ECU 暂时解除锁止，以减小换档冲击；如果发动机冷却液的温度低于 60℃，锁止离合器应处于分离状态，加速预热，提高总体驾驶性能。

早期锁止电磁阀采用开关式电磁阀，由于接合与分离都是在一瞬间完成的，会对传动系统造成较大冲击，影响汽车的行驶平顺性。目前多采用脉冲式电磁阀，使锁止离合器工作更柔和。

（4）控制换档品质　为改善换档质量，提高汽车的乘坐舒适性，目前常见的特殊控制功能有以下几种：

1）换档油压控制。在升档或降档的瞬间，ECU 通过油压电磁阀适当降低主油路油压，以减小换档冲击，达到改善换档质量的目的。也有一些控制系统是在换档时通过电磁阀减小减振器活塞的背压，以降低离合器或制动器液压缸内油压的增长速度，达到减小换档冲击的

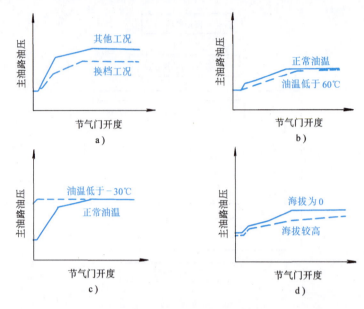

图 1-60　主油路压力修正曲线

a) 换档修正　b) 油温低修正　c) 油温过低修正　d) 海拔修正

目的。

2) 减小转矩控制。在换档的瞬间,通过延迟发动机的点火时间或减少喷油量,暂时减少发动机的输出转矩,以减小换档冲击和降低汽车加速度出现的波动。

3) N~D 换档控制。在变速杆由停车档或空档(P 或 N)位置换至前进位或倒档(D 或 R)位置,或相反地进行换档时,ECU 通过调整发动机的喷油量,将发动机的转速变化减至最小程度,以改善换档质量。

(5) 自动模式选择控制　ECU 通过各个传感器测得汽车行驶状况和驾驶人的操作方式,经过运算分析,自动选择采用经济模式、动力模式或普通模式进行换档控制,以满足不同的行驶要求。

ECU 在进行自动模式选择控制时,主要参考变速杆的位置及加速踏板被踩下的速率高低,来判断驾驶人的操作目的,自动选择控制模式:

1) 当变速杆位于前进低档(S、L 或 2、1)时,ECU 只选择动力模式。

2) 在 D 位,当加速踏板被踩下的速率较低时,ECU 选择经济模式;当加速踏板被踩下的速率超过控制程序中所设定的速率时,ECU 由经济模式转变为动力模式。ECU 将车速和节气门开度的组合分为一定数量的区域,每个区域有不同的节气门开启速率的程序设定值。车速越低或节气门开度越大时,其设定值越小,也就越容易选择动力模式。

3) 在 D 位,ECU 选择动力模式时,一旦节气门开度低于 1/8,换档规律即由动力模式转换为经济模式。

(6) 发动机制动作用控制　ECU 按照设定的控制程序,在变速杆位置、车速、节气门开度等满足一定条件(如:变速杆位于前进低档位置,且车速大于 10km/h,节气门开度小于 1/8)时,向强制离合器电磁阀或强制制动器电磁阀发出电信号,打开强制离合器或强制制动器的控制油路,使之接合或制动,让自动变速器具有反向传递动力的能力,从而在汽车滑行时可以实现发动机制动。

(7) 使用输入轴转速传感器的控制　ECU 在进行换档油压控制、减小转矩控制、锁止离合器控制时，利用输入轴转速进行计算，使控制的时间更加准确，从而获得最佳的换档感觉和乘坐舒适性。

(8) 超速行驶控制　只有当变速杆位于 D 位且超速开关打开时，汽车才能升入超速档。当汽车以巡航方式在超速档行驶时，若实际车速低于 4km/h，巡航控制单元向 ECU 发出信号，要求自动退出超速档。还可以防止自动变速器在发动机冷却液温度低于 60℃时进入超速档工作。

(9) 自诊断与失效保护功能　为了及时发现电子控制装置中的故障，并在出现故障时尽可能地使自动变速器保持最基本的工作能力，以维持汽车行驶，便于汽车进厂维修，ECU 具有故障自诊断和失效保护功能。在汽车行驶过程中不停地检测自动变速器电子控制装置中，所有传感器和电动执行器的工作情况，一旦发现故障，ECU 具有以下几种保护功能：

1) 在汽车行驶时，仪表盘上的自动变速器故障警告灯闪亮，以提醒驾驶人立即将汽车送至修理厂维修。目前，大部分日本产汽车是以超速档指示灯"O/D OFF"作为自动变速器故障警告灯的。如超速指示灯闪亮，拨动超速档开关也不能将它熄灭，即说明电子控制装置出现故障。而一些欧洲车型，则用变速杆位置指示灯作为故障警告灯。

2) 将检测到的故障内容以故障码的形式存在 ECU 的存储器内，只要不切断蓄电池，被测到的故障码就会一直保存在 ECU 内，即使是汽车行驶中偶尔出现的一次故障，ECU 也会及时地检测到，并记录下来。在修理时，维修人员可以采用一定的方法将储存在 ECU 内的故障码读出，为查找故障部位提供可靠的依据。

3) ECU 按设定的失效保护程序控制自动变速器的工作，保持汽车的基本行驶能力。

① 当某些传感器出现故障后，ECU 会采取失效保护功能。例如，节气门位置传感器出现故障时，ECU 根据怠速开关的状态进行控制：当怠速开关断开时(加速踏板被踩下)，按节气门开度为 1/2 进行控制，同时节气门油压按最大值输出；当怠速开关接通时(加速踏板完全放松)，按节气门处于全闭状态进行控制，同时节气门油压按最小值输出。

车速传感器出现故障时，ECU 不能进行自动换档控制，此时自动变速器的档位可由变速杆的位置决定：变速杆在 D 位或 S(或 2)位，变速器为超速档或 3 档；变速杆在 L(或 1)位，为 2 档或 1 档；或不论变速杆为任何前进档，变速器均为 1 档，以保持汽车最基本的行驶能力。许多车型的自动变速器有两个车速传感器，其中一个用于自动变速器的换档控制(常称为第二车速传感器)，另一个为仪表盘上车速表用的传感器(常称为第一车速传感器)。这两个传感器都与 ECU 连接，当用于换档控制的车速传感器损坏时，ECU 可利用车速表传感器的信号来控制换档。

输入轴转速传感器出现故障时，ECU 停止减小转矩控制，此时换档冲击会有所增大。

液压油温度传感器出现故障时，ECU 按液压油温度为 80℃进行控制。

② 执行器出现故障后，采取的失效保护功能。有换档电磁阀出现故障时，不同的 ECU 有不同的失效保护功能。一种是不论有几个电磁阀出现故障，ECU 都将停止所有换档电磁阀的工作，此时自动变速器的档位完全由变速杆的位置决定：变速杆在 D 档或 S(或 2)档时，变速器被固定为 3 档，在 L(或 1)档时被固定为 2 档。另一种是几个换档电磁阀中有若干个出现故障时，ECU 控制其他无故障的电磁阀工作，以保证自动变速器仍能自动升档或降档，此时会失去某些档位的功能，而且升档或降档规律有所变化，例如，可能直接由 1 档

升至 3 档或超速档。

强制离合器或强制制动器电磁阀出现故障时，ECU 停止电磁阀的工作，让强制离合器或强制制动器始终处于接合状态，使汽车减速时总可以利用发动机的制动作用。

锁止电磁阀出现故障时，ECU 停止锁止离合器控制，使锁止离合器始终处于分离状态。

二、电控液力自动变速器的性能检查

自动变速器的结构和工作原理都十分复杂，不论是换档执行元件损坏，还是控制电路、阀板中的控制阀或其他任何部件出现故障，都会影响变速器的正常工作。自动变速器不易拆装，当自动变速器出现故障或工作不正常时，首先应利用各种检测工具和手段，按照合理的程序和步骤，查出故障原因，以便有针对性地进行维修。

对于有故障的自动变速器，应先进行性能检测，以确认其故障范围，为进一步分解修理自动变速器提供依据。自动变速器在修理完毕后，也应进行全面的性能检验，以保证自动变速器的各项性能指标达到标准要求。

1. 道路试验

道路试验是诊断分析自动变速器故障的最有效手段之一。此外，自动变速器在修复后，也应进行道路试验，以检查其工作性能，检验修理质量。自动变速器的道路试验内容主要有：检查换档车速、换档质量及检查换档执行元件有无打滑。在道路试验之前，应让汽车以中低速行驶 5~10min，让发动机和自动变速器都达到正常工作温度。在试验中，如无特殊需要，通常应将超速档开关置于 ON 位置，并将模式选择开关置于标准模式或经济模式位置。道路试验的方法如下：

（1）升档检查　将变速杆拨至前进档，踩下加速踏板，使节气门保持在 1/2 开度左右，让汽车起步加速，检查自动变速器的升档情况。自动变速器在升档时发动机会有瞬时的转速下降，同时车身有轻微的闯动感。正常情况下，汽车起步后随着车速的升高，试车者应能感觉到自动变速器能顺利地由 1 档升入 2 档，随后由 2 档升入 3 档，最后升入超速档。若自动变速器不能升入高速档，说明控制系统或换档执行元件有故障。

（2）升档车速的检查　将变速杆拨至前进档，踩下加速踏板，并使节气门保持某一固定开度，让汽车起步并加速。当察觉到自动变速器升档时，记下升档车速。一般四档自动变速器在节气门开度保持 1/2 时，由 1 档升至 2 档的车速为 25~35km/h，由 2 档升至 3 档的车速为 55~70km/h，由 3 档升至 4 档的车速为 90~120km/h。由于升档车速和节气门开度有很大的关系，即节气门开度不同时，升档车速也不同，而且不同车型的自动变速器各档传动比的大小都不同，其升档车速也不完全一样，因此，只要升档车速基本上保持在上述范围内，而且汽车行驶中加速良好，无明显的换档冲击，都可认为升档车速正常。若汽车行驶中加速无力，升档车速明显低于上述范围，说明升档车速过低（即升档过早）；若汽车行驶中有明显的换档冲击，升档车速明显高于上述范围，说明升档车速过高（即升档太迟）。

由于降档车速在行驶中不易察觉，因此在道路试验中一般无法检查自动变速器的降档车速，只能通过检查升档车速来判断自动变速器有无故障。如有必要，还可检查其他模式下或变速杆位于前进低档位置时的换档车速，并与标准值进行比较，作为判断故障的参考依据。升档车速太低一般是控制系统的故障所致；换档车速太高则可能是控制系统的故障所致，也可能是换档执行元件发生故障。

（3）升档时发动机转速的检查　有发动机转速表的汽车在做自动变速器道路试验时，

应注意观察汽车在行驶中发动机转速的变化情况,它是判断自动变速器工作是否正常的重要依据之一。在正常情况下,若自动变速器处于经济模式或标准模式,节气门保持在低于1/2开度范围内,则在汽车由起步加速直至升入高速档的整个过程中,发动机的转速都将低于3000r/min。通常在加速至即将升档时发动机转速可达到2500~3000r/min,在刚刚升档后的短时间内发动机转速下降至2000r/min左右。如果在整个行驶过程中发动机转速始终过低,加速至升档时仍低于2000r/min,说明升档时间过早或发动机动力不足;如果在行驶过程中发动机转速始终偏高,升档前后的转速在2500~3000r/min之间,而且换档冲击明显,说明升档时间过迟;如果在行驶过程中发动机转速过高,经常高于3000r/min,在加速时达到4000~5000r/min,甚至更高,则说明自动变速器换档执行元件打滑,应拆修自动变速器。

(4) 换档质量的检查 换档质量的检查主要是检查有无换档冲击。正常的电控自动变速器的换档冲击应十分微弱。若换档冲击过大,说明自动变速器的控制系统或换档执行元件有故障,其原因可能是油路油压过高或换档执行元件打滑,应做进一步的检查。

(5) 锁止离合器工作状况的检查 自动变速器变矩器的锁止离合器工作是否正常,也可通过道路试验进行检查。试验中,让汽车加速至超速档,以高于80km/h的车速行驶,并让节气门开度保持在低于1/2的位置,使变矩器进入锁止状态。此时,快速将加速踏板踩下至2/3开度,同时检查发动机转速的变化情况。若发动机转速没有太大变化,说明锁止离合器处于接合状态;反之,若发动机转速升高很多,则表明锁止离合器没有接合,其原因通常是锁止控制系统有故障。

(6) 发动机制动作用的检查 检查自动变速器有无发动机制动作用时,应将变速杆拨至前进低档位置,在汽车以2档或1档行驶时,突然松开加速踏板,检查发动机是否有制动作用。若松开加速踏板后车速立即随之下降,说明有发动机制动作用;否则说明控制系统或前进强制离合器有故障。

(7) 强制降档功能的检查 检查自动变速器强制降档功能时应将变速杆拨至前进档位置,保持节气门开度为1/3左右,在以2档、3档或超速档行驶时突然将加速踏板完全踩到底,检查自动变速器是否被强制降低一个档位。在强制降档时,发动机转速会突然上升至4000r/min左右,并随着加速升档转速逐渐下降。若踩下加速踏板后没有出现强制降档,说明强制降档功能失效。若在强制降档时发动机转速上升过高,达5000~6000r/min,并在升档时出现换档冲击,则说明执行元件打滑,应拆修自动变速器。

2. 失速试验

在前进档或倒档中,踩住制动踏板并完全踩下加速踏板时,发动机处于最大转矩工况,而此时自动变速器的输出轴和输入轴均静止不动,变矩器的涡轮不动,只有变矩器壳及泵轮随发动机一同转动,此工况称为失速工况,此时发动机的转速称为失速转速。失速试验用于检查发动机输出功率、变矩器及自动变速器中制动器和离合器等换档执行元件的工作是否正常,如图1-61所示。

(1) 准备工作

图1-61 失速试验

1）让汽车行驶至发动机和自动变速器均达到正常工作温度。

2）检查汽车的行车制动和驻车制动，确认其性能良好。

3）检查自动变速器油高度，应正常。

（2）试验步骤

1）将汽车停放在宽阔的水平路面上，前后车轮用三角木塞住。

2）拉紧驻车制动，左脚用力踩住制动踏板。

3）起动发动机。

4）将变速杆拨入 D 位。

5）在左脚踩紧制动踏板的同时，用右脚将加速踏板踩到底，在发动机转速不再升高时，迅速读取此时发动机的转速。

6）读取发动机转速后，立即松开加速踏板。

7）将变速杆拨入 P 或 N 位置，让发动机怠速运转1min，以防止自动变速器油因温度过高而变质。

8）将变速杆拨至其他档位(R、L 或 2、1)，做同样试验。

在失速工况下，发动机的动力全部消耗在变矩器内自动变速器油的内部摩擦损失上，自动变速器油的温度急剧上升，因此在失速试验中，从加速踏板踩下到松开的整个过程的时间不得超过 5s，否则会使自动变速器油温度过高而变质，甚至损坏密封圈等零件。在每一个档位试验完成之后，不要立即进行下一个档位的试验，要等油温下降之后再进行。试验结束后不要立即熄火，应将变速杆拨至空档或停车档，让发动机怠速运转几分钟，以便让自动变速器油温度降至正常。如果在试验中发现驱动轮因制动力不足而转动，应立即松开加速踏板停止试验。

不同车型的自动变速器都有其失速转速标准。大部分自动变速器的失速转速标准为2300r/min左右，若失速转速与标准值相符，说明自动变速器的油泵、主油路油压及各个换档执行元件工作基本正常；若失速转速高于标准值，说明主油路油压过低或换档执行元件打滑；若失速转速低于标准值，则可能是发动机动力不足或液力变矩器有故障。例如，当液力变矩器中的导轮单向离合器打滑时，液力变矩器在液力耦合工况下工作，其变矩比下降，从而使发动机的负荷增大，转速下降。不同档位失速转速不正常的原因见表1-4。

表 1-4　失速转速不正常的原因

变速杆位置	失速转速	故障原因
所有位置	过高	1. 主油路油压过低 2. 前进档和倒档的转换执行元件打滑 3. 低档及倒档制动器打滑
	过低	1. 发动机动力不足 2. 变矩器导轮的单向超越离合器打滑
D 档	过高	1. 前进档油路油压过低 2. 前进档离合器打滑
R 档	过高	1. 倒档油路油压过低 2. 倒档及高档离合器打滑

3. 油压试验

油压试验是在自动变速器运转时，对控制系统各油路中的油压进行测量，为分析自动变速器的故障提供依据，以便于有针对性地进行修复。油压过高，会使自动变速器出现严重的换档冲击，甚至损坏控制系统；油压过低，会造成换档执行元件打滑，加剧其摩擦片的磨损，甚至使换档执行元件烧毁。对于因油压过低而造成换档执行元件烧毁的自动变速器，如果仅仅更换烧毁的摩擦片而没有找出故障的真正原因并加以修复，换后的摩擦片经过一段时间的使用后往往会再次烧毁。因此，在分解修理自动变速器之前和自动变速器修复之后，都要对自动变速器进行油压试验，以确保自动变速器的维修质量。

（1）油压试验的准备

1）行驶汽车，使发动机及自动变速器达到正常工作温度。

2）将汽车停放在水平路面上，检查发动机怠速和自动变速器油的油面高度。如不正常，应进行调整。

3）准备一个量程为2MPa的压力表。

4）找出自动变速器各个油路测压孔的位置。通常在自动变速器外壳上有几个用方头螺塞堵住的用于测量不同油路油压的测压孔。如果没有资料确定各油路的测压孔时，可用举升器将汽车升起，在发动机运转时分别将各个测压孔螺塞松开少许，观察各测压孔在变速杆位于不同档位时是否有液压油流出，以此判断各油路测压孔的位置。

（2）油压试验步骤 以丰田自动变速器主油路油压测试为例说明油压试验步骤，如图1-62所示。

1）前进档主油路油压的测试。拆下自动变速器壳体上主油路测压孔或前进档油路测压孔螺塞，接上油压表。起动发动机，将变速杆拨至前进档位置，读出发动机怠速运转时的油压。该油压即为怠速工况下的前进档主油路油压。

用左脚踩紧制动踏板，同时用右脚将加速踏板完全踩下，在失速工况下读取油压。该油压即为失速工况下的前进档主油路油压。

将变速杆拨至空档或停车档，

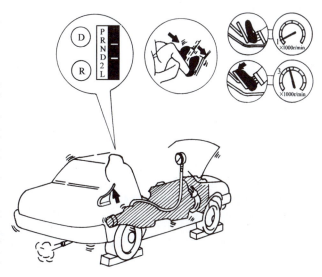

图1-62 主油路油压测试

让发动机怠速运转1min以上。将变速杆拨至各个前进低档位置，重复上述步骤，读出各个前进低档在怠速工况和失速工况下的主油路油压。

2）倒档主油路油压测试。拆下自动变速器壳体上主油路测压孔或倒档油路测压孔螺塞，接上油压表。起动发动机，将变速杆拨至倒档位置，读出发动机怠速运转时的油压。该油压即为怠速工况下的倒档主油路油压。

用左脚踩紧制动踏板，同时用右脚将加速踏板完全踩下，在失速工况下读取油压。该油压即为失速工况下的倒档主油路油压。

将变速杆拨至空档或停车档,让发动机急速运转 1min 以上,将测得的主油路油压与标准值进行比较。

不同车型自动变速器的主油路油压不完全相同。若主油路油压不正常,说明油泵或控制系统有故障。表 1-5 列出了主油路油压不正常的可能原因。

表 1-5　主油路油压不正常的原因

工　况	测　试　结　果	故　障　原　因
急速	所有档位的主油压均太低	1. 油泵故障 2. 主油路调压阀卡死 3. 主油路调压阀弹簧太软 4. 节气门拉索或节气门位置传感器调整不当 5. 主油路泄漏
急速	前进档和前进低档主油路油压均太低	1. 前进档离合器活塞漏油 2. 前进档油路泄漏
急速	前进档主油路油压正常;前进低档主油路油压太低	1. 1档强制离合器或2档强制离合器活塞泄漏 2. 前进低档油路泄漏
急速	前进档主油路油压正常;倒档主油路油压太低	1. 倒档及高档离合器活塞漏油 2. 倒档油路泄漏
急速	所有档位的主油压均太高	1. 节气门拉索或节气门位置传感器调整不当 2. 主油路调压阀卡死 3. 主油路调压阀弹簧太硬 4. 油压电磁阀损坏或电路故障
失速	低于标准油压	1. 节气门拉索或节气门位置传感器调整不当 2. 油压电磁阀损坏或电路故障 3. 主油路调压阀弹簧太软
失速	明显低于标准油压	1. 油泵故障 2. 主油路泄漏

4. 延时试验

在发动机急速运转时将变速杆从空档拨至前进档或倒档后,需要有一段时间的迟滞或延时才能使自动变速器完成换档工作,这一时间称为自动变速器换档迟滞时间。延时试验可测出自动变速器换档迟滞时间,根据迟滞时间的长短来判断主油路油压及换档执行元件的工作是否正常,如图 1-63 所示。

1) 驾驶汽车,使发动机和自动变速器达到正常工作温度。

2) 将汽车停放在水平路面上,拉紧驻车制动。

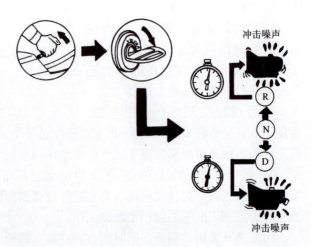

图 1-63　延时试验

3）检查发动机怠速，如不正常，应按标准予以调整。

4）将变速杆从空档位置拨至前进档位置，用秒表测量从拨动变速杆开始到感觉到汽车振动为止所需的时间，该时间称为 N~D 延时时间。

5）将变速杆拨至 N 位，让发动机怠速运转 1min 后，再做一次同样的试验。

6）将上述试验进行 3 次，取其平均值。

7）按上述方法，将变速杆由 N 档拨至 R 档，测量 N~R 延时时间。

大部分自动变速器 N~D 延时时间小于 1.0~1.2s，N~R 延时时间小于 1.2~1.5s。若 N~D 延时时间过长，说明油路油压过低，前进档离合器摩擦片磨损过多或前进档单向离合器工作不良；若 N~R 延时时间过长，说明倒档主油路油压过低，倒档离合器或倒档制动器磨损过大或工作不良。

5. 手动换档试验

自动变速器可采用手动换档试验，确定故障出在电子控制系统还是其他部位。手动换档试验是将电控自动变速器所有换档电磁阀的线束插接器全部脱开，此时 ECU 不能控制换档，自动变速器的档位取决于变速杆的位置。不同车型电控自动变速器在脱开换档电磁阀线束插接器后的档位和变速杆的关系不完全相同。丰田轿车的各种电子控制自动变速器在脱开换档电磁阀线束插接器后的档位和变速杆的关系，见表 1-6。

表 1-6 档位和变速杆的关系

变速杆位置	档 位	变速杆位置	档 位
P	停车档	D	超速档
R	倒档	2	3 档
N	空档	L	1 档

手动换档试验的步骤如下：

1）脱开电控自动变速器所有换档电磁阀的线束插接器。

2）起动发动机，将变速杆拨至不同位置，然后做道路试验。

3）观察发动机转速和车速的对应关系，以判断自动变速器所处的档位。不同档位时发动机转速与车速的关系可以参照表 1-7。由于变矩器的减速作用与传递的转矩有关，因此表中的车速只能作为参考，实际车速将随着行驶中节气门开度的不同而产生一定的变化。

表 1-7 不同档位时发动机转速与车速的关系

档 位	发动机转速/(r/min)	车速/(km/h)
1 档	2000	18~22
2 档	2000	34~38
3 档	2000	50~55
超速档	2000	70~75

4）若变速杆位于不同位置时自动变速器所处的档位与表 1-7 相同，说明电控自动变速

器的阀板及换档执行元件工作正常。否则，说明自动变速器的阀板或换档执行元件有故障。

5）试验结束后接上电磁阀线束插接器。

6）清除ECU中的故障码，防止因脱开电磁阀线束插接器而产生的故障码保存在ECU中，影响自动变速器的故障自诊断工作。

三、电控液力自动变速器的检修

1. 故障自诊断

电控自动变速器ECU内部有一个故障自诊断电路，它能在汽车行驶过程中不断监测自动变速器控制系统各部分的工作情况，并能将检测到的故障以代码的形式存储在ECU存储器中。维修人员可以通过读取故障码确定故障部位，以便进行维修。

（1）利用汽车ECU检测仪读取故障码　汽车的控制电路上有一个专用的ECU故障检测插座，通常位于发动机附近或驾驶室仪表板下方，通过电路与汽车各部分ECU连接。只要把该车型的ECU检测仪与汽车上的ECU故障检测插座连接，然后接通点火开关，就可方便地对汽车发动机、自动变速器及其他部分电子控制系统进行检测。

通过专用或通用的汽车ECU检测仪和汽车ECU解码器，可以对电子控制自动变速器的控制系统进行以下几种检测。

1）读取故障码。使用汽车ECU检测仪和汽车ECU解码器，都可以很方便地读出储存在汽车自动变速器ECU内的故障码，并显示出故障码的含义，为检修自动变速器的控制系统提供可靠的依据。

2）进行数据传送。许多车型的ECU运行中会将各种输入、输出信号的瞬时值，以串行输送的方式，经故障检测插座内的某个插孔向外传送。ECU检测仪可以将这些数值以数据流的方式在检测仪的屏幕上显示出来，使整个控制系统的工作一目了然。检修人员可以根据自动变速器工作过程中控制系统各种数据的变换情况，来判断控制系统的工作是否正常或将ECU的指令与自动变速器的实际反应进行比较，以准确地分辨故障出在控制系统还是自动变速器的其他部分。

3）清除ECU储存的故障码。故障一旦被检测出，将以故障码的方式存储于ECU中，直至蓄电池电缆被拆除掉。ECU检测仪可以通过向汽车ECU发出指令的方法来清除汽车ECU内储存的故障码，以免拆除蓄电池电缆。

（2）人工读取故障码　不同车型的电控自动变速器故障码的人工读取方法各不相同。目前大部分车型的人工读取方法是：用一根导线将故障检测插座内特定的两个插孔短接，然后通过观察仪表板上自动变速器故障警告灯的闪烁规律读取故障码。不同车型的汽车ECU故障检测插座形状及插孔分布各不相同。故障码的含义可查相应维修手册。

2. 液力变矩器的检修

轿车自动变速器的液力变矩器的外壳是采用焊接式的整体结构，不可分解。液力变矩器内部，除了导轮的单向超越离合器和锁止离合器压盘之外，没有互相接触的零件，因此在使用中基本上不会出现故障。液力变矩器的维修工作主要是清洗和检查。

（1）液力变矩器的清洗　自动变速器的液压油污染，多表现为在油中可见到金属粉末。这些金属粉末大多数来自换档执行元件的磨耗。

1）倒出变矩器中残留的液压油。

2）向变矩器中加入干净的自动变速器油，以清洗其内部，然后将自动变速器油倒出。

3）再次向变矩器中加入干净的自动变速器油，清洗后倒出。

4）用清洗剂清洗变矩器零部件，只能用压缩空气吹干。

5）用压缩空气吹所有的供油孔或油道，确保清洁。

清洗时，也可加入专用的去污剂，在清洗台上一边旋转变矩器，一边不停地注入压缩空气，以便使清洗液作用得彻底。为取出清洗液，可在变矩器最外侧较平的面上，在两叶片之间打一个孔（用钻床钻一个正圆的孔），将孔向下放置15min后，变矩器内的清洗液即可排出，清洗后再用铆钉将钻孔封死。

（2）液力变矩器的检查 液力变矩器的检查内容如下：

1）检查液力变矩器外部有无损坏和裂纹，轴套外径有无磨损，驱动油泵的轴套缺口有无损伤。如有异常，应更换液力变矩器。

2）将液力变矩器安装在发动机飞轮上，用千分表检查变矩器轴套的径向圆跳动误差（图1-64）。如果在飞轮转动一周的过程中，千分表指针偏摆大于0.03mm，应采用转换角度重新安装的方法予以校正，并在校正后的位置上做一记号，以保证正确安装。若无法校正，应更换液力变矩器。

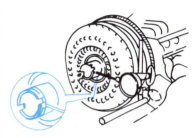

图1-64 液力变矩器轴套偏摆量的检查

3）检查导轮单向超越离合器。将单向超越离合器内座圈驱动杆（专用工具）插入变矩器中；将单向离合器外座圈固定器（专用工具）插入变矩器中，并卡在轴套上的油泵驱动缺口内。转动驱动杆，检查单向超越离合器工作是否正常。在逆时针方向上，单向超越离合器应锁止，顺时针方向上应能自由转动。如有异常，说明单向超越离合器损坏，应更换液力变矩器。

3. 换档执行机构的检修

（1）行星排、单向超越离合器的检修

1）检查太阳轮、行星轮和齿圈的齿面，如有磨损或疲劳剥落，应更换整个行星排。

2）检查行星轮与行星架之间的间隙，其标准间隙为0.2~0.6mm，最大不得超过1.0mm，否则应更换止推垫片或行星架和行星轮组件。

3）检查太阳轮、行星架、齿圈等零件的轴径或滑动轴承处有无磨损，如有异常，应更换新件。

4）检查单向超越离合器，如滚柱破裂、滚珠保持架断裂或内外圈滚道磨损起槽，应更换新件，如果在锁止方向上打滑或在自由转动方向上卡滞，也应更换。

（2）多片离合器的检修

1）离合器摩擦片的使用极限。摩擦片上的沟槽是存自动变速器油用的，沟槽磨平后，自动变速器油就无法进入摩擦片与钢片之间。失去了自动变速器油的保护之后，磨损速度会急剧加快，沟槽磨平后必须更换。

摩擦表面上有一层保持自动变速器油的含油层。新拆下来的摩擦片用无毛布将表面擦干，用手轻按摩擦表面时应有较多的自动变速器油流出。轻按时如不出油，说明含油层（隔离层）已被抛光，无法保持自动变速器油，必须更换。

摩擦片上有数字记号的，记号磨掉后也必须更换。摩擦片出现翘曲变形的也必须更换。

摩擦片表面发黑(烧蚀)的也必须更换。

摩擦片表面出现剥落、有裂纹、内花键被拉毛(拉毛容易造成卡滞)、内花键齿掉齿等现象时都必须更换。

2) 离合器摩擦片装配前和装配时的注意事项。

① 摩擦片还可继续使用的,必须单独进行清洗。离合器中其余的零件可以用工业酒精或化油器清洗剂清洗,除密封件外,还可以用煤油清洗,但不可以用汽油清洗。用清洗剂做彻底清洗后,要用清洁的水反复冲洗零件表面,使其表面不含残存的清洗剂,然后用干燥清洁的压缩空气将所有的零件吹干,再在表面上涂一层自动变速器油,等待装配。

② 装配前,摩擦片要在洁净的自动变速器油中浸泡。新摩擦片要浸泡 2h,旧摩擦片要浸泡 15~30min。浸泡后每个摩擦片要膨胀 0.03mm,工作时每个摩擦片还要膨胀 0.03mm。不浸油或浸油时间过短,无法测得正确的离合器工作间隙,离合器刚开始工作时,摩擦片因缺乏自动变速器油的保护,会加剧磨损。

③ 旧片要换位。装配时如使用的是旧摩擦片,装配时最里边和最外边的摩擦片最好换一次位。

④ 缺口要对正。部分离合器摩擦片花键上有一缺口,是动平衡标记,装配时注意将各片的缺口对正。

3) 离合器其他元件的检查。

① 离合器和制动器的回位弹簧中,最容易损坏的是低档、倒档制动器活塞的回位弹簧。它的工作行程和工作压力最大,所以最容易损坏。损坏后弹簧折断、弯曲变形,同时许多弹簧散落在弹簧座外边。维修时需整体更换回位弹簧。

离合器活塞回位弹簧工作行程和油压较小,很少损坏。拆卸离合器时,外观上看回位弹簧没有折断、散乱就不必拆回位弹簧的卡环。回位弹簧卡环安装时如没有专用工具,将十分困难。回位弹簧主要检查其自由长度。凡变形、过短、折断的弹簧必须更换。

② 压盘和钢片上的齿要完好,不能拉毛,拉毛易造成卡滞。压盘和钢片表面如有蓝色过热的斑迹,则应在平台上用高度尺测量其高度,或将两片叠在一起,检查其是否变形。出现变形或表面有裂纹的必须更换。

4) 离合器间隙的检查。离合器活塞的工作行程,就是离合器的工作间隙。通常超速档离合器和前进档离合器的工作间隙为 0.8~1.5mm(具体间隙因车型而异)。高档、倒档离合器工作间隙通常为 1.6~1.8mm。前者使用极限为 2.0mm,后者使用极限为 2.2mm。

检测离合器间隙时,需用空气压缩机、压缩空气枪、百分表和磁力表架。压缩空气保持在 0.4MPa 的压力,把压缩空气枪对准进油孔,固定好离合器,把百分表抵住外侧压盘,开动压缩空气枪,从百分表摆差得到离合器间隙。

如没有空气压缩机,也可以用塞规检查。把塞规片伸入卡环和压盘之间,即可测出离合器工作间隙。

(3) 制动器的检修

1) 制动带的检查。

① 外观检查。外观上如有缺陷、碎屑,摩擦表面出现不均匀磨损,摩擦材料剥落,摩擦材料上印刷数字部分磨损的,或者有掉色、烧蚀痕迹的,只要有上述问题中的任何一项,就必须更换制动带。

② 液体吸附能力检查。用无毛布把制动带表面的油擦掉后，用手轻按制动带摩擦表面，应能渗出油，渗出的油越多，说明摩擦表面含油性越好。如轻压后，没有渗出油，说明制动带表面的含油层已被磨损，如继续使用将很快被烧蚀，必须更换。

2）制动器毂的检查。铸铁制动器毂的摩擦表面如有刻痕，可用180号砂布沿旋转方向打磨；钢板冲压的制动器毂，如磨损变形则必须更换。

3）伺服装置的检修。用压缩空气枪将0.4~0.8MPa气压加到伺服装置的工作通道中，该伺服液压缸负责的制动带如能拉紧，则表明伺服液压缸工作正常，能满足拉紧制动带的需求。继续加压到伺服液压缸工作通道的同时，用另一把压缩空气枪加压到伺服装置的释放通道，此时伺服装置应松开制动带。

在检查制动带能否箍紧时，可用塞规在加压前先测一下制动带的开口间隙，加压箍紧后再测一下制动带的开口间隙，便可推算出伺服推杆实际的工作行程。

活塞与活塞孔的正常工作间隙应在0.008~0.013mm。活塞与活塞孔间隙过大，会造成液压压力的损失。而活塞卡滞则会造成工作粗暴或制动带打滑。

检查时如发现异常现象，应分解检查。检查伺服装置钢制或铝制活塞是否有裂纹、毛刺、划伤和磨损等缺陷。

4）片式制动器的检修可参照多片离合器的检修。

4. 液压控制系统检修

（1）油泵的检修

1）用塞尺检查齿轮与泵体之间的间隙，如图1-65所示。大部分自动变速器油泵外齿轮和泵体之间的正常工作间隙是在0.08~0.15mm之间，该处间隙如超过0.25mm，油泵的工作油压就会过低，主油路油压受其影响也过低，必须更换油泵。

图1-65　检查外齿轮和泵体间隙

2）用塞尺检查油泵内齿和月牙形隔板之间的间隙，如图1-66所示。该处正常工作间隙也是在0.08~0.15mm之间，该处间隙如超过0.25mm，同样会造成主油路油压过低。

3）用钢直尺和塞尺检测齿轮和泵壳之间的间隙，如图1-67所示。该处的正常工作间隙为0.02~0.04mm，如超过0.08mm，就会造成油泵工作油压过低，最终导致主油路油压过低。

图1-66　检查内齿和月牙形隔板之间的间隙

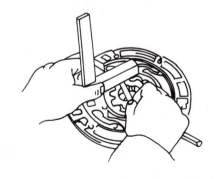

图1-67　检测齿轮和泵壳之间的间隙

（2）阀体的检修　阀体是自动变速器中最精密的部件之一，它的性能好坏直接影响自动变速器的换档规律是否正常。只有在自动变速器换档规律失常，或摩擦片严重烧毁，阀板内粘有大量摩擦粉末时，才对阀板进行拆检修理。目前汽车生产厂家均严禁进行阀体维修。

（3）变速器油冷却器的检修

1）检查变速器油冷却器及油管各接头处有无漏油，漏油应更换相应接头处的 O 形圈。

2）如检查出冷却器或油管破裂，应更换或拆下焊修后装回。

3）检查冷却器是否堵塞。冷却器堵塞后，自动变速器油无法进行大循环，使自动变速器油工作温度过高而发生氧化。如发现自动变速器油温度过高，应拆下自动变速器上的冷却管，以 200kPa 的压缩空气向冷却器的一侧加压（压力不能过大，过大会损坏冷却器），如压缩空气能将冷却器中的碎屑清除，冷却器就不用清洗或更换。如压缩空气不能将冷却器中的碎屑清除干净，冷却器就必须清洗或更换。

四、电控液力自动变速器的常见故障

汽车自动变速器在使用中，随着技术状况的下降会出现一系列故障，常见的故障会通过一定的现象特征表现出来，不同车型由于结构上有所不同，其故障原因会有所差异，但故障产生的常见原因和诊断排除方法是基本相同的。

（一）汽车不能行驶故障

1. 故障现象

1）无论变速杆位于倒档、前进档或前进低档，汽车都不能行驶。

2）冷车起动后汽车能行驶一小段路程，但热车状态下起车不能行驶。

2. 故障原因

1）自动变速器油底渗漏，自动变速器油全部漏光。

2）变速杆和手动阀摇臂之间的连杆或拉索松脱，手动阀保持在空档或停车档位置。

3）油泵进油滤网堵塞。

4）主油路严重泄漏。

5）油泵损坏。

3. 故障诊断与排除

1）检查自动变速器内有无液压油，其方法是：拔出自动变速器的油尺，观察油尺上有无自动变速器油。若油尺上没有自动变速器油，说明自动变速器内的自动变速器油已漏光，应检查油底壳、液压油散热器、油管等有无破损处而导致漏油。如有漏油处，应修复后重新加油。

2）检查变速杆与手动阀摇臂之间的连杆或拉索有无松脱。如有松脱，应装复，并重新调整好变速杆的位置。

3）拆下主油路测压孔上的螺塞，起动发动机，将变速杆拨至前进档或倒档位置，检查测压孔内有无液压油流出。

a. 若主油路测压孔内无液压油流出，应打开油底壳，检查手动阀摇臂轴与摇臂间有无松脱，手动阀阀芯有无折断或脱钩。若手动阀工作正常，则说明油泵损坏。对此，应拆卸自动变速器，更换油泵。

b. 若主油路测压孔内只有少量自动变速器油流出，油压很低或基本上没有油压，应打开油底壳，检查油泵进油滤网有无堵塞。如无堵塞，说明油泵损坏或主油路严重泄漏。应拆

卸分解自动变速器，予以修理。

c. 若冷车起动时主油路有一定的油压，但热车后油压即明显下降，说明油泵磨损过度，应更换油泵。

d. 若测压孔内有大量液压油喷出，说明主油路油压正常，故障出在自动变速器中的输入轴、行星排或输出轴。应拆检自动变速器。

（二）自动变速器打滑故障

1. 故障现象

1) 起步时踩下加速踏板，发动机转速很快升高但车速升高很慢。
2) 行驶中踩下加速踏板加速时，发动机转速升高但车速没有很快提高。
3) 平路行驶基本正常，但上坡无力，且发动机转速很高。

2. 故障原因

1) 自动变速器油油面太低。
2) 自动变速器油油面太高，运转中被行星排搅动后产生大量气泡。
3) 离合器或制动器摩擦片、制动带磨损过度或烧焦。
4) 油泵磨损过度或主油路泄漏，造成主油路油压过低。
5) 单向超越离合器打滑。
6) 离合器或制动器活塞密封圈损坏，导致漏油。
7) 减振器活塞密封圈损坏，导致漏油。

3. 故障诊断与排除

打滑是自动变速器最常见的故障之一。虽然自动变速器打滑往往都伴有离合器或制动器摩擦片严重磨损甚至烧焦等现象，但如果只是简单地更换磨损的摩擦片而没有找出打滑的真正原因，则会在使用一段时间后又出现打滑现象。因此，对于出现打滑的自动变速器，不要急于拆卸分解，应先做各种检查测试，找出造成打滑的真正原因。

1) 对于出现打滑现象的自动变速器，应先检查自动变速器油的油面高度和品质。若油面过高或过低，应先调整至正常后再做检查。若油面调整正常后自动变速器不再打滑，可不必拆修自动变速器。

2) 检查自动变速器油的品质。若液压油呈棕黑色或有烧焦味，说明离合器或制动器的摩擦片或制动带有烧焦部位，应拆修自动变速器。

3) 做路试，以确定自动变速器是否打滑，并检查出现打滑的档位和打滑的程度。将变速杆拨入不同的位置，让汽车行驶。若自动变速器升至某一档位时发动机转速突然升高，但车速没有相应地提高，即说明该档位有打滑现象。打滑时发动机的转速越容易升高，说明打滑越严重。

根据出现打滑的规律，还可以判断产生打滑的是哪一个换档执行元件：

① 若自动变速器在所有前进档都出现打滑现象，则为前进档离合器打滑。

② 若自动变速器在变速杆位于 D 档时的 1 档有打滑，而在变速杆位于 L 档或 1 档时的 1 档不打滑，则为前进单向超越离合器打滑。若不论变速杆位于 D 档或 L 档或 1 档时，1 档都有打滑现象，则为低档及倒档制动器打滑。

③ 若自动变速器只在变速杆位于 D 档时的 2 档打滑，而在变速杆位于 S 档或 2 档时的 2 档不打滑，则为 2 档单向超越离合器打滑。若不论变速杆位于 D 档或 S 档或 2 档时，2 档

都有打滑现象，则为2档制动器打滑。

④ 若自动变速器只在3档有打滑现象，则为倒档及高档离合器打滑。

⑤ 若自动变速器只在超速档有打滑现象，则为超速档制动器打滑。

⑥ 若自动变速器在高档和倒档时都有打滑现象，则为倒档及高档离合器打滑。

⑦ 若自动变速器在1档和倒档时都有打滑现象，则为倒档及低档制动器打滑。

4）对于有打滑故障的自动变速器，在拆卸分解之前，应先检查自动变速器的主油路油压，以找出造成自动变速器打滑的原因。自动变速器不论前进档或倒档均打滑，其原因往往是主油路油压过低。若主油路油压正常，则只要更换磨损或烧焦的摩擦元件即可。若主油路油压不正常，则在拆修自动变速器的过程中，应根据主油路油压，相应地对油泵或阀板进行检修，并更换自动变速器的所有密封圈和密封环。

（三）不能升档故障

1. 故障现象

1）汽车行驶中自动变速器始终保持在1档，不能升入2档或高速档。

2）行驶中自动变速器可以升入2档，但不能升入3档和高速档。

2. 故障原因

1）节气门位置传感器调整不当。

2）车速传感器有故障。

3）2档制动器或高档离合器有故障。

4）换档阀卡滞。

5）档位开关有故障。

3. 故障诊断与排除

1）应先进行故障自诊断。影响换档控制的传感器有节气门位置传感器、车速传感器等。按所显示的故障码查找故障原因。

2）按标准重新调整节气门位置传感器。

3）检查车速传感器，如有损坏，应换新。

4）检查档位开关的信号，如有异常，应予以调整或更换。

5）拆卸阀板，检查各个换档阀，换档阀如有卡滞，可将阀芯取出，用金相砂纸抛光，再清洗后装入。如不能修复，应更换阀板。

6）若控制系统无故障，应分解自动变速器，检查各个换档执行元件有无打滑现象，用压缩空气检查各个离合器、制动器油路或活塞有无泄漏。

（四）无前进档故障

1. 故障现象

1）汽车倒档行驶正常，在前进档时不能行驶。

2）变速杆在D位时不能起步，在S位、L位(或2档、1档)可以起步。

2. 故障原因

1）前进离合器严重打滑。

2）前进单向超越离合器打滑或装反。

3）前进档离合器油路严重泄漏。

4）变速杆调整不当。

3. 故障诊断与排除

1）检查变速杆的调整情况。如有异常，应按规定程序重新调整。

2）测量前进位主油路油压，若油压过低，说明主油路严重泄漏，应拆检自动变速器，更换前进档油路上各处的密封圈和密封环。

3）若前进档的主油路油压正常，应拆检前进档离合器。如摩擦片表面粉末冶金有烧焦或磨损过度的情况，就更换摩擦片。

4）若主油路油压和前进档离合器均正常，则应拆检前进单向超越离合器，检查前进单向离合器的安装方向是否正确以及有无打滑。如有装反，应重新安装；如有打滑，应更换新件。

（五）无倒档故障

1. 故障现象

汽车在前进档能正常行驶，但在倒档时不能行驶。

2. 故障原因

1）变速杆调整不当。

2）倒档油路泄漏。

3）倒档及高档离合器或低档及倒档制动器打滑。

3. 故障诊断与排除

1）检查变速杆的位置，如有异常，应按规定程序重新调整。

2）检查倒档油路油压，若油压过低，则说明倒档油路泄漏。应拆检自动变速器，予以修复。

3）若倒档油路油压正常，应拆检自动变速器，更换损坏的离合器片或制动器片（制动带）。

（六）换档冲击故障

1. 故障现象

1）在起步时，由停车档或空档挂入倒档或前进档时，汽车振动较严重。

2）行驶中，在自动变速器升档的瞬间汽车有较明显的闯动。

2. 故障原因

导致自动变速器换档冲击大的故障原因很多，主要原因在于调整不当、机械元件性能下降或损坏、电子控制系统有故障，具体原因有：

1）发动机怠速过高。

2）节气门位置传感器调整不当，使主油路油压过高。

3）升档过迟。

4）主油路调压阀有故障，使主油路油压过高。

5）减振器活塞卡住，不能起减振作用。

6）单向阀钢球漏装，换档执行元件（离合器或制动器）接合过快。

7）换档执行元件打滑。

8）油压电磁阀不工作。

9）ECU有故障。

3. 故障诊断与排除

由于引起换档冲击的原因较多,因此,在诊断故障的过程中,必须循序渐进,对自动变速器的各个部分做认真的检查。一定要在全面检测的基础上,有针对性地进行分解修理,切不可盲目地拆修。总体而言,若是由于调整不当所造成的,只要稍做调整即可排除;若是自动变速器内部控制阀、减振器或换档执行元件有故障,应分解自动变速器,予以修理;若是电子控制系统有故障,应对电子控制系统进行检测,找出具体原因,加以排除。具体检查诊断与排除步骤如下:

1)检查发动机怠速,装用自动变速器的汽车的发动机怠速一般为750r/min左右。若怠速过高,应按标准予以调整。

2)检查节气门位置传感器的调整情况,如不符合标准,应重新调整。

3)做道路试验,如有升档过迟的现象,则说明换档冲击大的故障是升档过迟所致。如果在升档之前发动机转速异常升高,导致在升档的瞬间有较大的换档冲击,则说明离合器或制动器打滑,应分解自动变速器,予以修理。

4)检测主油路油压,如果怠速时主油路油压过高,则说明主油路调压阀或调压电磁阀有故障,可能是调压弹簧的预紧力过大或阀芯卡滞所致;如果怠速时主油路油压正常,但起步进档时有较大的冲击,则说明前进档离合器或倒档及高档离合器的进油单向阀阀球损坏或漏装。应拆卸阀板,予以修理。

5)检测换档时的主油路油压,在正常情况下,换档时的主油路油压会有瞬时的下降。如果换档时主油路油压没有下降,则说明减振器活塞卡滞,对此,应拆检阀板和减振器。

6)检查油压电磁阀的电路以及油压电磁阀工作是否正常、电脑是否在换档的瞬间向油压电磁阀发出控制信号。如果电路有故障,应予以修复;如果电磁阀损坏,应更换电磁阀;如果ECU在换档瞬间没有向油压电磁阀发出控制信号,说明ECU有故障,应更换ECU。

(七)跳档故障

1. 故障现象

汽车以前进档行驶时,即使加速踏板保持不动,自动变速器仍经常出现突然降档现象;降档后发动机转速异常升高,并产生换档冲击。

2. 故障原因

1)节气门位置传感器有故障。

2)车速传感器有故障。

3)控制系统电路搭铁不良。

4)换档电磁阀接触不良。

5)ECU有故障。

3. 故障诊断与排除

1)应先进行故障自诊断,如有故障码,则按所显示的故障码查找故障原因。

2)测量节气门位置传感器。如有异常,应更换。

3)测量车速传感器。如有异常,应更换。

4)检查控制系统电路各条搭铁线的搭铁状态。如有搭铁不良现象,应予以修复。

5)拆检自动变速器油底壳,检查各个换档电磁阀线束插头的连接情况。如有松动,应予以修复。

6）检查控制系统 ECU 各接线脚的工作电压，如有异常，应予以修复或更换。

7）换一个新的阀板或 ECU 试一下，如果故障消失，说明原阀板或 ECU 损坏，应更换。

8）更换控制系统所有线束。

（八）无发动机制动故障

1. 故障现象

1）在行驶中，当变速杆位于前进低档(S、L 或 2、1)位置时，松开加速踏板，发动机转速降至怠速，但汽车没有明显减速。

2）下坡时，变速杆位于前进低档，但不能产生发动机制动作用。

2. 故障原因

1）档位开关调整不当。

2）变速杆调整不当。

3）2 档强制制动器打滑或低档及倒档制动器打滑。

4）控制发动机制动的电磁阀有故障。

5）阀板有故障。

6）自动变速器打滑。

7）ECU 有故障。

3. 故障诊断与排除

1）先进行故障自诊断，按所显示的故障码查找故障原因。

2）做道路试验，检查加速时自动变速器有无打滑现象。如有打滑，应拆修自动变速器。

3）如果变速杆位于 S 位时没有发动机制动作用，但变速杆位于 L 位时有发动机制动作用，则说明 2 档强制制动器打滑，应拆修自动变速器。

4）如果变速杆位于 L 位时没有发动机制动作用，但变速杆位于 S 位时有发动机制动作用，则说明低档及倒档制动器打滑，应拆修自动变速器。

5）检查控制发动机制动作用的电磁阀电路有无短路或断路；电磁阀线圈电阻是否正常；通电后有无工作声音。如有异常，应修复或更换。

6）拆卸阀板总成，清洗所有控制阀。阀芯如有卡滞可抛光后装复，如抛光后仍有卡滞，应更换阀板。

7）检测电脑各接脚电压，要特别注意与节气门位置传感器、档位开关连接的各接脚的电压。如有异常，应做进一步检查。

8）更换一个新的 ECU 试验，如果故障消失，说明原 ECU 损坏，应更换。

（九）不能强制降档故障

1. 故障现象

当汽车以 3 档或超速档行驶时，突然将加速踏板踩到底，自动变速器不能立即降低一个档位，致使汽车加速无力。

2. 故障原因

1）节气门位置传感器调整不当。

2）强制降档开关损坏或安装不当。

3）强制降档电磁阀损坏或电路短路、断路。

4）阀板中的强制降档控制阀卡滞。

3. 故障诊断与排除

1）检查节气门位置传感器的安装情况，如有异常，应按标准重新调整。

2）检查强制降档开关。在加速踏板踩到底时，强制降档开关的触点应闭合；松开加速踏板时，强制降档开关的触点应断开。如果加速踏板踩到底时强制降档开关触点没有闭合，可用手直接按动强制降档开关。如果按下开关后触点闭合，说明开关安装不当，应重新调整；如按下开关后触点仍不闭合，说明开关损坏，应予以更换。

3）对照电路图，在自动变速器线束插头处测量强制降档电磁阀。如有异常，则故障原因是电路短路、断路或电磁阀损坏。对此，应检查电路或更换电磁阀。

4）打开自动变速器油底壳，拆下强制降档电磁阀，检查电磁阀的工作情况。如有异常，应换新。

5）拆卸阀板总成，分解、清洗、检查强制降档控制阀。阀芯如有卡滞，可进行抛光，若无法修复，则应更换阀板总成。

（十）液压油易变质故障

1. 故障现象

1）更换后的液压油使用不久即变质。

2）自动变速器温度太高，从加油口处向外冒烟。

2. 故障原因

1）汽车使用不当，经常超负荷行驶，如经常用于拖车，或经常急速、超速行驶等。

2）液压油散热器堵塞。

3）通往液压油散热器的限压阀卡滞。

4）离合器或制动器自由间隙太小。

5）主油路油压太低，离合器或制动器在工作中打滑。

3. 故障诊断与排除

1）让汽车以中低速行驶 5~10min，待自动变速器达到正常工作温度后，在发动机运转过程中检查自动变速器液压油散热器的温度。在正常情况下，液压油散热器的温度可达 60℃左右。若液压油散热器的温度过低，说明油管堵塞，或通往液压油散热器的限压阀卡滞。这样，液压油得不到及时的冷却，油温过高，导致变质。

2）若液压油散热器的温度太高，说明离合器或制动器自由间隙太小。对此，应拆卸自动变速器，予以调整。

3）若液压油温度正常，应测量主油路油压。若油压太低，应检查节气门位置传感器的调整情况。若节气门位置传感器安装正常，应拆卸自动变速器，检查油泵是否磨损过度、阀板内的主油路调压阀和油压电磁阀有无卡滞、主油路有无漏油处。

4）若上述检查均正常，则故障可能是汽车经常超负荷行驶所致，或未按规定使用合适牌号的液压油所致。对此，可将液压油全部放出，加入规定牌号和数量的液压油。

五、01M 自动变速器故障实例

【实例一】

故障现象：一辆捷达都市先锋轿车（装 01M 自动变速器）行驶中不能升入高档，发动机转速很高，但就是不跳档。

故障诊断与排除：

1）连接 V.A.G1551 进行故障诊断，无故障存储。

2）在试车中进行读取测量数据块，发现汽车只能升到 2 档，并且在 1 档与 3 档间来回跳动。

3）打开发动机室罩盖，发现变速器转速传感器 G38 与车速传感器 G68 插反，应为黑色插头 G68 应插在变速器外侧。

将两个传感器插头按正确位置装好，试车后，故障消失。

故障点评：变速器转速传感器 G38 是监控大太阳轮的转速变化信号的，在 2 档时大太阳轮被制动，因为两个传感器插反，所以在 2 档时，车速传感器 G68 收不到车速信号，从而又降入 1 档，如此反复，车辆升不到 3 档。由于插错了的这两个插头输出的是两个完全相反的错误信号，使 ECU 无法正确地按储存的程序发出正确指令进行控制，结果导致自动变速器频繁跳档。但是因 ECU 能接收到转速传感器信号，所以 ECU 不会储存故障码。

【实例二】

故障现象：一辆捷达自动变速器挂上前进档，踏下加速踏板，发动机转速表指针已指向 3000r/min，此时车速仍只有 30km/h。

故障诊断与排除：此现象说明自动变速器总以 1 档行驶。使用 V.A.G1552 查询无故障码。汽车停在原地，打开点火开关，踩加速踏板，观察数据块 001 显示组第三区，即节气门位置值。随着节气门由全闭到全开，节气门位置值应从 0% 到 100% 变化，而此车不管节气门在任何位置，节气门位置值总是 57%。自动变速器 ECU 是根据变速器转速信号和节气门电位计信号变换档位的，如果收不到节气门电位计信号，或者节气门电位计信号始终是一个固定的数值，自动变速器 ECU 就不会发出换档指令。使用 V.A.G1552 进入自动变速器地址，因自动变速器 ECU 自诊断程序未设置节气门电位计故障码，所以不能储存此故障，但是可以观看数据块中节气门的位置，来判断节气门电位计是否有故障。

用 V.A.G1552 查询发动机地址，无故障码。阅读数据块中节气门角度不正常，则怀疑自动变速器控制单元有问题。更换自动变速器控制单元，然后用 V.A.G1552 查询发动机、自动变速器地址并进行节气门角度的基本调整。

最后进行路试，观察当发动机转速为 3000r/min，对应的车速是 100km/h。此情形说明自动变速器换档完全正常，故障排除。

【实例三】

故障现象：一辆宝来 1.8T 自动变速器行驶 10000km 后，变速器不跳档，车速升不起来。

故障诊断与排除：经 V.A.G1551 访问变速器地址码 02，查得故障为变速器转速传感器 G38 信号不良，换用新 G38 传感器装车路试，故障依旧。于是怀疑是否电路有问题，用万用表测量自动变速器控制单元 J217 的"21"及"66"脚与 G38 插头的阻值，其中一条为无穷大，说明有断路现象。经过仔细检查，发现该电断路所在是与变速器 ECU 相连插座座孔接触不良，导致该线退出，致使断路。将该线恢复后，路试车辆，一切正常，用 V.A.G1551 访问变速器控制单元，传感器 G38 变为"SP"偶发故障，将该故障用 05 功能清除后，ECU无故障记忆。

【实例四】

故障现象：宝来车，变速杆置入D位，汽车行驶中，可从1档升入2档，但发动机转速高达4000r/min时，也不能升入3档和4档。

故障诊断与排除：用V.A.G1551查询故障存储，无故障，读取测量数据块，在规定范围内。检查ATF油位，低于规定油位；放出ATF检查油质，有异臭味，颜色变成棕色，由此判离合器片或制动器片烧坏。拆下变速器分解检查，发现离合器K3烧蚀。

任务四　比较典型的电控液力自动变速器

一、01M自动变速器

1. 结构简介

01M自动变速器是电控液力四档自动变速器，主要装备在捷达都市先锋轿车和宝来轿车上。它集成于自变速驱动桥中，由液力变矩器、行星齿轮变速器、液压操纵系统、电控系统、主减速器和差速器等部分组成，其结构如图1-68和图1-69所示。动力通过行星齿轮系的输出斜齿轮传递到主传动齿轮轴（中间传动），进而传递到差速器（主传动），再通过差速器分配给左右车轮，如图1-70所示。

（1）闭锁式液力变矩器　闭锁式变矩器主要由泵轮、涡轮、导轮及带扭转减振器的锁止离合器组成，如图1-71所示。

闭锁式液力变矩器可以提高效率，改善经济性。它可以实现液力变矩器传动和机械直接传动两种工况，把两者的优点结合于一体。

变矩器闭锁离合器的工作原理如图1-72所示。闭锁式液力变矩器内有一个由液压操纵的闭锁离合器，或称锁止离合器。闭锁离合器的主动盘就是变矩器壳体，从动盘是可在轴向移动的压盘，为了减小离合器接合和分离瞬间的冲击，从动盘内圈上带有弹性减振盘，然后与涡轮输出轴相连。主动盘和从动盘相接触的工作面上有摩擦片。压盘左右两侧的油液由滑阀箱内的锁止控制电磁阀控制。

当压盘左右两侧保持相同的压力，闭锁离合器处于分离状态（图1-72a）。动力需经液力变矩器传递，可充分发挥液力传动减振吸振、自动适应行驶阻力剧烈变化的优点，适合于汽车起步、换档或在坏路面上行驶工况使用。当锁止电磁阀控制压盘左侧的油压降低，而压盘右侧的油液压力仍较高时；在此压差的作用下，压盘通过摩擦片压紧在主动盘上，闭锁离合器接合（图1-72b）。动力经闭锁离合器实现机械传动，变矩器输入（泵轮）轴与输出（涡轮）轴成为刚性连接，传动效率较高，提高了汽车的行驶速度和燃油经济性。

闭锁离合器的油路控制如图1-73所示。闭锁离合器分离状态：油道A和B打开，油道C关闭，自动变速器油由油道A流向油道B，油道B的油流向行星齿轮系起到润滑作用；闭锁离合器接合状态：油道A、B、C都打开，但油道A打开卸压，自动变速器油由油道C流向油道A和B，油道B的油流向行星齿轮系起到润滑作用。

<u>当闭锁离合器接合时，导轮单向离合器即脱开，导轮自由旋转</u>。泵轮和涡轮虽然是同速转动，但与导轮有一定的转速差，因此，在变矩器内仍有少量液流循环流动，从而有一定的液力损失，即使成为直接机械传动，传动效率也略低于100%。

单元一 电控液力自动变速器

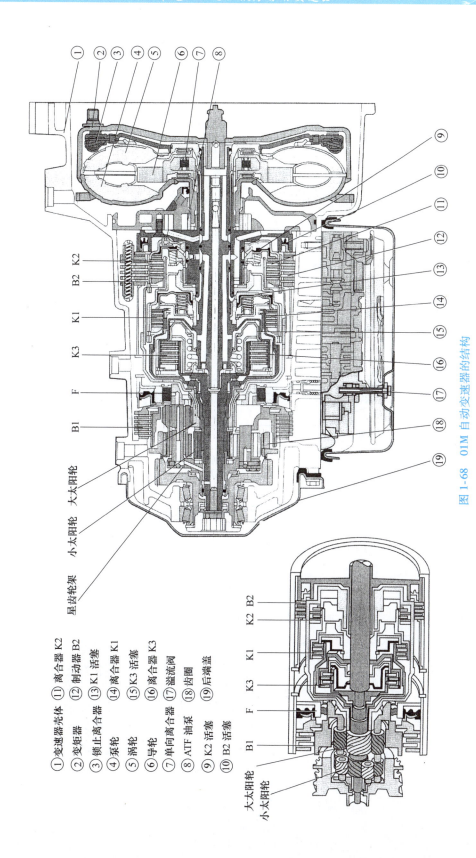

图 1-68 01M 自动变速器的结构

① 变速器壳体 ② 变矩器 ③ 锁止离合器 ④ 泵轮 ⑤ 涡轮 ⑥ 导轮 ⑦ 单向离合器 ⑧ ATF 油泵 ⑨ K2 活塞 ⑩ B2 活塞 ⑪ 离合器 K2 ⑫ 制动器 B2 ⑬ K1 活塞 ⑭ 离合器 K1 ⑮ K3 活塞 ⑯ 离合器 K3 ⑰ 溢流阀 ⑱ 齿圈 ⑲ 后端盖

57

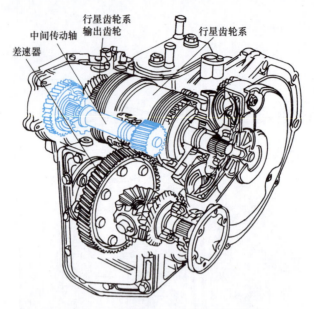

图 1-69　01M 自动变速器的结构简图

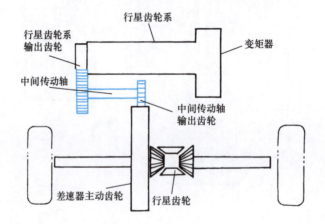

图 1-70　主传动的组成

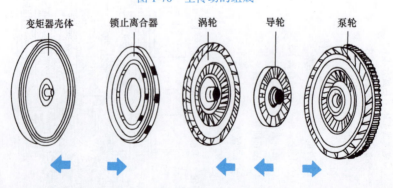

图 1-71　闭锁式液力变矩器的组成

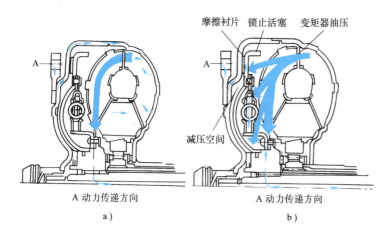

图 1-72 变矩器闭锁离合器工作原理
a) 分离状态　b) 接合状态

图 1-73 闭锁离合器的油路控制

根据车速、节气门参数按比例转换的锁止电磁阀电压信号，由自动变速器控制单元进行控制。

（2）行星齿轮变速机构　行星齿轮变速器主要由行星齿轮副、片式离合器、盘式制动器、单向离合器组成，如图 1-74 所示。

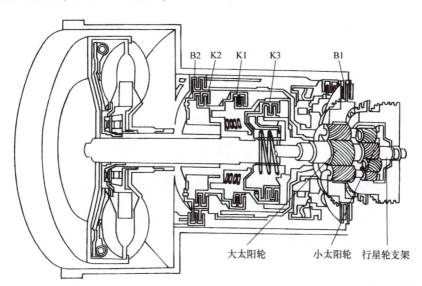

图 1-74 行星齿轮变速器结构

K1—1、3 档离合器　K2—倒档离合器　K3—3、4 档离合器　B1—倒档制动器　B2—2、4 档制动器

行星齿轮系由大、小太阳轮各 1 个，长、短行星齿轮各 3 个，行星齿轮架和齿圈组成，如图 1-75 所示。长行星齿轮采用分段式结构，使 3 档到 4 档的转换更加平顺。短行星轮与长行星齿轮及小太阳轮啮合；长行星齿轮同时与大太阳轮、短行星齿轮及齿圈啮合，动力通过齿圈输出。

行星齿轮变速器的换档执行机构主要由离合器、制动器和单向离合器三种执行元件组成。离合器和制动器是以液压方式控制行星齿轮机构元件的旋转，而单向离合器则是以机械方式对行星齿轮机构的元件进行锁止。片式离合器和盘式制动器由阀体(滑阀箱)进行液压控制。离合器 K1 用于驱动小太阳轮，离合器 K2 用于驱动大太阳轮，离合器 K3 用于驱动行星齿轮架，制动器 B1 用于制动行星齿轮架，制动器 B2 用于制动大太阳轮。

（3）液压系统　液压系统主要由油泵、油道、滤清器、压力滑阀等组成，如图 1-76 所示。

2. 各档动力传递

01M 自动变速器的工作原理如图 1-77 所示。各档位与执行元件的关系见表 1-8。

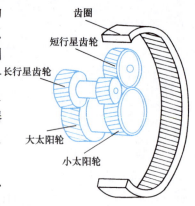

图 1-75　行星齿轮系结构

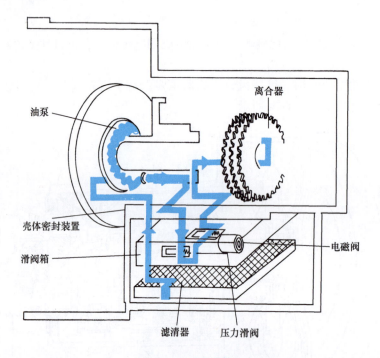

图 1-76　液压系统

表 1-8　各档位与执行元件的关系

档位	B1	B2	K1	K2	K3	F	K0
R	○			○			
1H			○			○	
1M			○			○	○
2H		○	○				
2M		○	○				○
3H			○		○		

(续)

档位	B1	B2	K1	K2	K3	F	K0
3M			○		○		○
4H		○			○		
4M		○			○		○

注：○—离合器、制动器或单向离合器接合；H—液力传动；M—机械传动。

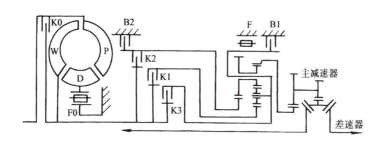

图 1-77 工作原理简图

K0—变矩器锁止离合器　P—泵轮　W—涡轮　D—导轮　F0—导轮单向离合器　B2—2、4 档制动器　K2—倒档离合器　K1—1、3 档离合器　K3—3、4 档离合器　B1—倒档制动器

变速器各档动力传递路线如下：

(1) 1 档　液力式 1 档时，离合器 K1 接合，单向离合器 F 工作。其动力流程为：泵轮→涡轮→涡轮轴→离合器 K1→小太阳轮→短行星齿轮→长行星齿轮驱动齿圈，如图 1-78 所示。

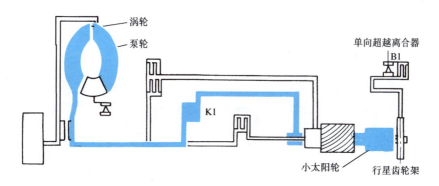

图 1-78 液力 1 档动力流程

(2) 2 档　液力式 2 档时，离合器 K1 接合，制动器 B2 制动大太阳轮。其动力流程为：泵轮→涡轮→涡轮轴→离合器 K1→小太阳轮→短行星齿轮→长行星齿轮围绕大太阳轮转动并驱动齿圈，如图 1-79 所示。

(3) 3 档　液力式 3 档时，离合器 K1 与 K3 接合，驱动小太阳轮和行星齿轮架。因而使行星齿轮副锁止并一同转动。其动力流程为：泵轮→涡轮→涡轮轴→离合器 K1 和 K3→整个行星齿轮副转动，如图 1-80 所示。

机械式 3 档时，变矩器锁止离合器 K0 接合，离合器 K1、K3 接合，行星齿轮副锁止，

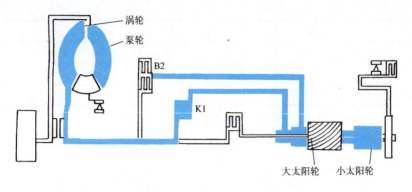

图 1-79 液力 2 档动力流程

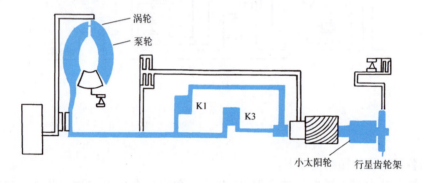

图 1-80 液力 3 档动力流程

形成一个整体进行工作。动力流程为：泵轮→锁止离合器 K0→离合器 K1 和 K3→整个行星齿轮副转动，如图 1-81 所示。

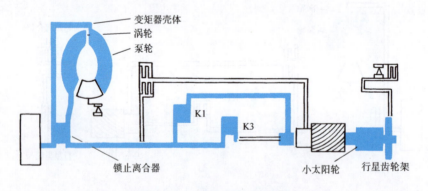

图 1-81 机械 3 档动力流程

(4) 4 档　液力式 4 档时，离合器 K3 接合，制动器 B2 工作，使行星齿轮架工作，并制动大太阳轮。其动力流程为：泵轮→涡轮→涡轮轴→离合器 K3→行星齿轮架→长行星齿轮围绕大太阳轮转动→驱动齿圈，如图 1-82 所示。

机械式 4 档时，变矩器锁止离合器 K0 接合，离合器 K3 接合，制动器 B2 工作，使行星齿轮架工作，并制动大太阳轮。其动力流程为：泵轮→锁止离合器 K0→离合器 K3→行星齿轮架→长行星齿轮围绕大太阳轮转动→驱动齿圈，如图 1-83 所示。

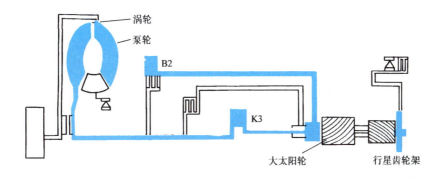

图1-82 液力4档动力流程

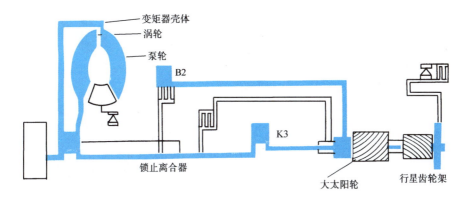

图1-83 机械4档动力流程

（5）倒档 变速杆在R位时，离合器K2接合，驱动大太阳轮；制动器B1工作，使行星齿轮架制动。动力流程为：泵轮→涡轮→涡轮轴→离合器K2→大太阳轮→长行星齿轮反向驱动齿圈，如图1-84所示。

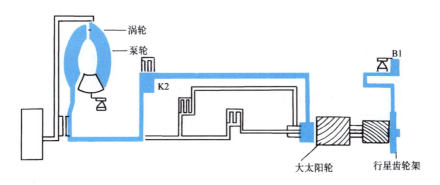

图1-84 倒档动力流程

3. 电子控制系统

自动变速器的电子控制装置由传感器、控制开关、自动变速器控制单元（ECU）等部件组成，如图1-85所示。控制单元是控制系统的核心，它根据安装在发动机、自动变速器上的各种传感器所测得的节气门开度、汽车车速、变速器油温等运行参数，以及各种控制开关传来的当前状态信号，进行运算比较和分析，然后调用其内设定的控制程序，向各个执行器件发出指令,以使各液压控制阀动作,从而实现对自动变速器的控制。

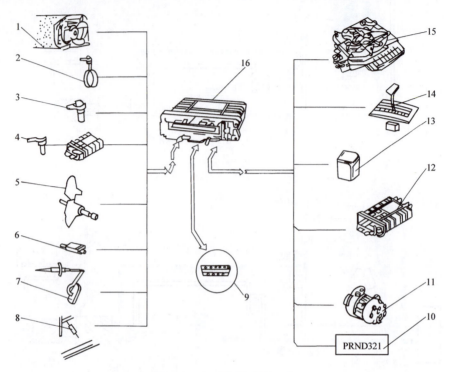

图 1-85 电子控制系统组成

1—节气门电位计 G69 2—变速器转速传感器 G38 3—车速传感器 G68 4—发动机转速传感器 G28
5—多功能开关 F125 6—制动灯开关 F 7—强制低档开关 F8 8—变速器油温传感器 G93
9—自诊断接口 10—变速杆位置指示板 11—空调装置 12—发动机控制单元 J220
13—起动锁和倒车灯继电器 J226 14—变速杆锁止电磁阀 N110 15—带电磁阀的滑阀箱
16—变速器控制单元 J217

电控系统电路如图 1-86 所示。

(1) 节气门电位计 G69 节气门电位计与节气门连在一起,不断地将节气门位置和加速踏板踏下速度的信号传给发动机控制单元,然后由发动机控制单元传给自动变速器控制单元。

该信号的作用:

1) 计算按载荷变化的换档时刻。

2) 根据档位按载荷变化对自动变速器油压进行调整。

3) 按加速踏板的踏下速度,控制单元确定换档时刻。

信号中断的影响:

1) 控制单元用发动机平均负载来确定换档时刻。

2) 自动变速器油压按档位调整到节气门全开时的油压。

(2) 变速器转速传感器 G38 变速器转速传感器是感应式传感器,位于变速器壳体内,用于指示行星齿轮系中大太阳轮的转速,如图 1-87 所示。利用大太阳轮转速,控制单元可准确识别换档时刻,控制多片离合器。换档过程中,通过减小点火角来减小发动机转矩。该信号中断后,控制单元进入应急状态。

(3) 传感器 G68 车速传感器安装在变速器壳体内,如图 1-88 所示。通过主动齿轮上

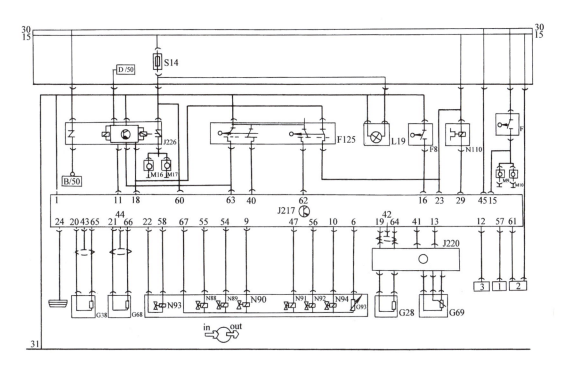

图1-86 电控系统电路

B/50—起动机(接线柱50)　D/50—点火开关(接线柱50)　F—制动灯开关　F8—强制低速档开关　F125—多功能开关　G28—发动机转速传感器　G38—变速器转速传感器　G68—车速传感器　G69—节气门电位计　G93—变速器油温传感器　J226—起动锁和倒车灯继电器　J220—发动机控制单元　J217—自动变速器控制单元　L19—档位指示板照明灯　M16/M17—倒车灯　M9/M10—制动灯和尾灯　N88—电磁阀1　N89—电磁阀2　N90—电磁阀3　N91—电磁阀4　N92—电磁阀5　N93—电磁阀6　N94—电磁阀7　N110—变速杆锁止电磁阀　S14—熔断器　附加信号　①—变速杆位置指示板　②—速度调节装置　③—空调装置

的脉冲叶轮，由感应式传感器接收车速信息，如图1-89所示。

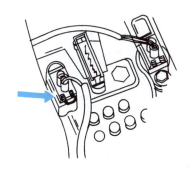

图1-87 变速器转速传感器G38(插头为白色)

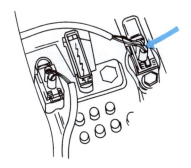

图1-88 车速传感器G68(插头为黑色)

信号作用：
1) 决定应换入某一档位。
2) 速度调节装置(本车未使用)。
3) 进行变矩器锁止控制。

信号中断的影响：

1) 控制单元用发动机转速作为代用信号。
2) 锁止离合器失去锁止功能。

(4) 发动机转速传感器 G28　自动变速器控制单元使用发动机管理系统的发动机转速信号，如图 1-90 所示。

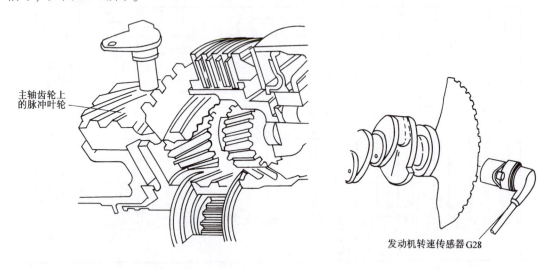

图 1-89　主动齿轮上的脉冲叶轮　　　　图 1-90　发动机转速传感器 G28

信号作用：

1) 控制单元将发动机转速信号与车速进行对比。按转速差控制单元识别出锁止离合器的打滑状况。如果滑动过大，即转速差过大，控制单元就增大锁止离合器压力，滑动相应减小。

2) 发动机转速传感器信号可作为车速传感器信号的替代值。

信号中断的影响：控制单元进入应急状态。

(5) 多功能开关 F125　位于变速器壳体内，由变速杆拉索控制，如图 1-91 所示。

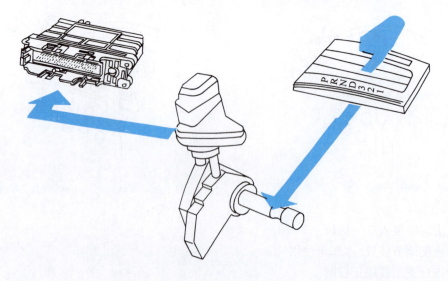

图 1-91　多功能开关 F125

信号作用：

1) 将选档位置的信息传给变速器控制单元。

2) 负责倒车灯的开启。

3) 防止起动机在行驶状态啮合，并锁住变速杆。

信号中断的影响：控制单元进入应急状态。

(6) 制动灯开关 F　制动灯开关安装在脚踏板支架上，控制单元通过该开关判断汽车是否制动。

信号作用：制动灯开关信号用于锁止变速杆。静止的车辆只有踏下制动踏板，变速杆才能脱离 P 或 N 位。

信号中断的影响：如果接触点断开，变速杆锁止功能解除。

(7) 强制低档开关 F8　该开关与节气门拉索装成一体，加速踏板踏到底并超过节气门全开点时，此开关工作，如图 1-92 所示。

信号作用：

1) 压下此开关，变速器马上强制换入相邻低档（如从 4 档到 3 档）；升档需在发动机转速较高时才能进行。

2) 压下此开关后，为加大输出功率，空调装置切断 8s。

当强制低档开关信号中断，加速踏板踏到行程的 95% 时，控制单元设定该开关起动。

(8) 变速器油温传感器 G93　变速器油温传感器位于浸在自动变速器油内的滑阀箱上的传输线上。该传感器用于感知变速器油温度，如图 1-93 所示。

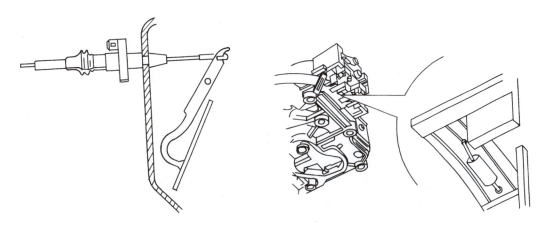

图 1-92　强制低档开关 F8　　　图 1-93　变速器油温传感器 G93

变速器油温传感器 G93 是一个负温度系数电阻。随变速器油温升高，其电阻降低。机油温度达到最高值 150℃ 时，锁止离合器接合，液力变矩器卸荷，自动变速器油开始冷却。如果变速器油温还不下降，控制单元使变速器降一档。该信号中断后，无替代功能。

(9) 起动锁和倒车灯继电器 J226　起动锁和倒车灯继电器 J226 是一个组合继电器，装在中央继电器盘上，接收多功能开关 F125 的信号。

该继电器作用：

1) 防止车辆在挂档状态下起动发动机。

2) 挂上倒档可接通倒车灯。

(10) 变速杆锁止电磁阀 N110　变速杆锁止电磁阀位于变速杆上。该电磁阀与点火系统接通，起到档位锁止作用。踏下制动踏板，锁解除，变速杆可推入其他档位。

(11) 带电磁阀的滑阀箱　电磁阀 N88～N94 位于变速器的滑阀内，由控制单元控制。有两种不同的电磁阀，如图 1-94 所示。

电磁阀 N88、N89、N90、N92 和 N94 是"是—非"阀，其作用为：

1) 控制单元通过电磁阀 N88、N89 和 N90 打开或关闭某一油道，使变速器换入确定的档位。

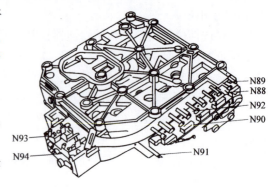

图 1-94　电磁阀

2) 电磁阀 N92 和 N94 使换档平顺。

电磁阀 N91 和 N93 是调节阀。这两个阀用来调节离合器和制动器压力大小，油压由控制单元来控制，控制油压低表示压力大。具体作用：

1) 电磁阀 N91 调节锁止离合器压力。

2) 电磁阀 N93 控制多片式离合器和制动器的压力。

信号中断的影响：控制单元进入应急状态。

(12) 变速器控制单元 J217　该控制单元控制自动变速器的所有电气及液压系统工作。

1) 包括与驾驶人和行驶状况有关的行驶程序，由模糊逻辑控制，满足不同驾驶人的驾驶要求。

2) 与行驶阻力有关的行驶程序，可识别如上坡、顶风及下坡等的行驶阻力。

3) 应急状态。如果控制单元出了故障，可通过操纵变速杆在滑阀箱内换档，使 1 档液压、3 档液压、倒档仍有效。变速杆在 D 位，汽车通过液压以 3 档起动。

(13) 自诊断系统　自诊断系统监控传感器电信号和执行元件动作，对控制单元进行自检。如出现故障，替代功能立即生效。从控制单元的永久性存储器中可读出故障说明，所以，即使蓄电池断开及控制单元插头已拔下，故障存储仍保留。

在读出故障时，控制单元区分出永久故障和偶发故障。在几个行驶周期内只发生一次的故障即认为是偶发故障。如果一个故障在汽车行驶 1000km 后不再出现，它自动从存储器中清除。如果在控制单元运行周期内故障仍存在，那么控制单元认为它是永久故障。

二、富康轿车 AL4 自动变速器

1. 结构简介

神龙汽车有限公司从 1999 年 4 月开始在富康轿车上装备 AL4 型电控 4 档自动变速器。

(1) 结构特点　AL4 型自动变速器的结构特点为：

1) 机械变速及动力传递机构采用了辛普森Ⅱ型行星轮系，结构紧凑。

2) 液力变矩器具有锁止机构，提高了动力传递效率。

3) 离合器采用摩擦片式，制动器一个为摩擦片式，两个为带式，传递的转矩大。

4) 变速器中所有运动副及齿轮均为压力润滑，润滑条件良好。

5) 变速器为全密封式，更换传动轴时不需放油。

(2) 模式开关设置　AL4 型自动变速器设有"普通""运动"和"雪地"三种模式，

通过变速器操纵杆右侧的模式选择控制面板上三个模式选择按键进行模式选择。AL4型自动变速器的档位与模式开关设置如图1-95所示。

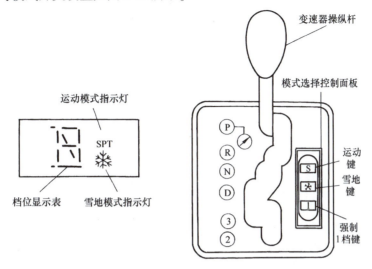

图1-95　AL4型自动变速器的档位与模式选择开关设置

各模式的选择操作及工作情况如下：

1）普通模式。为默认选择，无需按任何键，自动变速器自动在此模式下工作。ECU控制变速器自动换档时，以省油为优先。

2）运动模式。按下"S"键，仪表板上的"SPT"指示灯亮，这时自动变速器进入运动模式自动换档程序。此模式下，ECU控制变速器自动换档时，以动力性为优先考虑。

3）雪地模式。按下"❄"键，仪表板上的"❄"指示灯亮，这时自动变速器进入雪地模式自动换档程序。此模式适应低附着力路面行驶，ECU控制变速器用2档起步，以防止驱动车轮打滑。

4）强制1档。在变速杆置于2档位时，将模式选择控制面板上的"1"键按下，变速器便始终在1档工作。

（3）AL4型自动变速器的结构　AL4型自动变速器的基本组成如图1-96所示。

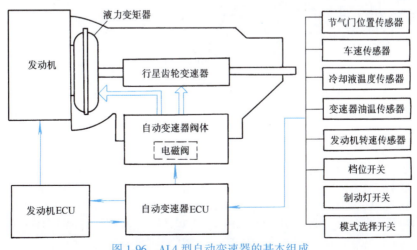

图1-96　AL4型自动变速器的基本组成

AL4 型自动变速器的结构如图 1-97 所示。机械传动部分由两个独立的行星排组成，相应的换档执行元件与之配合，实现 4 个前进档传动和一个倒档传动。AL4 型自动变速器机械传动部分的组成如图 1-98 所示。

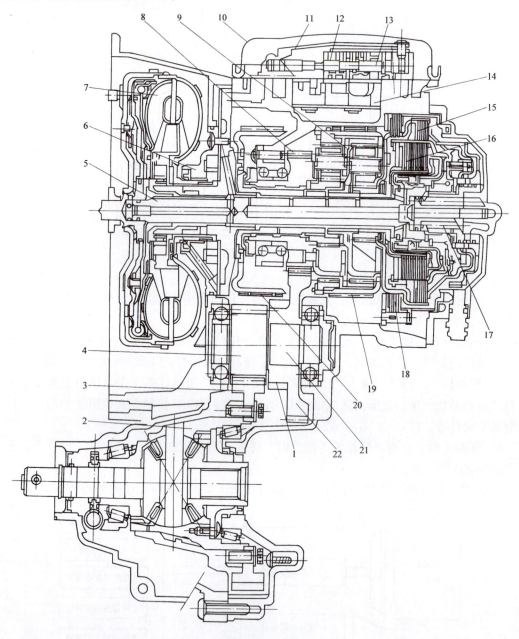

图 1-97　AL4 型自动变速器的结构

1—止动轮　2—差速器壳　3—差速器齿圈　4—第二级减速主动轮　5—输入轴　6—机油泵总成　7—液力变矩器
8—第一级减速主动齿轮　9—行星齿轮组　10—液力控制器罩　11—换档棘轮卡片　12—液力控制器壳体
13—手动阀　14—辅助液力控制器　15—离合器 C1（倒档和 1 档）　16—离合器 C2（2 档、3 档和 4 档）
17—供油通道　18—制动器 B1（4 档）　19—制动器 B2（倒档）　20—制动器 B3（1 档和 2 档）
21—第二轴　22—第一级减速从动齿轮

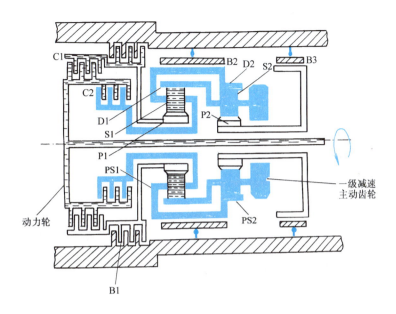

图 1-98 机械传动部分的组成

C1、C2—摩擦片式离合器 B1—摩擦片式制动器 B2、B3—带式制动器
S1—第一排行星齿轮 S2—第二排行星齿轮 PS1—第一排行星齿轮架
PS2—第二排行星齿轮架 D1—第一排齿圈 D2—第二排齿圈
P1—第一排太阳轮 P2—第二排太阳轮

2. 各档动力传递

AL4 型自动变速器在各档位下执行元件的工作情况见表 1-9。

表 1-9 各档位下执行元件的工作情况

档 位	执 行 元 件				
	C1	C2	B1	B2	B3
1 档	○				○
2 档		○			○
3 档	○	○			
4 档			○	○	
倒档	○			○	

注：○离合器接合、制动器制动状态。

各档动力传递路线：

（1）1 档 1 档的动力传递路线如图 1-99 所示，离合器 C1 将第一排太阳轮 P1 与输入轴连接，制动器 B3 将第二排太阳轮 P2 固定，动力传递有两种情况：

起步时，第一排齿圈 D1 未转动，此时的动力传递路线为：输入轴→C1→P1→PS1→D2→PS2→一级减速主动齿轮。

1 档行驶时，动力传递路线为：输入轴→C1→P1→PS1→D1、D2→PS2→一级减速主动齿轮。

（2）2 档 2 档的动力传递路线如图 1-100 所示，离合器 C2 将第一排行星架 PS1 与输

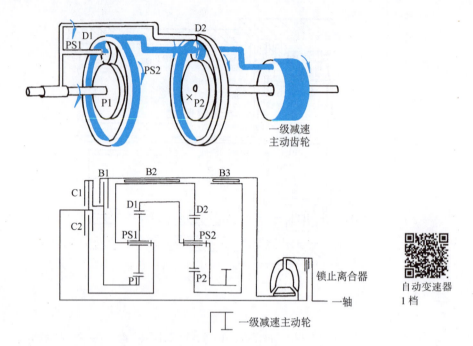

图 1-99 1 档的动力传递路线

入轴连接,制动器 B3 将第二排太阳轮固定,动力传递路线为:输入轴→C2→PS1→D2→PS2→一级减速主动齿轮。

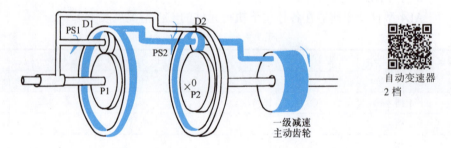

图 1-100 2 档的动力传递路线

(3) 3 档 3 档的动力传递路线如图 1-101 所示,离合器 C1 和 C2 将第一排太阳轮 P1 和行星架 PS1 与输入轴连接,使 P1 与 PS1 互连,这时两行星排齿轮均不能转动(锁定),动力传递路线为:输入轴→C1、C2→P1、PS1→D1→PS2→一级减速主动齿轮。3 档为直接档。

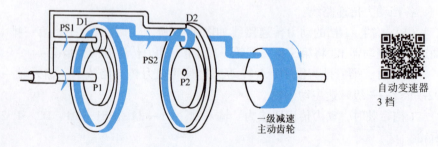

图 1-101 3 档的动力传递路线

(4) 4 档 4 档的动力传递路线如图 1-102 所示,离合器 C1 将第一排行星架 PS1 与输入轴连接,制动器 B1 将第一排太阳轮 P1 固定,动力传递路线为:输入轴→C2→PS1→D1→PS2→一级减速主动齿轮。4 档为超速档,传动比为 0.71。

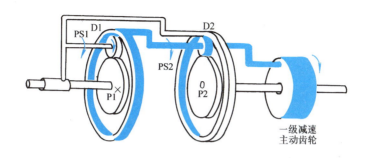

图 1-102 4 档的动力传递路线

(5) 倒档 倒档的动力传递路线如图 1-103 所示,离合器 C1 将第一排太阳轮 P1 与输入轴连接,制动器 F2 将第一排行星架 PS1 及第二排齿圈 C2 固定,动力传递路线为:输入轴→E1→P1→C1→PS2→一级减速主动齿轮。

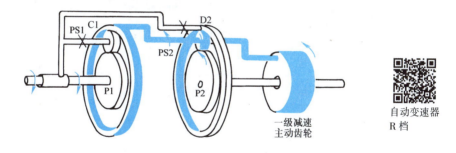

图 1-103 倒档的动力传递路线

3. 电子控制系统

AL4 型自动变速器电子控制系统的基本组成如图 1-104 所示。

(1) 自动换档控制过程 通过各种传感器将发动机转速、节气门开度、车速、发动机温度、自动变速器液压油温度等参数转变为电信号,输入自动变速器 ECU,ECU 根据这些电信号确定变速器换档控制信号。ECU 输出的换档信号控制相应的换档电磁阀动作,并通过其二位换向阀产生相应的液压控制信号,使有关的换档执行机构动作,实现自动换档。

(2) 自动变速器控制规则 为使自动换档控制适应车辆载荷、驾驶条件、道路、驾驶风格等的变化,AL4 型自动变速器 ECU 设置了 10 条控制规则:

1) L1 经济规则,当变速器油温达 30℃以后便进入该规则。

2) L2 中间规则,介于 L1 和 L3 之间。

3) L3 运动规则,ECU 测出驾驶人的驾车风格后或驾驶人按下了"S"键后,自动控制换档时便优先进入该规则。

4) L4 上缓坡规则,自动控制换档时优先考虑上缓坡所需的动力。

5) L5 上陡坡规则,自动控制换档时优先考虑上陡坡所需的动力。

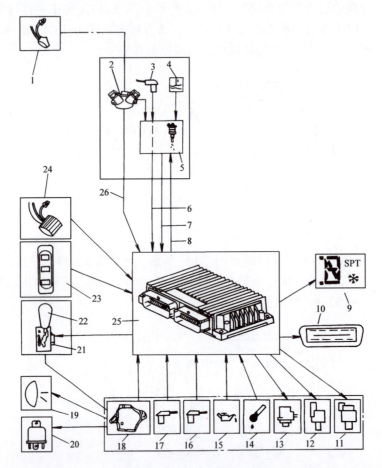

图 1-104　电子控制系统的基本组成

1—加速踏板　2—节气门位置传感器　3—曲轴位置传感器　4—发动机温度传感器　5—电子控制燃油喷射 ECU　6—发动机转速+温度信息　7—发动机转矩信息　8—减少转矩+怠速补偿需求　9—液晶显示器　10—自诊断插头　11—换档电磁阀(6个)　12—线性脉冲电磁阀(2个)　13—变速器油流量调节阀　14—变速器油温传感器　15—油压传感器　16—变速器输入转速传感器　17—变速器输出转速传感器　18—档位开关　19—倒车灯　20—禁止起动继电器　21—P 锁止驱动器　22—变速器操纵杆　23—程序选择器　24—制动踏板(制动信息)　25—自动变速器 ECU　26—节气门位置信息(+强制降档信息)

6) L6 下坡规则，此规则使换档较平路时滞后，以利用发动机制动。

7) L7 雪地规则，此规则适用于低附着系数路面，ECU 控制变速器用 2 档起步，以防止车轮打滑，按下"❄"键后，进入此规则。

8) L8 低温保护规则，变速器油温低于 14℃ 时进入该规则，禁止变矩器锁止。

9) L9 高温保护规则，变速器油温高于 118℃ 时进入该规则，变矩器锁止。

10) L10 防污染规则，变速器油温在 15~30℃ 的范围内时进入该规则，提高发动机的怠速以防止污染。

(3) 自动变速器控制程序(AL4 型自动变速器)

1）正常控制程序：变速器油温在 30~118℃ 范围内，未按任何键的情况下，ECU 自动以此程序控制换档。该程序下，ECU 根据驾驶人的驾车风格、载荷、路面等情况在 L1~L6 中选择换档规则进行自动换档控制。

2）运动控制程序：按下"S"键后，ECU 便进入该程序进行换档控制，该程序下，ECU 优先选择 L3 规则。再按"S"键则取消。

3）雪地控制程序：按下"❄"键后，ECU 便进入该程序进行换档控制，该程序下，ECU 首先选择 L7 规则。

（4）自动变速器的控制功能

1）降档控制。ECU 根据车速、节气门位置及制动踏板的情况自动控制降档，以充分利用发动机的制动作用。如：

① 平稳、完全松开加速踏板时，跳减档(4→2、3→1)。

② 快速松开加速踏板时，固定在原档或降一档。

③ 踩下制动踏板时提前降档。

2）瞬间提高加速性。在 L1 或 L2 规则控制状态下快速将加速踏板踩到底时，ECU 可瞬间过渡到 L2 或 L3 规则，放松加速踏板时，则又回到原来的规则控制状态。

3）急加速功能。在某一稳定行驶状态下急踩加速踏板，ECU 自动控制降档，以获得车辆急加速所需的动力。

4）压力控制。闭环状态下(电子控制系统无故障,变速器油温达到某一范围时)，ECU 根据转速和涡轮的转矩控制主油路的压力。

5）换档电磁阀衔接控制。换档时，ECU 控制换档电磁阀的通断电，使变速器先进入空档状态，待原档的油缸开始泄油后，新换档油缸开始注油。两缸排空和加满油的时间间隔由 ECU 根据车速和节气门的位置确定。

6）变矩器的锁止与分离。ECU 根据车速、节气门的位置、发动机的转速、变速器输入转速、所处的换档规则等确定变矩器是否锁止，以便通过变矩器锁止避免油温过高、降低油耗、获得发动机制动等。

7）换档减小转矩控制。换档时，自动变速器 ECU 向发动机 ECU 输出信息，通过减小点火提前控制来降低发动机的输出转矩，以降低换档时的冲击。

8）怠速补偿控制。变速器油温在 15~30℃ 时，向发动机 ECU 提供信息，使发动机的怠速升高。

9）自动变速器保护控制。

① 倒档保护。当车速大于 15km/h 时，从 D 位挂入 R 位，这时 ECU 控制变速器不进入倒档工作，车辆空档滑行，同时显示"N"闪烁，制动灯亮。

② 错误操作保护。当车速大于换档极限速度时，从 D→3、3→2 变换档位时，ECU 控制自动变速器先保持在原档位，延迟一定的时间后再换档。

③ 禁止操作动作，当发动机的转速高于某一设定的转速时，ECU 会禁止 N→D 或 N→R 的换档操作，需经减速和延时过渡。

10）变速杆锁止功能。变速器操纵杆在 P 档时，只有在点火开关接通 M 位，同时踩下制动踏板时，才能将变速器从 P 档移至其他的档位。

11）仪表板上的显示功能。

① 通过仪表板上的液晶显示器显示变速器的档位和选定的程序。

② 通过"SPT"和"❄"两指示灯的交替闪烁提示自动变速器有故障。

12) 更换变速器油提示功能。自动变速器 ECU 根据油温和高温下的工作时间等参数来计算变速器油读数，当读数超过 32958 时，通过"SPT"和"❄"交替闪烁来提醒驾驶人变速器油需更换。

13) 自诊断功能。ECU 控制传感器和执行器的电源，并监视其工作是否正常，当有故障时，ECU 具有如下功能：

① 确认故障后通过指示灯的闪烁予以警示，并储存故障信息。

② 通过 K 线可与诊断设备交流信息。

③ 使自动变速器电子控制系统在后备方式下运行。

14) 数据更新和加密码。自动变速器 ECU 可通过诊断设备对其进行数据更新，还可根据车上未装的选装件设定自动变速器 ECU 的外围环境。

三、马自达 6 轿车 FN4A-EL 自动变速器

1. 结构简介

一汽公司于 2002 年引进日本马自达 6(M6)轿车生产装配技术，生产深受市场欢迎的马自达 M6 轿车。M6 轿车装配型号 FN4A-EL 自动变速器，采用电子控制 4 档液力传动自动变速器，该自动变速器是在传统 FB4A-EL 型变速器的基础上改进而成的。通过减少零部件的数量，从而减少了尺寸和重量，提高了可靠性，降低了噪声，特别是采用线性压力控制的压力控制电磁阀和采用占空比控制的换档电磁阀及离心平衡式离合器等部件，极大地改善了换档性能和品质。

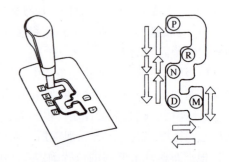

图 1-105　M6 轿车自动变速器的档位

M6 轿车自动变速器的档位如图 1-105 所示，除 P、R、N、D 位外，它还具有手动换档档位 M 档，驾驶人可手动选择汽车行驶档位。

马自达 M6 自动变速器的结构如图 1-106 所示，主要由前进档离合器、低、倒档制动器、3、4 档离合器、倒档离合器、2、4 档制动器、单向离合器和前后两个单行星排等组成。

2. 各档动力传递

马自达 M6 自动变速器的动力传动简图如图 1-107 所示，相应各档制动器、离合器和单向离合器的作动见表 1-10。

D1 档：前进档离合器 C1 和单向离合器 F 起作用，发动机经液力变矩器，通过 C1 传到前行星排太阳轮，F 起作用使前行星排齿圈固定，动力由前行星排行星架传出。

D2 档：前进档离合器 C1 和 2、4 档制动器 B2 起作用，发动机动力经液力变矩器，通过 C1 传到前行星排太阳轮，B2 起作用使后行星排太阳轮制动，这时输入动力由前行星排太阳轮传到前行星排行星架输出动力，同时，由于后行星排太阳轮制动，使前行星排齿圈转动（旋转方向与前行星排行星架相同）。

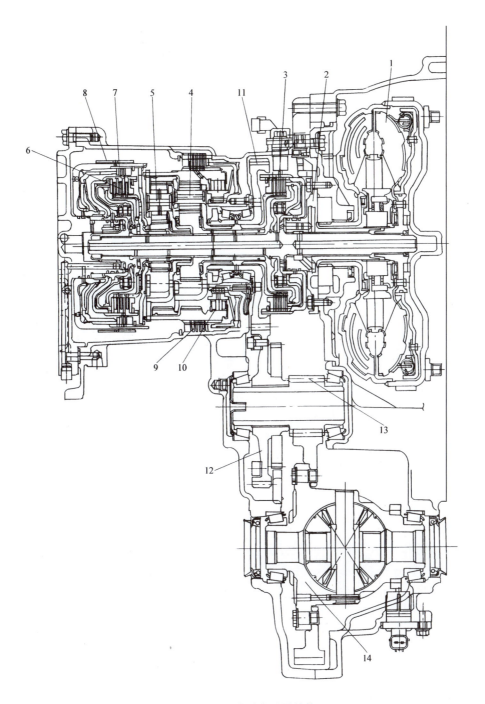

图 1-106 M6 自动变速器结构

1—液力变矩器　2—油泵　3—前进档离合器　4—前行星排　5—后行星排
6—3、4 档离合器　7—倒档离合器　8—2、4 档制动器　9—低、倒档制动器
10—单向离合器　11—第一级主动齿轮　12—第一级从动齿轮
13—第二级主动齿轮　14—差速器

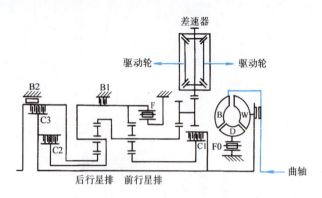

图 1-107　M6 自动变速器传动简图

B—泵轮　W—涡轮　D—导轮　F0—单向离合器　C1—前进档离合器　F—单向离合器
B1—低、倒档制动器　C2—3、4 档离合器　C3—倒档离合器　B2—2、4 档制动器

自动变速器
P 档机械锁

表 1-10　各档制动器、离合器和单向离合器的作动表

位置	档位	传动比	C1	C2	C3	B2 制动活塞	B2 释放活塞	B1	F
P	—	—							
R	倒档	2.648			○			○	
N	—	—							
D	1 档	2.816	○						○
D	2 档	1.497	○			○			
D	3 档	1.000	○	○		○	○		
D	4 档	0.725		○		○			
D	4 档 TCC	0.725		○		○			
M	1 档	2.816	○					○	○
M	2 档	1.497	○			○			
M	3 档	1.000	○	○		○	○		
M	4 档	0.725		○		○			

注：○表示工作。

　　D3 档：前进档离合器 C1 和 3、4 档离合器 C2 接合，B2 制动器释放活塞充油加压，使 B2 不制动，发动机动力经液力变矩器，通过 C1 和 C2 分别传到前行星排太阳轮和齿圈，根据单行星排的运动规律知前行星排传动比为 1，所以前行星排行星架输出转速与涡轮转速相同。

　　D4 档：前进档离合器 C1 泄压，3、4 档离合器 C2 仍接合，B2 制动器释放活塞泄压，使 B2 起作用，发动机经液力变矩器，通过 C2 传到后行星排太阳轮，B2 使后行星排行星架固定，动力由后行星排齿圈输出，由于后行星排齿圈与前行星排行星架为一体，最终动力由前行星排行星架传出。

D4档TCC接合：其传递路线同D4档，只是这时发动机不经过液力传递，而是直接通过液力变矩器内部的锁止离合器接合进行传递，提高了传动效率，达到了提高经济性的目的。

马自达M6自动变速器档位特别设定手动换档模式M档，取消原先的闭锁档S和L，其中M档中的1、2、3和4档与上述传递路线相同，只是在M1档时，增加B1制动器起作用，以便在下长坡时利用发动机的制动作用。

3. 电子控制系统

一汽轿车股份有限公司引进的日本马自达M6轿车采用的自动变速器与欧系自动变速器不同，它采用单独的自动变速器控制单元TCM进行控制。TCM安装在驾驶人前方仪表板下方，发动机控制单元右边。其电控系统组成如图1-108所示。与其他自动变速器相比，其特点如下：

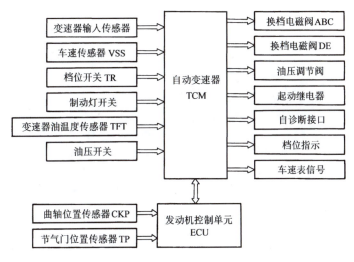

图1-108　电控系统组成

（1）TCM控制单元　TCM控制单元采用模糊控制，根据驾驶人踩加速踏板的速度和力量，计算出当前的汽车行驶工况，自动选取动力性强和经济型换档模式。

当电控系统出现故障进入应急模式时，D档只能以3档行驶。

当进入手动换档档位M时，从换档保护出发，TCM针对一些行驶工况，可以对换档进行控制，见表1-11。

表1-11　在M档时TCM的换档保护作用

换档	条件	换档	条件
M2→M3	车速>20km/h	M2→M1	车速<45km/h
M3→M4	车速>35km/h	M4→M3	车速<31km/h 自动换档
M4→M3	车速<154km/h	M3(M2)→M1	车速<8km/h 自动换档
M3→M2	车速<109km/h		

（2）换档电磁阀　各档换档电磁阀的位置如图1-109所示，各档的工作状态见表1-12。

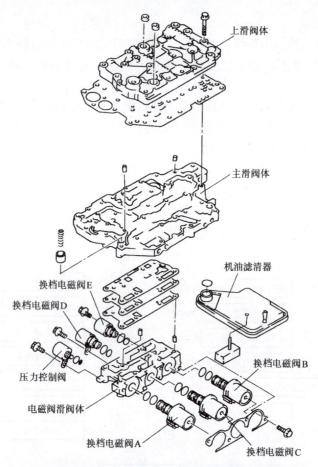

图 1-109 各档换档电磁阀的位置

表 1-12 各档换档电磁阀的工作状态

档 位		换档电磁阀				
		A	B	C	D	E
P					○	
R						
N					○	
D	1档		○	○		
	2档			○		
	3档					
	4档	○			○	
	4档 TCC				○	○
M	1档			○	○	○
	2档			○		
	3档					
	4档	○			○	

注：○表示有电。

与其他自动变速器不同，换档电磁阀 A、B 和 C 采用占空比控制型电磁阀，用于离合器和制动器压力的直接控制。同时，为了提高响应能力，采用具有极佳控制力的三向工作循环式电磁阀(结构见图 1-110)。

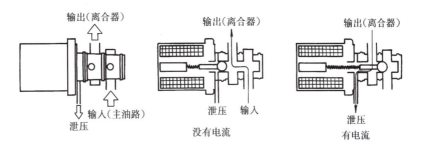

图 1-110　换档电磁阀 A(B 或 C)的结构

换档电磁阀 D 和 E 也采用三向工作式电磁阀，如图 1-111 所示。

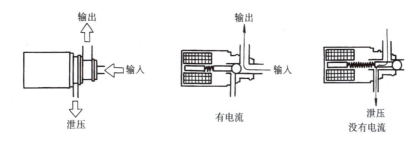

图 1-111　换档电磁阀 D(E)的结构

四、皇冠轿车 A340E 自动变速器

1. 结构简介

丰田 A340E 型电子控制自动变速器与 2JZ-GE 型发动机配套，应用于丰田皇冠 3.0 汽车上，它具有 4 个前进档。A340E 主要组成有液力变矩器、行星齿轮变速器、液压操纵系统和电子控制系统等。

丰田 A340E 型电子控制自动变速器行星齿轮变速机构和换档执行机构的结构与原理如图 1-112 和图 1-113 所示。

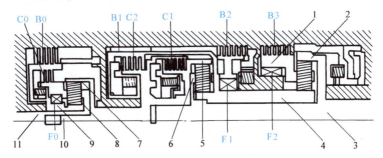

图 1-112　行星齿轮机构和换档执行机构的结构

1—后行星架　2—后行星齿圈　3—输出轴　4—前后太阳轮　5—前行星齿圈
6—前行星架　7—O/D 齿圈　8—O/D 行星架　9—O/D 太阳轮
10—输入轴　11—O/D 输入轴

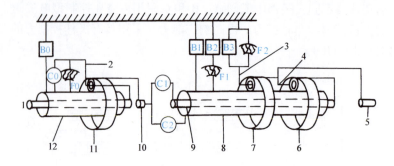

图 1-113　电子控制自动变速器换档执行机构的原理

1—发动机动力输入轴　2—O/D 行星架　3—前行星架　4—后行星架　5—输出轴　6—后行星齿圈
7—前行星齿圈　8—前后太阳轮　9—中间轴　10—输入轴　11—O/D 齿圈　12—O/D 太阳轮

丰田 A340E 型电子控制自动变速器各换档执行元件的功用见表 1-13。

表 1-13　电子控制自动变速器各换档执行元件的功用

换档元件名称	功　用
超速档直接离合器(C0)	将超速档行星齿轮中的太阳轮及行星架连接起来
超速档制动器(B0)	阻止超速档行星齿轮中的太阳轮顺时针或逆时针转动
超速档单向离合器(F0)	当变速器由发动机带动时,将超速档太阳轮与行星架连接起来
前进档离合器(C1)	将输入轴与前行星齿轮机构的齿圈连接起来
直接档离合器(C2)	将输入轴与前后排行星齿轮机构的太阳轮连接起来
2 档强制制动器(B1)	阻止前后排行星齿轮机构的太阳轮顺时针或逆时针转动
2 档制动器(B2)	阻止单向离合器(F1)外圈顺时针或逆时针转动,以防止前后排行星齿轮机构的太阳轮逆时针转动
1-倒档制动器(B3)	阻止后排行星齿轮机构行星架顺时针或逆时针转动
1 号单向离合器(F1)	当 B2 工作时,阻止前后排行星齿轮机构的太阳轮逆时针转动
2 号单向离合器(F2)	阻止后排行星齿轮机构行星架逆时针转动

2. 各档动力传递

丰田 A340E 型电子控制自动变速器各档位下换档执行元件的工作情况见表 1-14。

表 1-14　丰田 A340E 型电子控制自动变速器各档换档执行元件的工作情况

变速杆位置	档　位	换档电磁阀 A	换档电磁阀 B	C0	C1	C2	B0	B1	B2	B3	F0	F1	F2
P	停车档	—	—	○									
R	倒车档	—	—	○		○				○	○		
N	空档	—	—	○									
D	1 档	通电	断电	○	○						○		○
D	2 档	通电	通电	○	○				○		○	○	
D	3 档	断电	通电	○	○	○			○		○		
D	O/D 档	断电	断电		○	○	○		○				

(续)

变速杆位置	档位	换档电磁阀A	换档电磁阀B	C0	C1	C2	B0	B1	B2	B3	F0	F1	F2
2	1档	通电	断电	○	○						○		○
2	2档	通电	通电	○	○				○		○	○	
2	3档	断电	通电	○	○	○			○		○		
L	1档	通电	断电	○	○					○	○		○
L	2档	通电	通电	○	○			○	○		○		

注：○表示工作。

3. 电子控制系统

丰田 A340E 型自动变速器电子控制系统的组成如图 1-114 所示。

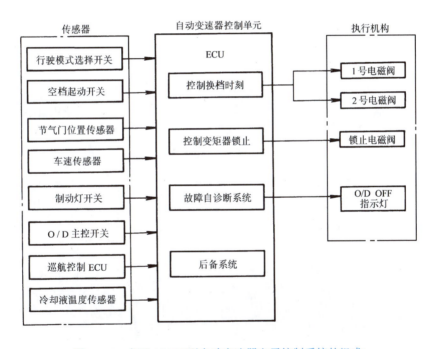

图 1-114　丰田 A340E 型自动变速器电子控制系统的组成

丰田 A340E 型自动变速器电子控制系统的控制单元具有换档时刻控制、变矩器锁止控制、故障自诊断及后备系统等功能，其电路如图 1-115 所示。

五、雅阁轿车 MAXA 自动变速器

1. 结构简介

广州本田雅阁轿车自动变速器为电控液力自动变速器，具有四个前进档和一个倒档，其变速杆有七个位置：P、R、N、D4、D3、2、1。该自动变速器主要由定轴式齿轮变速传动机构、液压控制系统和电子控制系统三大部分组成，如图 1-116 所示。与大多数自动变速器不同的是，本田雅阁自动变速器采用了定轴式齿轮变速传动机构。由于该车为前轮驱动，自动变速器与驱动桥合为一体，动力传递路线短，结构更加紧凑。

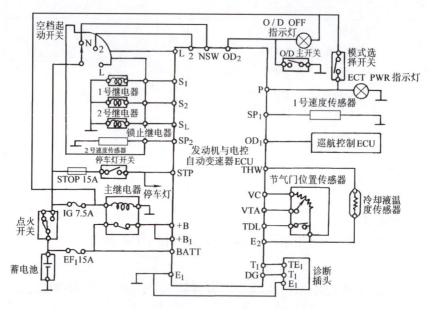

图 1-115 丰田 A340E 型自动变速器电子控制系统电路

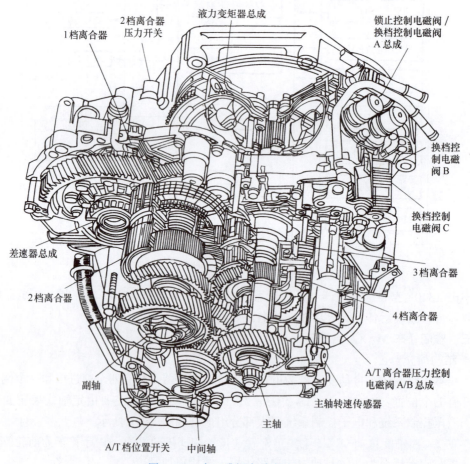

图 1-116 本田雅阁自动变速器

定轴式齿轮变速传动机构主要由平行轴、各档齿轮和湿式多片离合器等组成，如图 1-117 所示。平行轴为三根，即主轴、中间轴和副轴。主轴与发动机曲轴主轴颈轴线同轴，其上装有 3 档和 4 档离合器以及 3 档、4 档、倒档齿轮和惰轮。倒档齿轮和 4 档齿轮制为一体。中间轴上装有最终主动齿轮、1 档、3 档、4 档、倒档、2 档和驻车档齿轮以及惰轮，最终主动齿轮和中间轴制为一体。副轴上装有 1 档、2 档离合器和 1 档、2 档齿轮及惰轮。中间轴 4 档齿轮及其倒档齿轮可以在副轴中部锁止，工作时是锁止 4 档齿轮还是倒档齿轮，则取决于接合套的移动方式。主轴和副轴上的齿轮与中间轴上的齿轮保持常啮合状态。行车中，当通过控制系统使变速器中某一组齿轮实现啮合时，动力将从主轴和副轴传递到中间轴，并由中间轴输出，同时仪表板上的自动变速器(A/T)档位指示灯将显示正在运行的档位。

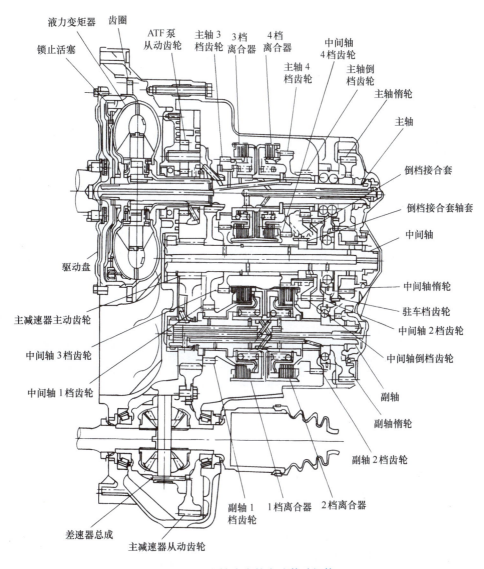

图 1-117　定轴式齿轮变速传动机构

2. 各档动力传递

本田雅阁轿车自动变速器在各档位时，零部件的工作情况见表 1-15。

表 1-15　本田雅阁轿车自动变速器各档零部件的工作情况

档位		液力变矩器	1档齿轮 1档离合器	2档齿轮 2档离合器	3档齿轮 3档离合器	4档		倒档齿轮	驻车档齿轮
						齿轮	离合器		
P		○							○
R		○					○	○	
N		○							
D4	1档	○	○						
	2档	○		○					
	3档	○			○	○	○		
	4档	○							
D3	1档	○	○						
	2档	○		○					
	3档	○			○				
2		○		○					
1		○	○						

注：○表示工作。

3. 电子控制系统

电子控制系统主要由动力系统控制模块（PCM）、传感器和电磁阀（共6个）等组成，如图 1-118 所示。电子控制系统将根据各传感器的输入信号通过电磁阀对变速器实现换档控制和锁止控制。电子控制系统的电路图如图 1-119 所示。而各档位及档位变换和换档控制电磁阀的工作情况见表 1-16。

表 1-16　各档位及档位变换和换档控制电磁阀的工作情况

档位	档位及档位变换信号	换档控制电磁阀的工作情况		
		A	B	C
D4、D3	由 N 位置换至 D4 或 D3 位置	○	○	○
	保持在 1 档位置		○	○
	在 1 档与 2 档之间变换档位	○		○
	保持在 2 档位置			○
	在 2 档与 3 档之间变换档位	○		
	保持在 3 档位置	○		○
D4	在 3 档与 4 档之间变换档位			○
	保持在 4 档位置			

(续)

档 位	档位及档位变换信号	换档控制电磁阀的工作情况		
		A	B	C
2	2 档	○	○	
1	1 档		○	○
R	由 P 或 N 位置换至 R 位置		○	○
	保持在 R 档位置		○	
P	驻车档		○	
N	空档		○	

注：○表示工作。

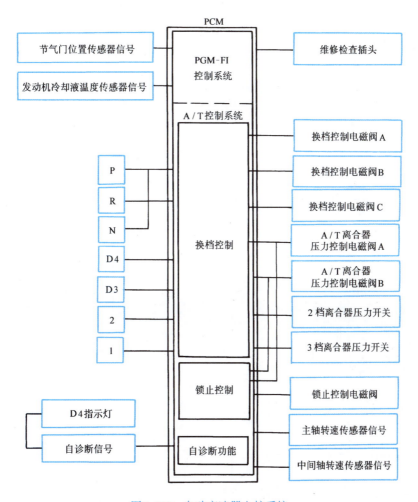

图 1-118 自动变速器电控系统

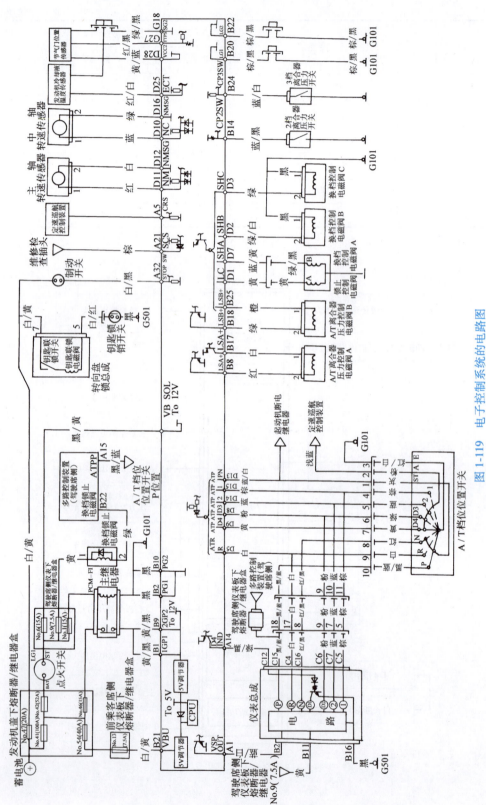

图 1-119 电子控制系统的电路图

自动变速器电子控制系统的核心元件是控制模块(PCM),控制模块(PCM)控制各档换档点见表 1-17。

表 1-17 各档换档点车速表

节气门位置传感器电压/V	行驶速度/(km/h)			
	升档点速度			
	1 档升 2 档	2 档升 3 档	3 档升 4 档	锁止状态
0.8	15~17	33~37	42~48	75~79
2.25	33~37	63~69	94~100	110~116
4.5	55~61	99~105	155~161	156~162
	降档点速度			
	不锁止状态	4 档降 3 档	3 档降 2 档	2 档降 1 档
0.8	73~77	30~34	—	8~12
2.25	94~100	—	—	—
4.5	146~152	137~143	87~93	42~48

> 讨论：定轴式齿轮变速传动机构与行星齿轮变速传动机构的优缺点。

单元二　电控机械无级自动变速器

任务内容

　　任务一　介绍电控机械无级自动变速器
　　任务二　检修电控机械无级自动变速器

学习目标

　　通过本单元的学习掌握电控机械无级自动变速器的特点、结构、原理、使用、检修等基本知识，并能灵活地加以应用。
　➡ 能够向客户介绍电控机械无级自动变速器的特点及其基本工作原理。
　➡ 能够对电控机械无级自动变速器进行一般检修。

任务一　介绍电控机械无级自动变速器

一、电控机械无级自动变速器(CVT)的特点

　　CVT(Continuously Variable Transmission)技术即无级变速技术，采用传动带和工作直径可变的主、从动轮相配合传递动力，可以实现传动比的连续改变，从而得到传动系统与发动机工况的最佳匹配，提高整车的燃油经济性和动力性，改善驾驶人的操纵方便性和乘员的乘坐舒适性，所以它是理想的汽车传动装置。

　　CVT 技术的发展已有一百多年的历史，德国奔驰公司是在汽车上采用 CVT 技术的鼻祖，早在 1886 年就将 V 形橡胶带式 CVT 安装在该公司生产的汽油机汽车上。1958 年，荷兰的 DAF 公司将双 V 形橡胶带式 CVT 装备于 Daffodil 轿车上。由于当时橡胶带式 CVT 存在一系列的缺陷：功率有限(转矩局限于 135N·m 以下)，离合器工作不稳定，油泵、传动带和夹紧机构的能量损失较大，因而没有被汽车行业普遍接受。

　　随着对提高传动带性能和 CVT 传递功率极限研究的深入，采用把液力变矩器集成到 CVT 系统中、主从动轮的夹紧力实现电子控制、在 CVT 中采用节能泵和传动带、用金属带代替传统的橡胶带等技术，克服了 CVT 系统原有的技术缺陷，使 CVT 传递转矩功率更大，性能更优良。

　　目前我国 CVT 已经进入实用阶段，一汽大众生产的奥迪 A6 轿车已选装 CVT 自动变速器，其代号为 01J，它采用带/链传动，是奥迪公司首家推出能够应用于功率和转矩分别达到 147kW 和 300N·m 的 V6 2.8L 发动机系统的 CVT，并且正在制定一个在行驶性能、燃油经济性和动力性及舒适性等方面的新标准。01J 电控机械无级自动变速器被称为 Multitronic，

其技术规格见表2-1。

表2-1　01J自动变速器技术规格

项　目	技术参数
最大转矩	max. 310N·m
变速器速比范围	2.40~0.40
变速扩展范围	6
辅助变速齿轮变速比	51/46=1.109:1
主传动比	43/9=4.778:1
油泵工作压力	最大约6000kPa
ATF型号	G 052 180 A2
轴润滑油型号	G 052 190 A2
齿轮油加注量 — ATF新加注量（包括油散热器和滤清器）	约7.5L
齿轮油加注量 — ATF换油量	约4.5L
齿轮油加注量 — 轴润滑油	约1.3L
总质量(不包括飞轮)	88kg
总长度	610mm

二、电控机械无级自动变速器的基本工作原理

CVT的主要结构和工作原理如图2-1所示。该系统主要包括主动轮组、从动轮组、金属带和油泵等基本部件。金属带由两束金属环和几百个金属片构成。主动轮组和从动轮组都由可动盘和固定盘组成，与油缸靠近的一侧带轮可以在轴上滑动，另一侧则固定。可动盘与固定盘都是锥面结构，它们的锥面形成V形槽来与V形金属传动带啮合。发动机输出轴输出的动力首先传递到CVT的主动轮，然后通过V带传递到从动轮，最后经减速器、差速器传递给车轮来驱动汽车。工作时通过主动轮与从动轮的可动盘做轴向移动来改变主动轮、从动轮锥面与V带啮合的工作半径，从而改变传动比。可动盘的轴向移动量是由驾驶人根据需要通过控制系统调节主动轮、从动轮油泵油缸压力来实现的。由于主动轮和从动轮的工作半径可以实现连续调节，从而实现了无级变速。

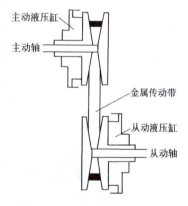

图2-1　CVT结构与工作原理

任务二　检修电控机械无级自动变速器

下面以奥迪轿车01J电控机械无级变速器为例介绍其结构原理，为故障诊断与检修打下基础。

一、01J自动变速器的结构特点

01J自动变速器的结构如图2-2所示，其中的关键部件是由传动链轮实现的无级变速器。

它可实现变速比在最小和最大变速比之间无级调节,能提供一个合适的传动比,使发动机总是工作在最佳转速范围内,进而使汽车动力性或燃油经济性最优化。该传动机构由两个带锥面的盘体的主链轮装置(链轮装置1)和副链轮装置(链轮装置2)以及工作于两个锥形链轮组之间 V 形槽内的专用传动链组成。传动链是动力传动装置,如图2-3所示。链轮装置1由发动机通过辅助减速齿轮驱动,发动机转矩通过传动链传递到链轮装置2,并由此传给主减速器。每个链轮装置中的一个链轮可沿轴向移动,调整传动链的跨度尺寸和改变传动比。两组链轮装置必须同时进行调整,保证传动链始终处于张紧状态和有足够的接触传动压力。

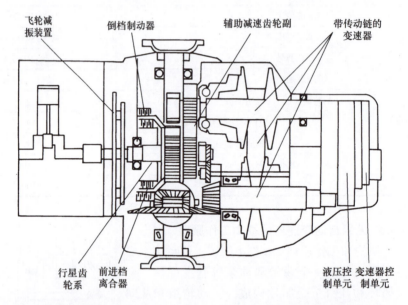

图2-2　01J自动变速器的结构

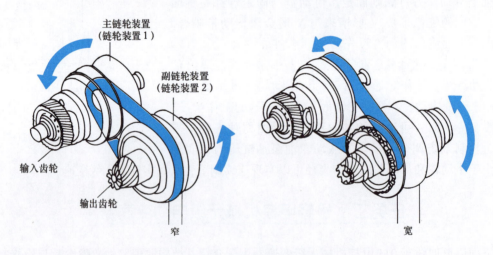

图2-3　无级变速器的结构

行星齿轮传动机构采用一个双行星排,通过操纵一个制动器或一个离合器实现前进档和倒档的转换。其中制动器和离合器均采用"湿式"多片式摩擦片,结构如图2-4所示。

电子液压控制单元和变速器控制单元集成为一体,位于变速器壳体内。

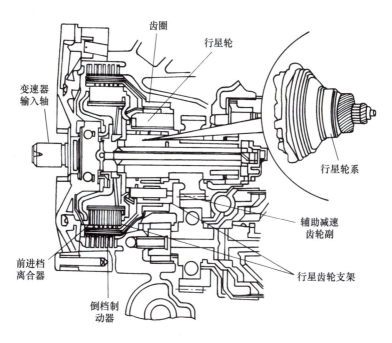

图 2-4　离合器、制动器结构

二、各档动力传递路线

01J 自动变速器的传动简图如图 2-5 所示。发动机动力通过飞轮传递给变速器输入轴，输入轴的动力通过行星齿轮机构、一对辅助变速齿轮传动副，传递到传动链轮机构，通过传动链轮无级变速后，动力经过主减速器和差速器，传递到驱动轮。其中太阳轮（输入）与变速器输入轴和前进档离合器 C 相连接。行星齿轮支架（输出）与辅助变速齿轮的主动齿轮和倒档制动器 B 相连接。齿圈与行星齿轮和倒档制动器相连接。

01J 自动变速器各档传动路线比较简单，当车辆怠速时，作为辅助减速档输入部分的行星齿轮架是静止的。齿圈以发动机转速一半的速率怠速运转，旋转方向与发动机相同；前进档时，前进档离合器 C 接合，变速器输入轴与行星齿轮架（输出）连接，行星齿轮系变成一个刚体传动，并且它与发动机转向相同，传动比为 1；倒档时，倒档制动器 B 制动，齿圈与壳体固定在一起，不能转动，动力由行星架反向输出，实现倒档。

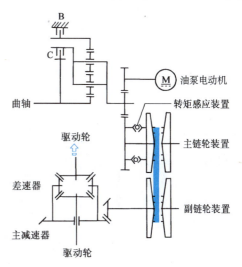

图 2-5　01J 自动变速器传动简图
B—倒档制动器　C—前进档离合器

三、主要组成零部件

（一）机械传动部分

1. 传动链

01J 自动变速器传动链是新开发的，与以前传统的滑动带或 V 带相比有以下优点：尽管变速器尺寸小，但很小的跨度半径却可产生很大的传动比范围，传递转矩大，传动效率高。

01J 自动变速器传动链应用的不同技术：相邻传动链链节通过转动压块连接成一排（每个销子连接 2 个链节），转动压块在变速器锥面链轮间"跳动"，即锥面链轮互相挤压。转矩只靠转动压块正面和锥面链轮接触面的摩擦力来传递，如图 2-6 所示。每个转动压块永久连接到一排连接轨上，通过这种方式，转动压块不可扭曲，两个转动压块组成一个转动节。转动压块相互滚动，当其在锥面链轮跨度半径范围内驱动传动链时，几乎没有摩擦。这种情况下，尽管转矩高，弯曲角度大，动力损失和磨损却降到最小，使其寿命延长并且提高了效率。

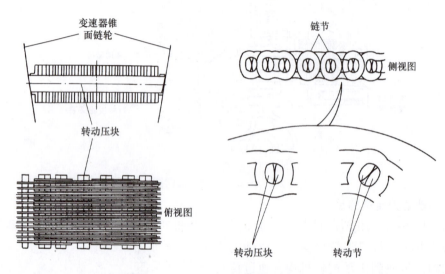

图 2-6　传动链

另外，01J 自动变速器使用了两种不同的链节（图2-7），其目的是确保传动链运转时尽可能无噪声。当使用等长的链节时，转动压块按统一间距冲击锥面链轮，这将导致振动并产生令人厌烦的噪声。使用不同长度的链节可防止共振，并减小运动噪声。

2. 传动链轮

01J 变速器传动链轮工作模式上基于双活塞原理，如图 2-8 所示。它的新特点为转矩传感器集成在链轮装置 5 上。链轮装置 5 和 10 各有一个将锥面链轮压回位的分离缸（压力缸）和用于调整变速比的分离缸（变速器分离缸）。它利用少量液压油就可以很快地进行换档，这可保证在较低油压时，锥面链轮有足够的接触压力。

长度不同的链节

图 2-7　传动链链节结构

由于调整动态特性的要求，供给的液压油必须合适。为了减少油量，分离缸的表面要比压力缸小，因此调整所需油量相对较少，可获得很高的调整动力特性和较高的效率。

液压系统泄压时，链轮 5 的膜片弹簧和链轮 10 的螺旋弹簧产生一个额定的传动链条基础张紧力（接触压力）。在卸压状态下，变速器起动转矩变速比由链轮 10 的螺旋弹簧 7 的弹力调整。

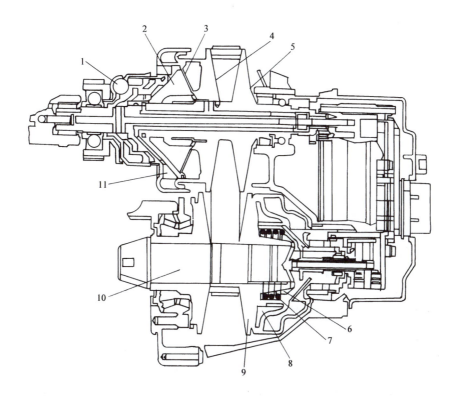

图 2-8 传动链轮工作原理

1—转矩传感器 2、8—压力缸 3—膜片弹簧 4、9—变速器锥面链轮 5、10—链轮装置
6、11—变速器分离缸 7—螺旋弹簧

3. 辅助变速齿轮

由于受空间限制,动力通过辅助变速齿轮传递到传动链轮,辅助变速齿轮传动副传动比为 1.109。

4. 变速杆换档机构和 P 位停车锁

变速杆换档机构和 P 位停车锁机构如图 2-9 所示。01J 自动变速器的变速杆位置有 P、R、N、D 及手动换档等位置,通过变速杆可实现下述功能:

1) 触发液压控制单元手动选档阀。

2) 控制停车锁。

3) 触发多功能开关,识别变速杆位置。

在变速杆处于位置 P 时,与换档轴相连的锁止推杆轴向移动,锁止爪被压向驻车锁止齿轮,并相互啮合,实现机械锁止功能。

(二) 电子控制系统

01J 自动变速器的电子控制系统主要由传感器、控制单元和执行机构等组成。

1. 控制单元 J217

控制单元 J217 集成在变速器内,控制单元直接用螺栓紧固在液压控制单元上。3 个压力调节阀与控制单元间直接通过牢固的插接插头连接(S 形插头),而没有连接线。用一个 25 针的小型插头与汽车线束相连,如图 2-10 所示。J217 的底座为一个坚硬的铝板壳,此铝板壳起到了隔热作用。该壳体容纳全部的传感器,因此不再需要线束和插头,因而没有单独线束，这种结构使 J217 的可靠性大大地提高了。

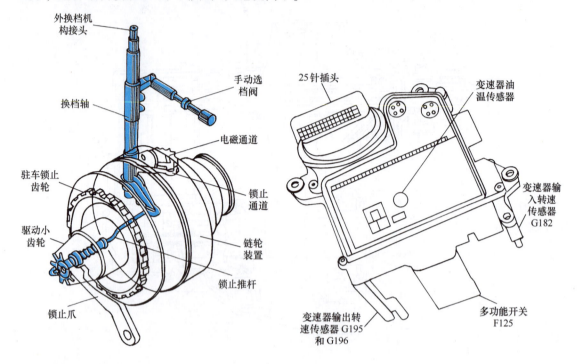

图 2-9　变速杆换档机构和 P 位停车锁　　　　图 2-10　控制单元 J217

控制单元 J217 功能具有以下特点：

（1）动态控制程序　控制单元 J217 有一个动态控制程序（DRP），用于计算变速器目标输入转速。这是对已存在的用于 CVT 中的动态换档程序（DSP）的进一步改进。DRP 的目标是将操纵性能尽可能与驾驶人的输入相适应。驾驶人应有如机械模式下驾驶的感觉，其框图如图 2-11 所示。

为上述目的，控制单元 J217 接收驾驶人动作、车辆运动状态和路面情况信息，计算加速踏板动作频率和加速踏板角度位置（驾驶人评价）、车速和车辆加速情况。利用该信息和逻辑组合，在发动机转速范围内，通过改变传动比，将变速器输出转速设定在最佳动力性和最佳经济性之间，使汽车操作性和驾驶性能与驾驶人的输入信号尽可能匹配。

（2）强制降档功能　驾驶人通过把加速踏板踩到底，激活接通强制降档开关，告知自动变速器控制单元，现在需要最大加速度，为此，发动机转速被调整到最大功率处的转速，直到加速踏板角度减小为止。

（3）依据行驶阻力自适应控制　"与负荷有关的动力"被计算出来用以测定行驶阻力，例如上坡、下坡、车辆处于被牵引状态等。该行驶阻力用于与在平路上行驶（空载）时的牵引阻力做比较，指示是否需提高和降低所需功率。

上坡或牵引车辆时，需要加大转矩。在这种情况下控制单元 J217 使变速控制向减速方向调节，通过减档来增加发动机转矩。

在下坡时，情况稍有不同，若驾驶人想利用发动机的制动效果，则必须踩制动踏板（信号来自开关 F/F47）。若发动机处于超速阶段，并且踩下制动踏板后车速依然提高，则变速比向减速方向调节，从而更有利于驾驶人控制发动机制动效果。若下坡坡度减小，变速比再

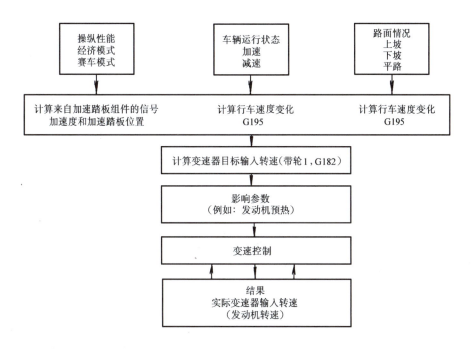

图 2-11 动态控制程序(DRP)框图

次向加速方向调节,车速稍有提高。

(4) 与巡航控制系统(CCS)协调工作 巡航控制开启时自动变速器变速比经常很小,当汽车下坡行驶时,会导致发动机制动效果不足,在这种情况下,控制单元 J217 通过减小变速器输入转速来增强发动机制动效果。

(5) 对离合器(制动器)的控制 控制单元接收发动机转速、变速器输入转速、加速踏板位置、发动机转矩、制动力、变速器油温等信号计算出离合器(制动器)所需的额定压力,调节离合器压力和离合器传递的发动机转矩。

(6) 最佳舒适换档模式 在传动比变化范围内可获得任意变速比,传动比转换非常平顺,使驱动力的传输不会中断。

(7) 最大动力特性 汽车加速时牵引力传递不会中断,可获得最佳加速特性。

(8) 提高燃油经济性 在经济行驶模式下,通过对传动比的连续调节,使发动机总是处于最佳工作模式,提高了燃油经济性。

(9) 过载保护 利用内建模型,变速器控制单元计算出离合器打滑温度,若测得的离合器温度因离合器过载而超出标定界线,将减小发动机输出转矩。当发动机转矩被减小到发动机怠速上限时,在一段时间内,发动机对加速踏板信号无反应,同时离合器冷却系统确保短时间内使离合器降温,此后又迅速重新提供发动机最大转矩。

(10) 爬坡控制功能 爬坡控制的特点是当车辆静止、制动起作用时,减小爬坡转矩,发动机不必产生很大的转矩,降低了发动机的怠速运转噪声,驾驶人只需稍加制动即可停住汽车,因而改善了燃油经济性和舒适性。

若汽车停于坡道上,制动压力不足,车辆回溜时,离合器压力将增大,使汽车停住("坡道停住"功能)。该功能是通过两个变速器输出速度传感器 G195 和 G196 可以区分汽车是向前行驶还是向后行驶来实现的。

(11) 微量打滑控制 微量打滑控制功能是针对离合器进行控制的，它能减缓发动机产生的扭转振动，在部分负荷下，离合器特性被调整到发动机输出转矩为160N·m时的状态。当发动机转速上升到大约1800r/min时，发动机输出转矩达到220N·m左右，此时离合器进入"微量打滑"模式。在此模式下，变速器输入轴和主动链轮装置之间的打滑率（速度差别）保持在5~20r/min之间。

(12) 合理匹配离合器控制 合理匹配离合器控制功能的作用是保持恒定的离合器控制质量，控制适合的离合器压力，提高效率。因离合器的摩擦因数经常变化，为了能在任何工作状态下和其寿命内使离合器控制舒适性能不变，控制电流及离合器转矩之间的关系必须不断优化。离合器的摩擦因数取决于变速器油、变速器油温、离合器温度、离合器打滑率等，为了补偿这些影响和优化离合器控制，在爬坡控制模式和部分负荷状态下，控制电流和离合器转矩要匹配。

(13) 换档控制 控制单元有一动态控制程序（DRP）用于计算变速器目标输入转速，以便获得最佳传动比。

(14) 故障自诊断功能 故障在很大程度上可通过自诊断功能识别。根据故障对驾驶安全性的影响程度，可通过仪表板上的变速杆位置指示灯显示给驾驶人。对故障自诊断识别的结果，会有三种不同显示状态：

1) 故障被存储，替代程序能够使汽车继续运行（有某些限制），此故障不显示给驾驶人。因为这对驾驶安全性来说并不严重，驾驶人根据汽车的行驶状况可注意到该故障。

2) 变速杆位置指示灯通过倒置显示现存故障。此故障对于驾驶安全性来说虽不严重，但是驾驶人应尽快去奥迪特约服务站，将故障排除。

3) 变速杆位置指示灯正置指示现存故障，此故障对于驾驶安全性来说是严重的，因此，建议驾驶人立即去奥迪特约服务站，将故障排除。

(15) 升级程序（闪光码编程） 控制单元可以通过软件进行升级。控制单元的程序、特性参数和数据（软件）以及计算出的输出信号值，都永久性地存储于"Flash EEPROM"电子可编程储存器中，采用VAS 5051设备进行升级。

2. 传感器

(1) 变速器输入转速传感器G182 传感器G182监测主动链轮的转速（图2-12），提供实际的变速器输入转速。它与发动机转速一起用于离合器控制和作为变速控制的输入变化参考量。

若G182损坏，如电磁线圈若受到严重污染（磨损产生的金属碎屑），起步加速过程可利用电控单元内部设定的固定参数完成。这时微量滑转控制和合理匹配离合器控制功能失效。发动机转速作为替代值，无故障码指示。

(2) 变速器输出转速传感器G195和G196 G195和G196监测从动链轮装置的转速，它们安装在传感器轮背面（图2-12），其安装相位差为25%，通过它们的信号识别变速器输出转速（图2-13）。其中来自G195的信号用于监测转速，来自G196的信号用来区别旋转的方向，确定汽车是向前行驶还是向后行驶。

变速器输出转速信号用于：变速控制、爬坡控制、坡道停车功能和为仪表板组件提供车速信号。

控制单元观察来自两个传感器的下降沿信号以确定当前是否为前进档或倒档。如图2-14

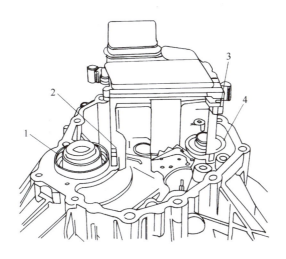

图 2-12　G182、G195 和 G196 的安装位置

1—G195 和 G196 传感器轮　2—变速器输出转速传感器 G195 和 G196
3—变速器输入转速传感器 G182　4—变速器输入转速传感器 G182 传感器轮

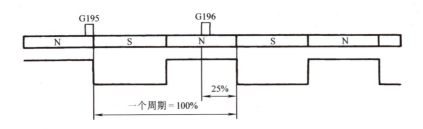

图 2-13　G195 和 G196 信号

所示,当来自传感器 G195 的信号为下降沿时,传感器 G196 信号为"Low"。当来自传感器 G196 的信号为下降沿时,传感器 G195 的信号为"High"。变速器控制单元将这种"模式"理解为前进档;如图 2-15 所示,当来自 G195 的信号为下降沿时,传感器 G196 信号为"High"。当 G196 的信号为下降沿时,G195 的信号为"Low"。变速器控制单元将此"模式"理解为倒档。

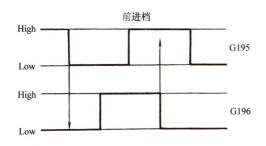

图 2-14　前进档模式

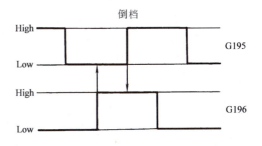

图 2-15　倒档模式

如果 G195 损坏,变速器输出转速可从 G196 的信号取得,但坡道停车功能失效。如果 G196 损坏,坡道停车功能失效。如果 G195 和 G196 两个传感器都损坏,可从轮速信号获取

替代值（通过 CAN 总线），坡道停车功能失效。

电磁线圈若受到严重污染（磨损产生的金属碎屑）会影响 G195 和 G196 的工作功能，因此黏结到电磁线圈上的金属碎屑在进行维修前应予以清除。

（3）自动变速器油压传感器 G193　传感器 G193 监测前进档和倒档制动器压力，用来监控离合器功能。离合器压力监控有高优先权，因此多数情况下，G193 失效都会使安全阀被激活，如图 2-16 所示。

（4）自动变速器油压传感器 G194　传感器 G194（见图 2-16）监测接触压力，此压力由转矩传感器调节，因接触压力总是与实际变速器输入转矩成比例，利用 G194 的信号可十分准确地计算出变速器输入转矩。

（5）多功能开关 F125　多功能开关 F125 由 4 个霍尔传感器组成，霍尔传感器由变速轴上的电磁通道控制，如图 2-17 所示。

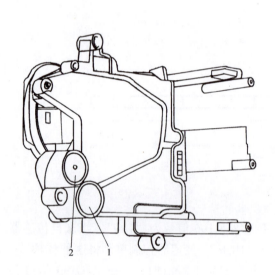

图 2-16　自动变速器油压传感器
1—自动变速器油压传感器 G194
2—自动变速器油压传感器 G193

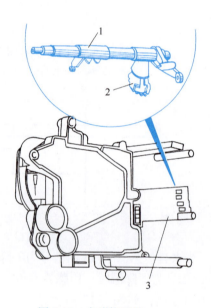

图 2-17　多功能开关 F125
1—换档轴　2—电磁通道
3—四个霍尔传感器（A、B、C、D）

每个霍尔传感器的信号均有两种状态：高和低电位，即用二进制 1 和 0 表示，因此，4 个霍尔传感器能产生 16 种不同的组合，其中 4 个换档组合用于识别变速杆的 P、R、N 和 D 位。2 个换档组合监测中间位置（P—R，R—N—D）。10 个换档组合用于故障分析。换档组合见表 2-2。

表 2-2　换档组合

变速杆位置	霍尔传感器				变速杆位置	霍尔传感器			
	A	B	C	D		A	B	C	D
P	0	1	0	1	R	0	1	1	0
P—R	0	1	0	0	R—N	0	0	1	0

(续)

变速杆位置	霍尔传感器				变速杆位置	霍尔传感器			
	A	B	C	D		A	B	C	D
N	0	0	1	1	故障	1	0	0	1
N—D	0	0	1	0	故障	1	0	1	1
D	1	0	1	0	故障	1	1	0	0
故障	0	0	0	0	故障	1	1	0	1
故障	0	0	0	1	故障	1	1	1	0
故障	0	1	1	1	故障	1	1	1	1
故障	1	0	0	0					

示例：变速杆进入变速杆位置"N"，若霍尔传感器"C"损坏，换档组合为"0001"。变速器控制单元将不再能识别变速杆位置"N"。控制单元识别出此换档组合为故障状态，并使用合适的替代程序。若霍尔传感器"D"损坏，将不能完成点火功能。

变速器控制单元需要变速杆位置信息，完成以下功能：起动机锁止控制；倒车灯控制；P／N内部锁控制；车辆运行状态信息用于离合器控制(前进/倒车/空档)；倒车时，锁止变速比。

F125的故障很难显示出来，在某种情况下，车辆将不能行驶。故障指示灯显示将闪烁。

(6) 变速器油(ATF)温度传感器G93 传感器G93集成在变速器控制单元电子器件中(参见图2-10)。G93记录变速器控制单元铝制壳体的温度，即相应的变速器油温度。变速器油温影响离合器控制和变速器输入转速控制。因此，在控制和匹配功能中发挥重要作用。

为了保护变速器部件，若变速器油温超过约145℃，发动机输出功率下降。若变速器油温继续升高，发动机输出功率逐渐减小，若有必要，直至发动机以怠速运转。

若G93损坏，控制单元利用发动机温度计算出一个替代值。匹配功能和某些控制功能失效。故障灯显示为"倒置"。

(7) 制动开关 制动开关信号用于变速杆锁止功能、爬坡控制、动态控制程序(DCP)。

(8) "强制降档"信号 强制降档信号不需要单独的开关。它是通过位于加速踏板组件上的簧载压力元件产生一个"阻尼点"，将"强制降档感觉"传给驾驶人。当驾驶人激活强制降档功能时，传感器G79和G185(加速踏板组件)的电压值超过节气门全开时的电压值。当超过强制降档点相对应的电压值时，发动机控制单元通过CAN总线向变速器控制单元发出一个强制降档信号。

在自动模式下，当强制降档功能被激活时，最大加速的最大动力控制参数被选择。但强制降档功能不能被连续激活。

若更换加速踏板组件，必须用自诊断检测和信息系统对强制降档点进行重新匹配。

(9) Tiptronic开关F189 Tiptronic开关F189集成在齿轮变速机构的鱼鳞板中，由3个霍尔传感器组成，霍尔传感器由位于鱼鳞板上的电磁阀激活，如图2-18所示。

鱼鳞板上有7个LED指示灯：4个用于变速杆位置显示，1个用于"制动动作"信号，其余2个用于Tiptronic护板上的"+"和"−"信号。

每个变速杆位置LED都由单独的霍尔传感器控制。当被激活时，F189开关将变速器控

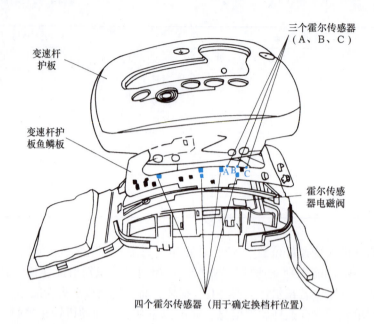

图 2-18 Tiptronic 开关 F189
A—减档传感器 B—Tiptronic 识别传感器 C—升档传感器

制单元接地。若有故障，Tiptronic 功能不能执行，故障显示为"倒置"。

（10）CAN 总线 除少量接口外，信息都通过 CAN 总线在变速器控制单元和区域网络控制单元之间进行交换。表 2-3 列出了一些通过 CAN 总线进行信息交流的辅助信号/接口。

表 2-3 辅助信号/接口

插脚号	插脚功能	插脚号	插脚功能
2	自诊断和编程接口	13	Tiptronic 信号（档位识别）
5	车速信号	14	Tiptronic 信号（升档）
6	换档指示信号	15	发动机转速信号
12	Tiptronic 信号（减档）		

（11）发动机转速信号 发动机转速信号是一个关键参数。为提高可靠性，发动机转速信号除了通过 CAN 总线传递外，还通过单独接口传递到变速器控制单元。若出现故障或"发动机转速信号"接口失效等情况时，可通过 CAN 总线获取发动机转速信号，这时"微量打滑"控制功能失效。

（12）换档指示信号 换档指示信号为变速器控制单元产生的方波信号（占空比信号），其方波信号每周期内高电位值恒定（20ms），低值可变。每个换档位置或每个"档位"都被设计了一个标定低值。变速杆位置或仪表组件的档位指示通过低值延续时间识别出是何档位或变速杆处于何位置，并相应显示出来。档位指示信号如图 2-19 所示。为简化描述，Tiptronic 功能的全部 6 档信号被组合到一个图上（图 2-20）。

（13）车速信号 车速信号为变速器控制单元产生的方波信号。工作循环约为 50% 频率变化，它与车速同步。车轮每转一周，产生 8 个信号，并通过单独接口传给仪表板组件。用

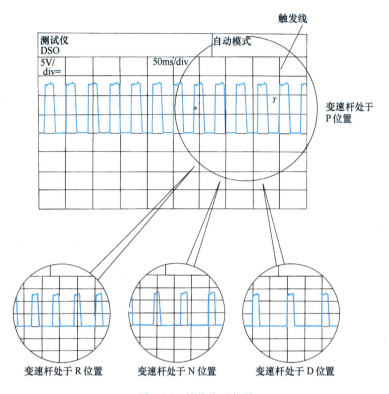

图 2-19　档位指示信号

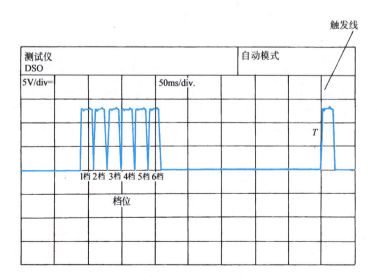

图 2-20　Tiptronic 功能的全部 6 档组合信号

于速度表显示车速,并通过仪表板组件传到网络控制单元/系统(如发动机、空调系统、收音机系统等)。

(14)电路图 电路图如图2-21所示。

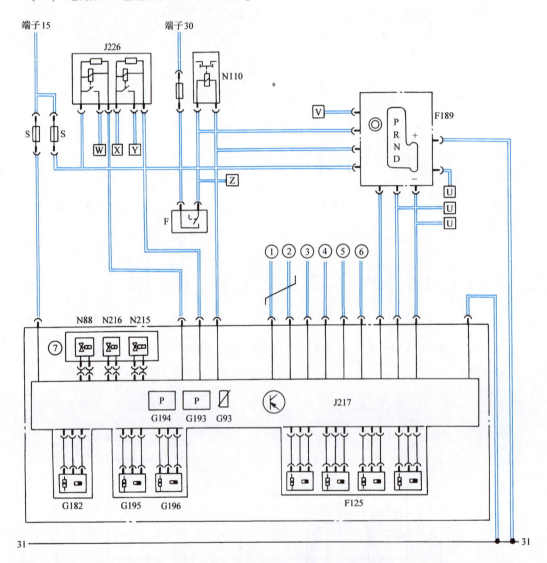

图2-21 电路图

F—制动灯开关 F125—多功能开关 F189—Tiptronic开关 G93—变速器油温传感器 G182—变速器输入转速传感器 G193、G194—自动变速器油压传感器 J217—控制单元 G195、G196—变速器输出转速传感器 N88—电磁阀 N110—变速杆锁止电磁阀 N215、N216—自动变速器压力控制电磁阀 J226—起动锁止和倒车灯继电器 S—熔断器 U—到Tiptronic转向盘(选装) V—来自接线柱58d W—到倒车灯 X—来自点火开关接线柱50 Y—到起动机接线柱50 Z—到制动灯 ①—传动系统CAN总线,低 ②—传动系统CAN总线,高 ③—换档指示信号 ④—车速信号 ⑤—发动机转速信号 ⑥—诊断插头 ⑦—阀体

(15)其他 由于传感器集成在变速器中,因此传感器信号不能再用传统的设备来测量,检测只能用自诊断插口进行检测。

若某个传感器损坏,变速器控制单元从其他传感器处获取替代值,除此之外也可从网络控制单元中获得信息，汽车仍可保持行驶。这对车辆行驶影响很小，驾驶人不会立即注意到某个传感器损坏。

传感器为变速器控制单元的集成部件。若某个传感器损坏，必须更换变速器控制单元。

3. 执行机构

01J自动变速器采用三个电磁阀N88、N215和N216，接收自动变速器控制单元的指令，控制换档和油压调节等功能。详细作用见液压操纵系统。

（三）液压操纵系统

1. 供油系统

油泵是供油系统的主要部件，也是变速器中消耗动力的主要部件（图2-22），它直接安装在液压控制单元上，以免不必要的连接。油泵和控制单元形成一个整体，减少了压力损失，并节约了成本。该变速器装有高效率的月牙形内啮合齿轮泵，它作为一个小部件集成在液压控制单元上，并直接由输入轴通过直齿轮驱动泵轴转动。尽管该泵相对较小，但却可产生需要的压力。

由于该油泵内部零部件公差要求很高，所以油泵内部密封良好，如图2-23所示。在发动机低速下仍可产生高压。

油泵有轴向和径向的调整间隙。

油泵轴向间隙的调整：两个轴向垫片封住油泵压力部分，并在油泵内形成一单独的泄油腔，垫片纵向（轴向）密封住压力腔。垫片上有特殊的密封材料，垫片由油泵壳体或液压控制单元的泵垫支撑。轴向垫片可使泵的压力在轴向垫

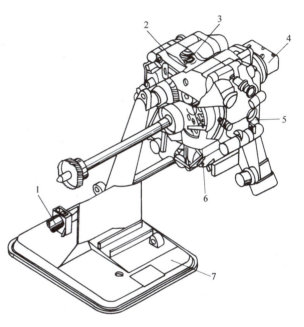

图2-22 油泵
1—安装在吸气喷射泵上的压力管 2—液压控制单元(阀体)
3—直接插接插头 4—变速器控制单元 5—手动选档阀
6—油泵 7—机油滤清器

片和壳体间起作用，密封件防止压力泄出。油泵压力增加时，轴向垫片被更紧地压到月牙和油泵齿轮上进行密封，补偿了轴向间隙，如图2-24所示。

油泵径向间隙的调整：径向间隙调整功能是补偿月牙形密封件和齿轮副（齿轮和齿轮）之间的径向间隙。因此月牙形密封件在内扇形块和外扇形块之间滑动。内扇形块将压力腔与齿轮密封，同时也抑制外扇形块径向移动，外扇形块将压力腔与齿圈密封隔开，泵压力在两个扇形件间流动。油泵压力增加时，扇形件被更紧地压向齿轮和齿圈，补偿径向间隙。当油泵泄压时，扇形件弹簧向扇形件和密封滚柱提供基本接触压力，并提高油泵的吸油特性。同时保证油泵压力在扇形件间动作，同时作用于密封滚柱，如图2-25所示。

另外，供油系统为了保证充分冷却离合器和制动器，特别装有吸气喷射泵。吸气喷射泵集成在离合器冷却系统中，以供应冷却离合器所需的润滑油量。吸气喷射泵为塑料结构，并且凸向油底壳深处，如图2-26所示。

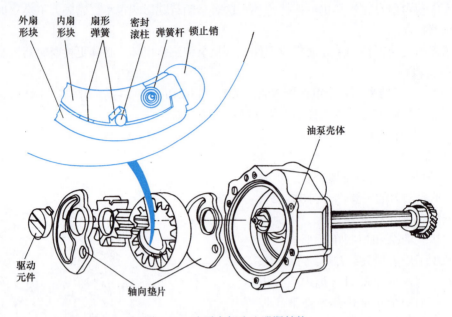

图 2-23　油泵内部防止泄漏结构

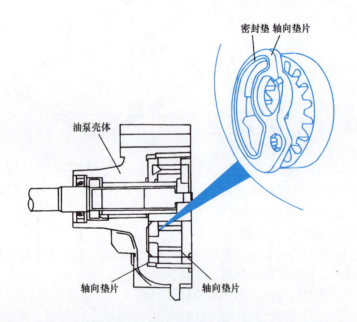

图 2-24　油泵轴向间隙的调整

吸气喷射泵是根据文丘里管原理工作的。当离合器需要冷却时，冷却油（自动变速器油）由油泵出来，通过吸气喷射泵进行导流并形成动力喷射流，润滑油流经泵的真空部分产生一定真空。将油从油底壳中吸出，并与动力喷射流一起形成一股大量的油流，在不增加油泵容积的情况下，冷却油流量几乎加倍。

吸气喷射泵的内部结构如图 2-27 所示。

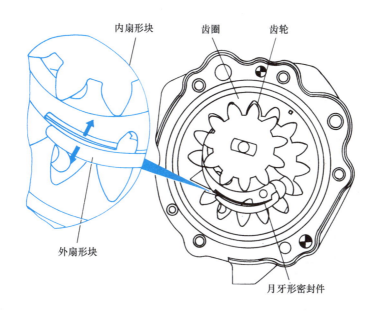

图 2-25 油泵径向间隙的调整

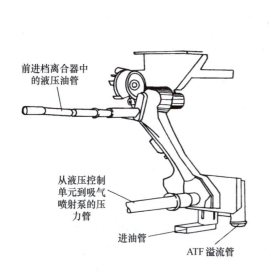

图 2-26 吸气喷射泵

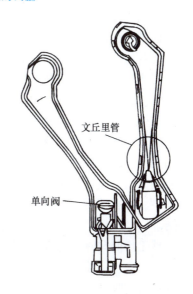

图 2-27 吸气喷射泵内部结构

2. 冷却系统

来自主动链轮装置 1 的自动变速器油（ATF），最初流经 ATF 散热器（ATF 散热器与发动机散热器集成在一起）之后，在流回液压控制单元前流经 ATF 滤清器，如图 2-28 所示。图中 DDV1 差压阀防止 ATF 冷却器压力过高。当 ATF 温度低时，供油管和回油管建立起的压力有很大不同。达到标定压差，DDV1 打开，供油管与回油管直接接通，使 ATF 温度迅速升高。当 ATF 滤清器的流动阻力过高时（如滤芯堵了），DDV2 差压阀打开，阻止 DDV1 打开。

为了保护离合器不暴露在高温之下，离合器由单独的油流来冷却（特别是在苛刻条件下行驶）。为了减少离合器冷却时的动力损失，冷却油流由控制单元控制。冷却油可通过吸气

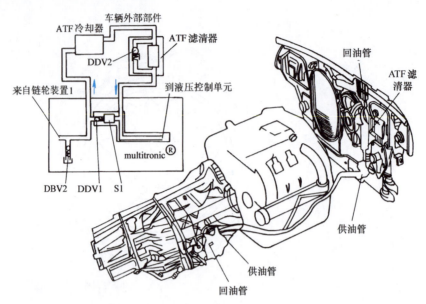

图 2-28 自动变速器油冷却系统

喷射泵(吸气泵)来增加而不必对油泵容量有过高的要求。另外,为了优化离合器冷却性能,冷却油仅传递到传动链轮装置。

前进档离合器的冷却油和液压油是通过变速器输入轴的孔道流通。两油路由钢管彼此分开,变速器输入轴出油孔上安装有"润滑油分配器",将润滑油引导到前进档离合器或倒档制动器,如图 2-29 所示。

冷却前进档离合器:若前进档离合器接合,离合器缸筒(压盘)将润滑油分配器压回,在此位置,冷却油流经润滑油分配器前端面和前进档离合器,如图 2-30 所示。

冷却倒档制动器:前进档离合器不工作(发动机怠速运转或倒档制动器工作)时,润滑油分配器回到其初始位置。在这种情况下,冷却油流到润滑油分配器,然后通过分配器流回到倒档制动器。分配器带轮油道内的部分润滑油流到行星齿轮系,提供必要的润滑,如图 2-31 所示。

在离合器工作的同时,离合器冷却系统接通。变速器控制单元向电磁阀 N88 提供一额定电流,该电流产生一控制压力控制离合器冷却阀(KKV),离合器冷却阀(KKV)将压力从冷却油回油管传到吸气喷射泵(吸气泵),用于操纵吸气喷射泵(吸气泵)。

若 ATF 散热器出现渗漏,使发动机冷却液进入 ATF 中,将对离合器控制产生有害影响。

3. 液压操纵换档系统

输导控制阀(VSTV)向压力调节阀 N216 提供一个约 500kPa(5bar)的常压,如图 2-32 所示。N216 根据变速器控制单元计算的控制电流产生控制压力,控制电流越大,控制压力越高,该压力影响减压阀的位置。

根据控制压力,减压阀(UV)将调节压力传递到链轮一或链轮二的分离缸。

控制压力在 0.18~0.22MPa 之间时,减压阀关闭。控制压力低于 0.18MPa 时,调整压力传递到链轮一的分离缸。同时,链轮二的分离缸与油底壳相通。变速器朝"超速"变速比方向换档。

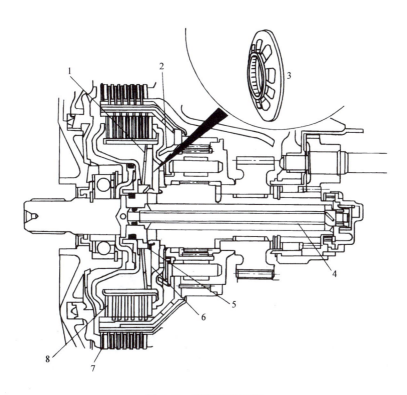

图 2-29 润滑油分配器

1—膜片弹簧　2—分配盘　3—带膜片弹簧的润滑油分配器和带开口的上推环　4—轴内部油道
5—止推环　6—润滑油分配器　7—倒档制动器　8—前进档离合器

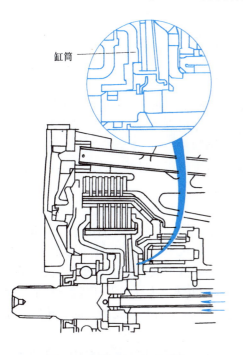

图 2-30 冷却前进档离合器

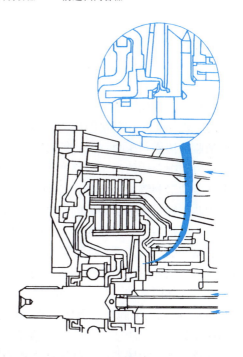

图 2-31 冷却倒档制动器

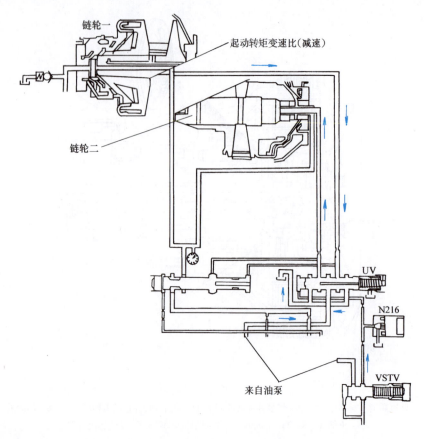

图 2-32 液压操纵换档控制油路

若控制压力大于 0.22MPa，调整压力传递到链轮二的分离缸，同时链轮一的分离缸与油底壳相通，变速器朝"起动转矩"变速比方向换档。

4. 转矩传感器

转矩传感器如图 2-33 所示。发动机转矩通过转矩传感器传递给变速器，转矩传感器通过液力—机械方式控制接触压力。液力—机械式转矩传感器集成于链轮一内，静态和动态高精确的监控传递到压力缸的实际转矩并建立压力缸的正确油压。

压力缸中合适的油压最终产生锥面链轮接触压力，若接触压力过低，传动链会打滑，这将损坏传动链和链轮，相反，若接触压力过高，会降低效率。

因此，转矩传感器的目的是根据要求建立起尽可能精确、安全的接触压力。

转矩传感器主要部件为 2 个滑轮架，每个支架有 7 个滑轨，滑轨中装有滚子。滑轨架一装于链轮一的输出齿轮（辅助变速齿轮副输出齿轮）中，滑轨架二通过花键与链轮一连接，可以轴向移动并由转矩传感器活塞支撑，转矩传感器活塞调整接触压力并形成转矩传感器腔一和腔二，如图 2-34 所示。支架彼此间可径向旋转，将转矩转化为轴向力（因滚子和滑轨几何关系），此轴向力施加于滑轨支架二并移动转矩传感器活塞，活塞与支架接触。转矩传感器活塞控制凸缘关闭或打开转矩传感器腔输出端。

注意：转矩传感器产生的轴向力作为控制力与发动机转矩成正比。压力缸中建立的压力与控制力成正比。

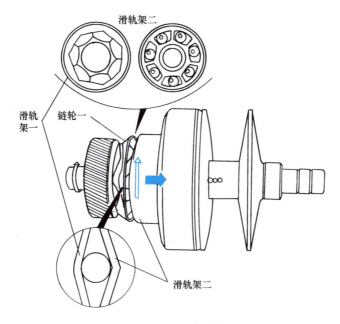

图 2-33　转矩传感器

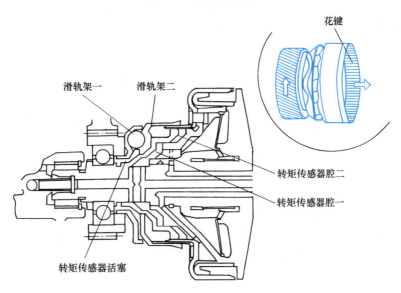

图 2-34　转矩传感器内部结构简图

转矩传感器腔一直接与压力缸相通，按系统设计，发动机转矩产生的轴向力与压力缸内的压力达到平衡，如图 2-35 所示。

汽车稳定运行的情况下，出油孔只部分关闭，打开排油孔（转矩传感器）后压力下降，调节压力缸内的压力。若输入转矩提高，控制凸缘进一步关闭出油孔，压力缸内压力升高，直到建立起新的力平衡。若输入转矩下降，出油孔进一步打开，压力缸内压力降低，直至恢复力平衡。

转矩达到峰值时，控制凸缘完全关闭出油孔，若转矩传感器进一步移动，将会起到油泵作用，此时被排出的油使压力缸内的压力迅速上升，这样就毫无延迟地调整接触压力。

5. 传动链轮依据变速比的接触压力适配

锥面链轮产生的接触压力不仅取决于输入转矩，还取决于传动链跨度半径，此二者确定了变速器的实际变速比。起动时要求接触压力最大，链轮一的传动链跨度半径最小。为传递动力，尽管输入转矩高，却只有少量的摩擦片衬片啮合，因此链轮产生了很高的接触压力。

6. 功能和工作模式

与变速比有关的接触压力在转矩传感器腔二内被调整（图2-35）。提高或降低转矩传感器腔二内的压力，压力缸内的压力也发生变化。转矩传感器腔二内的压力受链轮一轴上的两个横向孔控制，该孔通过变速器锥面链轮的轴向位移关闭或打开。当变速器位于起动转矩档时，横向孔打开，转矩传感器腔二泄压。变速器换到"高转速"档时，横向孔立即关闭，若为一标定的减速比，左侧横向孔打开，此时通过相关的可变锥面链轮孔与压力缸相通。此时油压从压力缸传入转矩传感器腔二，该压力传感器克服转矩传感器的轴向力并将转矩传感器活塞向左移动。控制凸缘进一步打开出油孔，减少压力缸内的油压，如图2-36所示。

双级压力适配的主要优点为，中间档位范围可利用低接触压力提高效率。

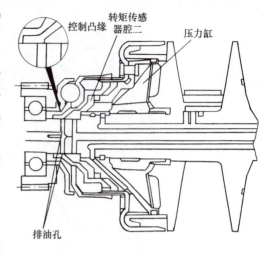

图2-35 转矩传感器

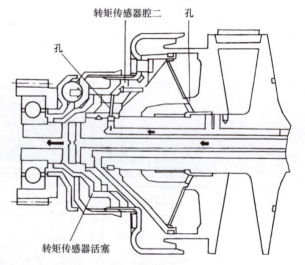

图2-36 转矩传感器

7. 润滑系统

位于链轮二上的飞溅式润滑油罩盖是变速器又一个独特的结构，它可阻止压力缸建立起动态压力，其结构如图2-37所示。在发动机转速很高时，压力缸内变速器油承受很高的旋转离心力，使其压力上升，此过程称为"动态压力建立"。动态压力建立不是我们所希望的，它会不恰当地提高接触压力，并对传动控制产生有害的影响。

封闭在飞溅润滑油罩盖内的油承受与压力缸内油相同的动态压力，这样，压力缸内的动态压力得到补偿。飞溅润滑油通过燃油喷射孔直接从液压控制单元处获得润滑油，通过此孔，润滑油连续喷入飞溅润滑油腔入口。飞溅润滑油腔容积减少（当改变传动比时），使润滑油从供油入口排出。

8. 液压控制单元

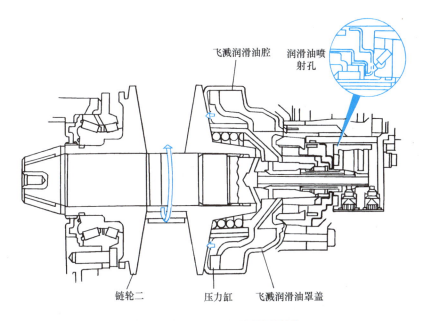

图 2-37　飞溅式润滑油罩盖的结构

新的改进结构为油泵、液压控制单元(阀体)和变速器控制单元集成为一个小型的不可分单元。液压控制单元和变速器控制单元直接插接在一起。

液压控制单元由手动换档阀、9个液压阀和3个电磁压力控制阀组成，如图2-38和图2-39所示。

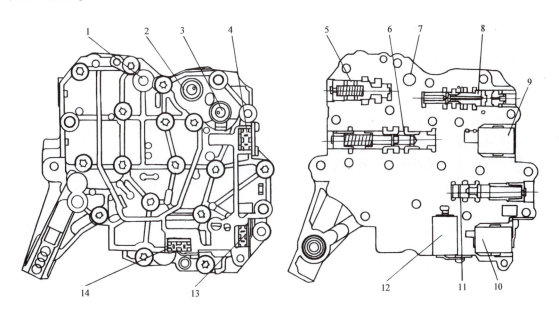

图 2-38　液压控制单元(一)

1、7—DBV1限压阀　2—连接G193　3—连接G194　4—电磁阀N215插头　5—MDV最小压力阀　6—KKV离合器冷却阀　8—KSV离合器控制阀　9—电磁阀N215　10—电磁阀N216　11—VSTV输导压力值　12—电磁阀N88　13—电磁阀N216插头　14—电磁阀N88插头

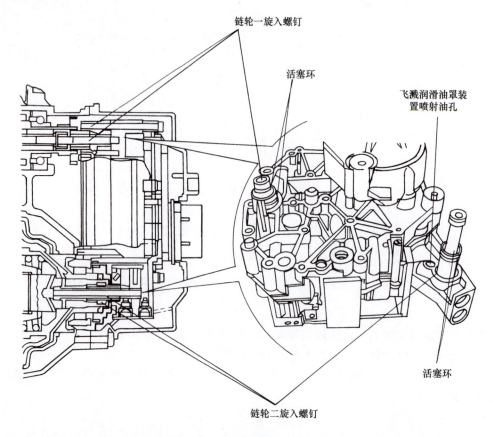

图 2-39 液压控制单元(二)

液压控制单元完成下述功能：前进档-倒档制动器控制、调节离合器压力、冷却离合器、为接触压力控制提供液压油、传动控制、为飞溅润滑油罩盖供油。

液压控制单元通过"旋入螺钉"的零件直接与链轮一或链轮二相连接。

为了保护部件，限压阀 DBV1 将最高压力限制在 8200kPa。通过 VSTV，向压力控制阀提供一个恒定的 500kPa 输导控制压力。

MDV 最小压力阀的作用是防止起动时油泵吸入发动机进气。

当油泵输出功率高时，MDV 最小压力阀打开，允许润滑油从回油管流到油泵吸入侧，提高油泵效率。

VSPV 施压阀位置如图 2-40 所示，它控制系统压力，在特定功能下，始终提供足够油压(应用接触压力或调节压力)。

电磁阀 N88、N215 和 N216 在设计上称为"压力控制阀"，它们将控制电流转变成了相应的控制压力，如图2-41所示。

N88 电磁阀有两个功能：控制离合器冷却阀(KKV)和溢流阀(SIC)。

电磁阀 N215(自动变速器压力调节阀一)激活离合器控制阀(KSV)。

电磁阀 N216(自动变速器压力调节阀二)激活减压阀。

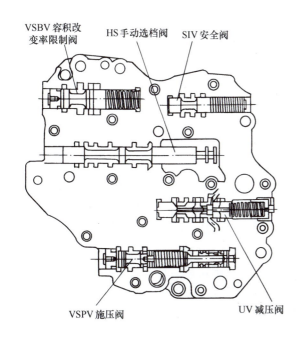
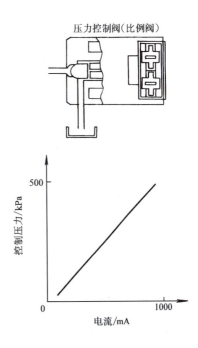

图 2-40　VSPV 施压阀的位置　　　　图 2-41　压力控制阀控制图

9. 变速器壳体/通道和密封系统

01J 装了一种新型骨架式密封环系统。由骨架式密封环压力缸和主链轮装置、副链轮装置和前进档离合器活塞的可变排量缸组成，其结构如图 2-42 所示。

骨架式密封环系统的优点为：优良的抗磨性，分离压力小，不易磨损，高压压力适配。

为减轻重量，三件式变速器由 AZ91HP 镁合金制成。此合金有很强的防腐性，容易加工，并且比传统的铅合金减轻了 8kg 重量。作为一项特点，ATF 不是像通常自动变速器那样通过壳体通道进行分配，而是通过专用的导管。轴向密封元件用于密封管插头，压力管和轴向密封元件有 2 个密封唇，可提供更高的接触压力（液压油产生的结果），因此能可靠密封管路。利用此技术可以毫无困难地密封对角管路（如与倒档制动器连接的压力管），油泵吸入端安装的轴向密封元件带有密封垫圈，通过接触压力效能来密封安装，如图 2-43 所示。

双槽形密封环将主减速器储油器和 ATF 储油器分隔开，阻止 ATF 流入主减速器储油器或主减速器油流入 ATF 储油器。

10. 油路图

油路图如图 2-44 所示。

DDV1 差压阀和 ATF 滤清器一结构如图 2-45 所示。

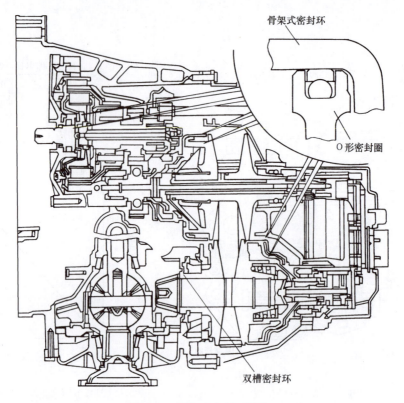

图 2-42 骨架式密封环结构

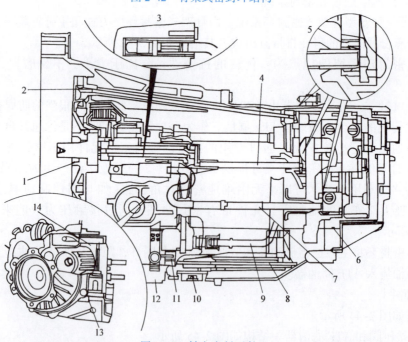

图 2-43 轴向密封元件

1—吸入口 2—倒档制动器压力管 3—带 ATF 滤网的差压阀 DDV1 4—前进档离合器压力管 5—轴向密封件 6—ATF 位 7—来自 ATF 冷却器的回油管 8—ATF 滤清器 9—吸气喷射泵压力管 10—放油螺塞 11—吸气喷射泵 12—ATF 检查塞 13—回油孔 14—双槽密封环花键

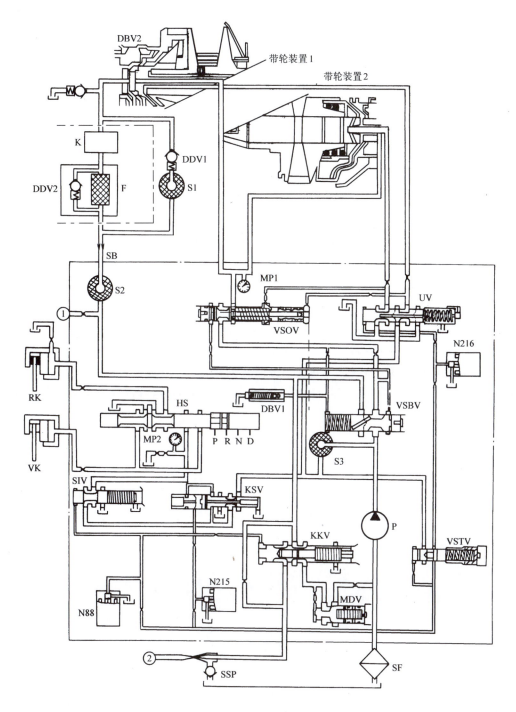

图 2-44 油路图

DBV1—限压阀一　DBV2—限压阀二　DDV1—差压阀一　DDV2—差压阀二　F—ATF 滤清器　HS—手动选档阀　K—ATF 冷却器　KKV—离合器冷却阀　KSV—离合器控制阀　MP1—接触压力测试点（由 G194 监测）　MP2—离合器压力测试点（由 G193 监测）　N88—电磁阀　N215—电磁阀　N216—电磁阀　P—油泵　P R N D—变速杆位置　RK—倒档离合器　S1—ATF 滤清器一　S2—ATF 滤清器二　S3—ATF 滤清器三　SB—链轮润滑/冷却喷孔　SF—ATF 滤清器　SIV—溢流阀　SSP—吸气喷射泵　UV—减压阀　VK—前进档离合器　VSBV—体积改变率限制阀　VSOV—施压阀　VSTV—输导压力阀　①—飞溅润滑油罩盖　②—到离合器

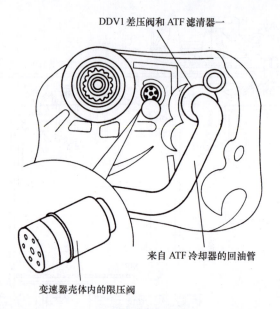

图 2-45　DDV1 差压阀和 ATF 滤清器一结构

> 讨论：比较电控机械无级自动变速器（CVT）与电控液力自动变速器的特点。

单元三　双离合器自动变速器

任务内容

任务一　介绍双离合器自动变速器
任务二　检修双离合器自动变速器

学习目标

通过本单元的学习掌握双离合器自动变速器的特点、结构、原理、检修等基本知识，并能灵活地加以应用。

➢ 能够向客户介绍双离合器自动变速器的特点及其基本工作原理。
➢ 能够对双离合器自动变速器进行一般检修。

任务一　介绍双离合器自动变速器

一、双离合器自动变速器的特点

双离合器自动变速器（Dual Clutch Transmission，DCT），也叫直接换档变速器（Direct Shift Gearbox，DSG）。双离合器自动变速器是基于手动变速器发展而来的，其工作原理是通过将变速器档位按奇、偶数分开布置，分别与两个离合器连接，通过切换两个离合器的工作状态，就可以完成换档动作。

典型四档双离合器自动变速器在 1 档时的动力传递路线如图 3-1 所示。双离合器自动变速器有两组离合器，前进档、倒档每个档位都有同步器操作模式，也可以实现手/自动一体换档模式。

双离合器变速器结构的主要特点是：
1) 基本结构与手动换档变速器一样。
2) 齿轮组支承在三根轴上。
3) 有两个离合器。
4) 通过变速器的控制和执行机构来操纵离合器和换档机构。

双离合器变速器性能方面的优点是：效率高，换档时没有牵引力中断，能跳过一个档，具有良好的换档品质和车辆动力性、经济性；其缺点是：体积较大，支承力大，结构粗实。

二、双离合器自动变速器的基本结构与工作原理

将排列各档的齿轮分为偶数档齿轮和奇数档齿轮两组。尽管双离合器变速器与常规的中

间轴换档变速器的基本排列相似，但它们间的根本区别是双离合器变速器的主轴是分开的，即一根是实心轴，一根是套在实心轴外面的空心轴。实心轴与空心轴靠齿轮组连接在一起。在变速器输入端的实心轴和空心轴都装有离合器。因为在换档时嵌入两个档位（即主动档和预选的相邻档位），所以能在两个档位间迅速换档，如同液力自动变速器那样而没有牵引力中断。

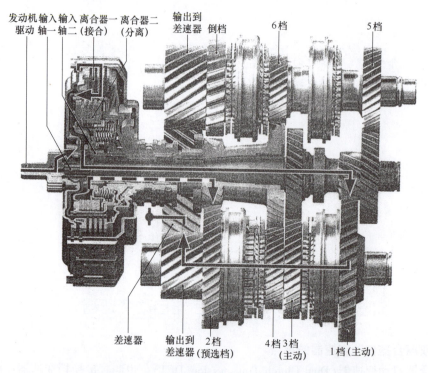

图 3-1　双离合器变速器在 1 档时的动力传递路线

任务二　检修双离合器自动变速器

下面以大众公司迈腾轿车 6 档 02E DSG 为例介绍其结构原理，为故障诊断与检修打下基础。

一、工作原理

图 3-2 所示为一汽大众公司迈腾轿车 6 档 02E DSG 外观，其工作原理如图 3-3 所示。主要组成有 K1、K2 两个湿式离合器，以及按奇、偶数档位分别与两个离合器布置连接的变速器齿轮组。

在图 3-3 中，1 档、3 档、5 档、R 位与离合器 K1 连接在一起，2 档、4 档、6 档连接在离合器 K2 上。当车辆以某一个档位运行时，下一个即将进入运行的档位可以始终处于啮合状态；当达到下一个档位的换档点时，只需将正处于接合状态的离合器分离，将处于分离状态的离合器接合，即切换两个离合器的工作状态，就可以完成换档动作。由于在两个离合器的切换过程中只会使发动机动力传递出现一个减弱的过程，而不需要完全切断动力传递，因此，DCT 实现的是动力换档，其换档过程与 AT 的换档过程基本类似。

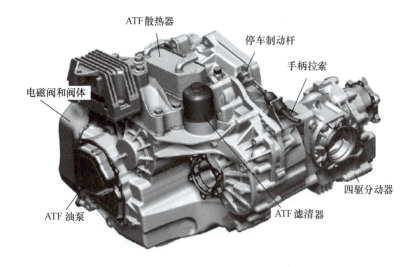

图 3-2 一汽大众迈腾轿车 6 档 02E DSG 外观

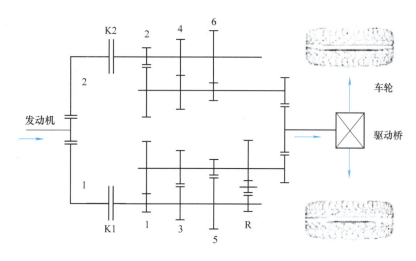

图 3-3 一汽大众迈腾轿车 6 档 02E DSG 工作原理

二、系统组成

DSG 主要由传动机构、液压控制系统、电控系统等组成。电控系统的功能与其他类型电控自动变速器类似，下面重点介绍传动机构与液压控制系统。

1. 传动机构

图 3-4 所示是一汽大众迈腾轿车 6 档 02E DSG 的内部结构。内部传动机构如图 3-5 所示。

DCT 主要包括带扭转减振器的湿式离合器系统、按 DCT 工作原理配置的变速器及换档系统和相应的控制系统。

由于在 DCT 中没有使用液力变矩器等可以吸收系统振动的元件，所以需要采用扭转减振器来吸收系统的扭转振动。在 DCT 系统中，可以采用普通的单级或多级扭转减振器，其安装位置在发动机飞轮与 DCT 动力输入部件之间，因此需要将飞轮的转动惯量与 DCT 动力输入件的惯量综合匹配，并确定系统的扭转刚度来设计扭转减振器。但是，为了使整车实现

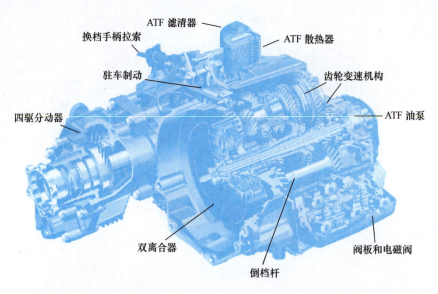

图 3-4　一汽大众迈腾轿车 6 档 02E DSG 内部结构

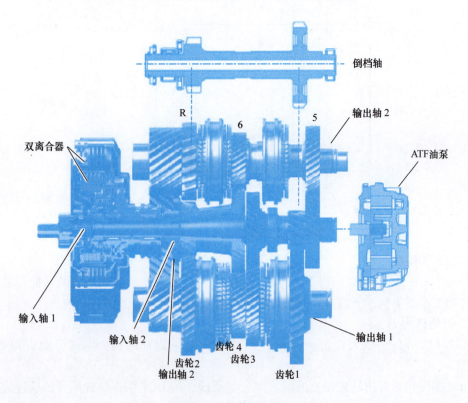

图 3-5　内部传动机构

更高的舒适性，可以将扭转减振系统设计为带有双质量飞轮式的扭转减振器，这样可以非常有效地控制汽车动力传动系统的扭转振动及噪声。

2. 液压控制系统

液压控制系统主要负责接收电控系统的控制指令，对离合器和变速器的换档机构进行操纵。液压控制系统主要包括双离合器控制部分、换档机构控制部分和冷却部分。

在 DCT 中，既可以采用干式离合器，也可以采用湿式离合器。双离合器控制部分是通过对离合器油缸充入和释放液压油来实现离合器的分离和接合的。离合器油缸通过直接使用电磁阀或采用电磁阀做先导阀进行动作控制，并且也可以使用线性电磁阀对离合器接合实现压力控制，这对实现动力传动系统的转矩控制有利。

在 DCT 中，必须实现换档过程的自动化，这就要增加自动换档机构来完成换档任务，图 3-6 所示为大众迈腾轿车 6 档 02E DSG 换档机构。通常使用一个拨叉、两个油缸（见图 3-7）来控制。每个档有一个同步器。

为了保证换档时拨叉到达指定位置，拨叉位置应受到精确控制。图 3-8 所示是换档拨叉位置精确度控制装置，行程传感器把拨叉位置传给 ECU 确定拨位。

图 3-6　一汽大众迈腾轿车 6 档 02E DSG 换档机构

在 DCT 中，对离合器进行滑差控制将必然产生滑磨热量，使油液温度升高。如果热量不能及时排出去，将使离合器的性能和寿命受到影响，因此要对其提供冷却油路进行散热。

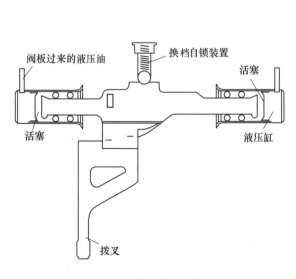

图 3-7　换档拨叉控制

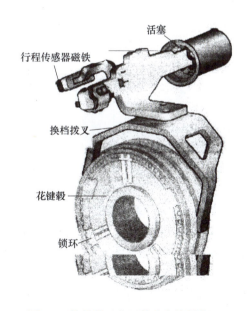

图 3-8　换档拨叉位置精确度控制装置

讨论：比较双离合器自动变速器与电控液力自动变速器的特点。

单元四 电控防抱死制动系统

任务内容

任务一 介绍电控防抱死制动系统
任务二 使用电控防抱死制动系统
任务三 检修电控防抱死制动系统
任务四 比较典型的电控防抱死制动系统

学习目标

通过本单元的学习掌握电控防抱死制动系统(ABS)的特点、结构、原理、使用、检修等基本知识,并能灵活地加以应用。

- 能够向客户介绍电控防抱死制动系统(ABS)的特点及其相关基本知识。
- 将配备电控防抱死制动系统(ABS)的车辆交付给客户时,能够向客户说明电控防抱死制动系统(ABS)的使用与维护方法。
- 能够对电控防抱死制动系统(ABS)进行一般故障的诊断与检修。
- 能够对常见车型典型电控防抱死制动系统(ABS)进行比较。

任务一 介绍电控防抱死制动系统

一、ABS 的功能

汽车防抱死制动系统(Antilock Braking System,ABS)功能是防止汽车制动时车轮出现抱死现象,使车辆具有一定的的方向性和稳定性,并缩短制动距离,能有效地提高行车的安全性。

二、ABS 的理论基础

1. 汽车制动性

制动性能是汽车的主要性能之一。评价制动性能的指标主要有制动效能和制动稳定性。

(1)制动效能 制动效能,即制动距离、制动时间和制动减速度。由汽车理论可知,制动效能主要取决于制动力 F_t 的大小,而制动力不仅与制动器的摩擦力矩有关,而且还受车轮与地面的附着系数的制约,即

$$F_t \leqslant F_\mu = G\varphi_B$$

式中,F_μ 是车轮与路面间的附着力;G 是车轮对路面的垂直载荷;φ_B 是轮胎与路面间的纵向附着系数。即制动力的最大值等于附着力。

当车轮对路面的垂直载荷 G 一定时，制动力的最大值取决于车轮与地面的纵向附着系数 φ_B，而 φ_B 与车轮相对地面的滑移率 S 有关。滑移率 S 为

$$S = (v - v_C)/v \times 100\%$$

式中，v 是车身瞬时速度；v_C 是车轮圆周速度。

纵向附着系数 φ_B 与滑移率 S 的关系如图 4-1 所示。

由曲线可知，纵向附着系数在滑移率为 20% 左右时最大，此时制动力最大。当车轮抱死滑移率为 100% 时，纵向附着系数反而有所下降，因而制动力亦有所下降，即制动效能将下降。

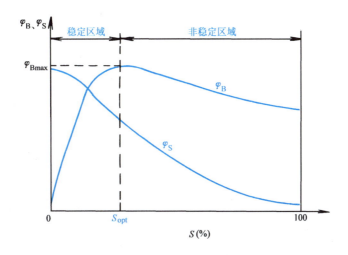

图 4-1　$\varphi\text{-}S$ 曲线：附着系数与滑移率的关系

（2）汽车制动稳定性　制动时汽车的方向稳定性是指汽车在制动时仍能按指定方向的轨迹行驶，即不发生跑偏、侧滑以及失去转向能力。

汽车制动时产生侧滑及失去转向能力与车轮和地面间的横向附着力有关，即与横向附着系数 φ_S 有关，而横向附着系数和车轮与路面的滑移率 S 有关。由图 4-1 可知，当滑移率增大时，横向附着系数减小，当 $S=100\%$，即车轮抱死时，横向附着系数 φ_S 下降至接近于零。此时，车轮在极小的侧向外力的作用下即产生侧滑。转向轮抱死后将失去转向操纵能力。因此，车轮抱死后将导致制动时汽车的方向稳定性变坏。

从以上分析可知，制动时车轮抱死，制动效能和制动时的方向稳定性均将变坏。而如果制动时将车轮滑移率 S 控制在图 4-1 中的 S_{opt} 处，此时纵向附着系数 φ_B 最大，可得到最大的制动力。同时横向附着系数 φ_S 也保持较大值，使汽车具有良好的抗侧滑能力及制动时的转向操纵能力，因而得到最佳的制动效果。

2. 理想的制动控制过程

图 4-2 所示是汽车理想的制动过程。制动开始时让制动压力骤升，滑移率达到 S_{opt} 的时间，即 φ_B 达到最大值 φ_{Bmax} 的时间最短。当达到 S_{opt} 后，随即适当降低制动压力，并使滑移率 S 保持在 S_{opt}，纵向附着系数 φ_B 保持在最大值 φ_{Bmax}，同时横向附着系数 φ_S 也保持较大值。这样既可获得最短的制动距离，又具有良好的抗侧滑能力和转向操纵能力，这种制动控制称为最佳控制。

3. ABS 的功用

ABS 的功用就是使实际制动过程接近于理想制动过程，如图 4-3 所示。

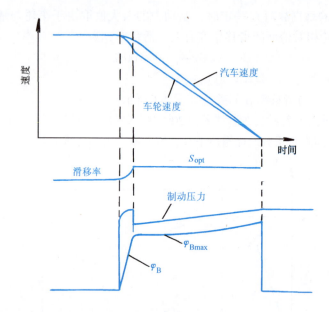

图 4-2 理想的制动过程

在制动时,当车轮滑移率刚刚超过 S_{opt},出现抱死趋势时,ABS 迅速适当降低制动压力,减小车轮制动力矩,使车轮滑移率恢复至略小于 S_{opt} 的附近。随后再次将制动压力提高至使 S 稍微超过 S_{opt} 的附近,又再次迅速降低制动压力,使 S 又恢复至略小于 S_{opt} 的附近。如此反复将车轮滑移率 S 控制在 S_{opt} 附近狭小范围内,以获得最佳的制动效能、制动时的方向稳定性和转向操纵能力。

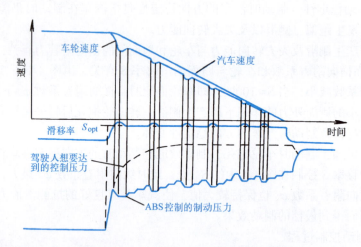

图 4-3 ABS 的理想制动控制过程

三、ABS 的种类

目前,汽车上使用的 ABS 有不同的结构形式,可以按以下方式进行分类。

1. 按 ECU 所依据的控制参数不同分类

(1) 以车轮滑移率 S 为控制参数的 ABS ECU 根据车速和车轮车速传感器的信号计算车轮的滑移率,作为控制制动力的依据。当计算滑移率 S 超出设定值时,ECU 就会输出减小制动力的信号,通过制动压力调节器减小制动压力,使车轮不被完全抱死;当滑移率低于设定值时,ECU 输出增大制动力信号,制动压力调节器使制动力增大。通过这样不断地调整制动压力,控制车轮的滑移率在设定的最佳范围。

这种直接以滑移率为控制参数的 ABS,需要得到准确的车身相对于地面的移动速度信号和车轮转速信号。车轮转速信号容易得到,但取得车身移动速度信号较难。已有用多普勒(Dopper)雷达测量车速的 ABS,但到目前为止,此类 ABS 应用还很少见。

(2) 以车轮角加速度为控制参数的 ABS ECU 根据车轮的车速传感器信号计算车轮角加速度,作为控制制动力的依据。一个是角减速度的门限值,作为被抱死的标志;一个是角加速度的门限值,作为制动力过小、车速过高的标志。制动时,当车轮角减速度达到门限值时,ECU 输出减小制动力信号;当车轮转速升高至角加速度门限值时,ECU 输出增加制动力的信号。如此不断地调整制动压力,使车轮不被抱死,处于边滚边滑的状态。

目前汽车上使用的 ABS 基本上都是此种形式。

2. 按制动压力调节器的结构不同分类

1) 机械柱塞式 ABS。

2) 电磁阀式 ABS。

目前,ABS 采用电磁阀式制动压力调节器的较为多见。

3. 按功能和布置形式不同分类

按功能和布置形式不同,分为后轮 ABS 和四轮 ABS。

现代汽车,后轮 ABS 已很少应用,基本上都采用了四轮防抱死制动系统。

4. 按主要生产厂家分类

1) 德国的博世(BOSCH)ABS、戴维斯(Teves)ABS 是目前欧、美、日、韩等国汽车采用最多的 ABS。

2) 美国的邦迪克斯(Bendix)ABS。

3) 美国的达科(Delco)ABS。

4) 日本的 OEM ABS。

5. 按控制通道数目分类

按控制通道数目分为四通道式,三通道式,二通道式,一通道式。

任务二　使用电控防抱死制动系统

一、装备 ABS 的车辆容易出现的一些特殊现象

1) 某些装有 ABS 的汽车,在发动机起动时,踏下制动踏板会弹起,而在发动机熄火时,制动踏板会下沉。这属于 ABS 的正常反应,并非故障现象。比如丰田皇冠汽车的 ABS 制动压力调节器与动力转向器共享一个油泵,在发动机起动,动力转向油泵开始工作时,就会使制动踏板上抬;发动机熄火,动力转向油泵停止工作时,则会使制动踏板下沉。

2) 制动时,转动转向盘,会感到转向盘有轻微的振动。这也是由有的制动压力调节器与动力转向器共享一个油泵所引起的正常反应。

3) 制动时,有时会感到制动踏板有轻微下沉。这是由道路路面附着系数变化,ABS 正常反应所引起的,并非故障现象。

4) 制动时,制动踏板会有轻微振动,这是 ABS 起作用的正常现象。

5) 高速行驶急转弯或在冰滑路面上行驶时,有时会出现制动警告灯亮起的现象。这是上述情况中出现了车轮打滑现象,ABS 产生保护动作引起的,并非有故障。

6) 制动时,ABS 继电器不断地动作,这也是 ABS 起作用的正常现象。

7) 装有 ABS 的汽车,在制动后期,会有车轮被抱死,地面留下拖滑的印痕。这是因为在车速小于 7km/h 时,ABS 将不起作用,属正常现象。但是,ABS 紧急制动时留下的短而淡淡的印痕与普通制动器紧急制动留下的长拖印是截然不同的。

二、制动液与制动液的更换

1. 对 ABS 制动液的要求

ABS 工作时,要以 7~8 次/s 的频率进行减压、保压、增压的循环动作,因此,对制动液的要求比普通制动系统要更高。对 ABS 制动液的基本要求如下:

1) 沸点要高(不低于 260℃),保证制动时不会产生"气阻"。
2) 运动黏度要低,以保证 ABS 工作时"减压-保压-增压"循环动作反应及时。
3) 对金属、橡胶无腐蚀性。
4) 能长期保存、性能稳定,在使用中,高、低温频繁变化时其化学性能应无大的变化。
5) 吸湿沸点要高,吸湿沸点是指制动液在吸湿率(含水量)为 3.5% 时的沸点。

表 4-1 所列的是美国运输部(DOT)的制动液标准。目前,日、美、韩等国的轿车一般都推荐用 DOT3,或与之相当的制动液 DOT4,不推荐在 ABS 中使用硅酮型制动液 DOT5。

表 4-1 DOT 制动液标准

制动液规格	沸点/℃	吸湿沸点/℃	运动黏度/cst
DOT3	205 以上	140 以上	1500 以下
DOT4	230 以上	155 以上	1800 以下
DOT5	260 以上	180 以上	900 以下

2. 制动液的更换

以乙二醇为基液的 DOT3 和 DOT4 制动液,是一种吸湿性较强的液体,一年的吸湿率可高达 3%。不同使用条件和环境,其吸湿率不同。当制动液含有水分后,其沸点下降,制动时易产生"气阻",使制动可靠性下降;含有水分的制动液其腐蚀性也增大了,因此,一般在吸湿率达到 3% 时就应更换制动液。3% 的吸湿率是制动液使用过程中 1~2 年的自然吸湿程度,因此,每两年或一年更换制动液。现在,一些专家提出,ABS 应每年更换一次制动液,以确保制动的可靠性。

任务三 检修电控防抱死制动系统

一、ABS 的结构与工作原理

(一) ABS 的基本组成与工作原理

制动系统由 ABS 和普通的制动系统组成。现在所说的 ABS,通常是单指防抱死电子控制系统。电控 ABS 由传感器、电子控制单元(ECU)和执行机构组成。

电控 ABS 的核心是电子控制单元(ECU)，它通过传感器监视汽车制动时车轮是否抱死。在一般的制动情况下，驾驶人踩在制动踏板上的力较小，车轮不会被抱死，ECU 无控制信号输出，这时，就如同普通的制动系统，制动力完全由驾驶人踩在制动踏板上的力来控制。在紧急制动或是在松滑路面行驶时制动，车轮将要被抱死的情况下，ECU 就会输出控制信号，通过执行机构（即制动压力调节器）控制制动器的制动力，使车轮不被抱死。

（二）ABS 的控制方式

目前液压制动系统汽车和气压制动系统汽车都有采用 ABS 的，下面主要介绍液压制动系统 ABS 的控制方式。

1. 四传感器四通道/四轮独立控制

四轮独立控制如图 4-4a 所示。该控制系统是通过各车轮车速传感器的信号分别对各车轮制动压力进行单独控制。

该控制系统的制动距离和操纵性最好，但在附着系数不对称路面上制动时的方向稳定性较差，其原因是由于此时同一轴上左右车轮的制动力不同，使汽车产生较大的偏转力矩而产生制动跑偏。

2. 四传感器四通道/前轮独立-后轮选择控制方式

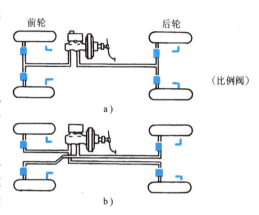

图 4-4　四传感器四通道/四轮独立控制系统
a) 四传感器四通道前后制动管路用
b) 四传感器四通道 X 型制动管路用

四传感器四通道/前轮独立-后轮选择控制方式如图 4-4b 所示，该系统前轮独立控制，而后轮选择方式控制，一般采用低选择控制，即以易抱死的车轮为标准。给两后轮施加相等的制动压力控制车轮转动。此种控制方式用于 X 型制动管路汽车的 ABS 控制系统，因为左右后轮不是同一制动管路，因此需要采用四个通道。此种形式的操纵性、稳定性较好，制动效能稍差。

3. 四传感器三通道/前轮独立-后轮低选择控制方式

前轮独立-后轮低选择控制方式如图 4-5 所示，该系统用于制动管路前后布置形式的后轮驱动汽车。由于采用四个车速传感器，检测左右后驱动轮的轮速，实现低选择控制方式，其性能与控制方式 2 相同，操纵性、稳定性较好，制动性能稍差。

4. 三传感器三通道/前轮独立-后轮低选择控制方式

三传感器三通道/前轮独立-后轮低选择控制方式，如图 4-6 所示。该系统用于制动管路前后布置后轮驱动的汽车，前轮各有一个转速传感器，独立控制。而后轮轮速则由装于差速

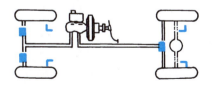

图 4-5　四传感器三通道/前轮独立-后轮低选择控制系统

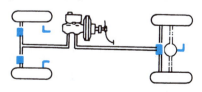

图 4-6　三传感器三通道/前轮独立-后轮低选择控制系统

器上的一个测速传感器检测，按低选择的控制方式用一条制动管路对后轮进行制动控制，其性能与第 3 种方式相近。

5. 四传感器二通道/前轮独立控制方式

四传感器二通道/前轮独立控制方式如图 4-7 所示，该控制方式多用于 X 型制动管路汽车的简易控制系统。前轮独立控制，制动液通过比例阀（PV 阀）按一定比例减压后传至对角后轮。此种控制方式的汽车在不对称的路面上制动时，如图 4-8 所示，高附着系数 φ 路面一侧前轮产生高制动压力，通过管路传至低附着系数 φ 路面一侧的后轮，该侧后轮则抱死。而低附着系数 φ 路面一侧前轮制动压力较低，经管路传至高附着系数 φ 路面一侧的后轮，高 φ 侧后轮则不抱死。这样能提高汽车制动时的方向稳定性。但与三通道、四通道的控制系统相比，其后轮制动力稍有降低，制动效能稍有下降，但后轮侧滑较小。

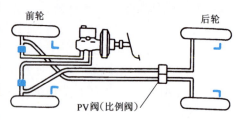

图 4-7 四传感器二通道/前轮独立控制方式

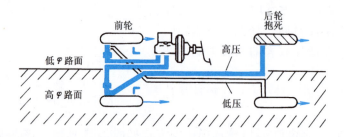

图 4-8 四传感器二通道/前轮独立控制系统的制动情况

6. 四传感器二通道/前轮独立-后轮低选择控制方式

四传感器二通道/前轮独立-后轮低选择控制方式如图 4-9 所示，该系统在通往后轮的两通道上增设一个低选择阀（SLV）。当汽车在不对称路面制动时，高 φ 侧前轮的高压不直接传至低 φ 侧对角后轮，而通过低选择阀只升至与低 φ 侧前轮相同的压力，这样就可以避免低 φ 侧后轮抱死，如图 4-10 所示，此种控制方式更接近三通道或四通道的控制效果。

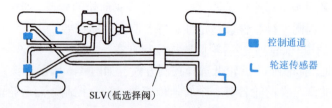

图 4-9 四传感器二通道/前轮独立-后轮低选择控制系统

7. 一传感器一通道/后轮近似低选择控制系统制动方式

一传感器一通道/后轮近似低选择控制系统制动方式如图 4-11 所示。该控制方式用于制动管路前后布置的汽车，只对后轮进行控制。一个传感器装于后桥差速器上，只对后轮采用近似低选择的控制方式。由于前轮无控制，故易抱死，转向操纵性差，制动距离较长。

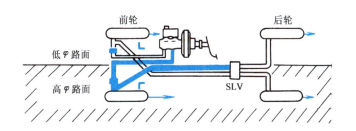

图 4-10 四传感器二通道/前轮独立-后轮低选择控制方式

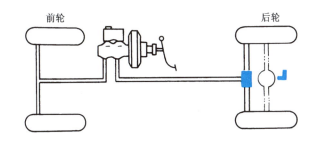

图 4-11 一传感器一通道/后轮近似低选择控制方式

（三）车速传感器

车速传感器由传感头和齿圈等组成，如图 4-12 所示。传感头从外形上可分为凿式极轴车速传感头、柱式极轴车速传感头和菱形极轴车速传感头等，如图 4-13 所示。

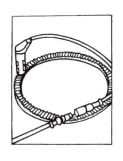

图 4-12 车速传感器的外形

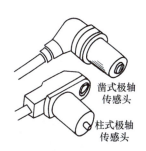

图 4-13 车速传感器的传感头

传感头的内部结构和传感器的工作原理，如图 4-14 所示。车速传感头的极轴 5 被传感线圈 4 所包围，并直接安装于齿圈 6 的上方。

齿圈固装在轮毂上（特殊情况也可装在后桥上），极轴与永磁体 2 相连接，磁体的磁通延伸到齿圈，并与它构成磁路。当齿圈旋转时，齿顶和齿隙轮流交替对向极轴，此时磁通发生迅速变化，并切割传感线圈，于是在线圈 4 中产生感应电动势，并由线圈末端通过电线传输，送至 ECU，该电压变化的频率便能精确地反映出车轮速度的变化。

对于极轴形状不同的传感头，其相对于齿圈的安装方式也不同，如图 4-15 所示。菱形极轴车速传感器头一般径向垂直于齿圈安装。凿形极轴车速传感器头其轴向相切于齿圈安装。而对于柱形极轴来说，其安装方式则需将其轴向垂直于齿圈。

为了保证传感器无错误信号输出，安装车速传感器时应保证其传感头与齿圈间留有一很

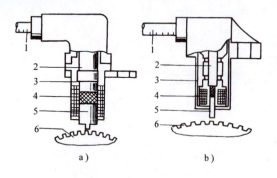

图 4-14 车速传感器头剖视图
a) 凿形极轴车速传感器 b) 柱形极轴车速传感器
1—电缆 2—永磁体 3—外壳 4—感应线圈 5—极轴 6—齿圈

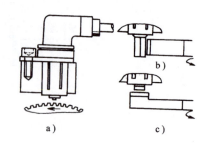

图 4-15 不同极轴形式传感器的安装方式
a) 凿形极轴 b) 菱形极轴 c) 柱形极轴

小的空气隙，约 1mm。另外，要求安装要牢固，只有这样，才能确保汽车在制动过程中的振动不会干扰或影响传感信号，做到正确无误地输出。为了避免灰尘与飞溅的水、泥等对传感器工作的影响，在安装前需将传感器加注润滑脂(如黄油)。

一般汽车前轮上的传感器被固定在车轮转向架上，带齿圈的转子安装在车轮轮毂上，与车轮同步转动。而汽车后轮上的车速传感器则被固定在后车轴支架上，转子安装在驱动轴上，与车轮同步转动。

当转子随车轮转动时，带齿的转子与传感器之间的空气隙发生变化，使磁电传感器中磁路的磁通发生变化，从而切割传感线圈产生交流电，交流电频率随转子的转速快慢而变化。根据磁电传感器所感应出的交流电频率，电子控制单元(ECU)就能计算出该转子或车轮的转速。图 4-16 所示为车轮车速传感器输出的电压信号波形。

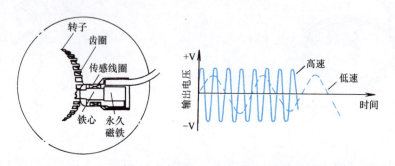

图 4-16 车轮车速传感器输出的电压信号波形

（四）加速度传感器

ABS 控制系统最重要的控制参数是车速(汽车行驶速度)，以往设计的 ABS 都是根据汽车车轮的最大转速来估算车速的。随着对制动时的车速计算尽可能精确的要求，目前一些新设计的 ABS 采用了 G(加速度)传感器。通过此传感器可以对由车轮转速计算出来的车速进行补偿，使汽车制动时滑移率的计算更加精确。G 传感器有水银型、摆型和应变仪型。图 4-17 中显示了这三种形式的传感器的结构。

（五）制动压力调节器

制动压力调节器的功用是接收 ECU 的指令，通过电磁阀的动作来实现车轮制动器制动

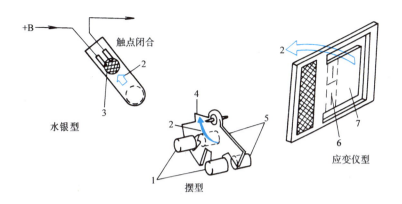

图 4-17 三种加速度(G)传感器的结构
1—光敏管 2—减速度力的方向 3—水银 4—摆动板
5—发光二极管 6—应变片 7—悬臂

压力的自动调节。根据用于不同制动系统的 ABS，制动压力调节器主要有液压式、气压式和空气液压加力式等。现代轿车制动系统主要是液压式，以下主要介绍液压式制动压力调节器。

液压式制动压力调节器主要由电磁阀、液压泵和蓄能器等组成。制动压力调节器串联在制动主缸和轮缸之间，通过电磁阀直接或间接地控制轮缸的制动压力。

电磁阀直接控制轮缸制动压力的制动压力调节器，称作循环式调节器；间接控制制动压力的制动压力调节器称为可变容积式调节器。

1. 循环式制动压力调节器

（1）循环式制动压力调节器的结构　此种形式的制动压力调节器是在制动总缸与轮缸之间串联进一个电磁阀，直接控制轮缸的制动压力。回油泵的作用是当电磁阀在"减压"过程中，从制动轮缸流出的制动液经蓄能器由回油泵泵回制动主缸。蓄能器也叫储液器，其作用是当电磁阀在"减压"过程中，从轮缸流出的制动液由蓄能器暂时储存，然后由回油泵泵回主缸。循环式制动压力调节器的基本结构如图 4-18 所示。

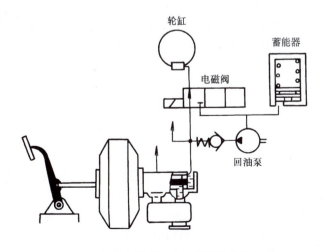

图 4-18 循环式制动压力调节器的基本结构

1）电磁阀。循环式制动压力调节器的电磁阀多采用三位三通电磁阀（3/3电磁阀）。在四通道制动控制系统中每个轮缸有一个3/3电磁阀；在三通道制动控制系统中，每个前轮有一个3/3电磁阀，两后轮共享一个3/3电磁阀。

电磁阀线圈受ECU的控制。阀上有三个孔分别通制动主缸、车轮轮缸和蓄能器。电磁线圈流过的电流受ECU控制，能使阀处于"升压"、"保压"、"减压"三种位置，即"三位"，如图4-19所示。

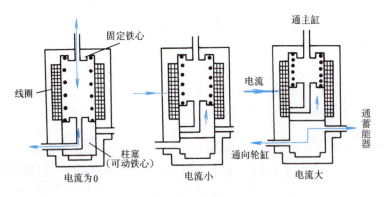

图4-19　3/3电磁阀基本结构与工作原理

2）回油泵与蓄能器。回油泵及蓄能器的结构如图4-20所示。回油泵多为柱塞泵，由电动机带动凸轮驱动，泵内有两个单向阀，上阀为进油阀，下阀为出油阀。柱塞上行时，轮缸及蓄能器的液压油推开上进油阀进入泵体内。柱塞下行时，首先封闭进油孔，继而使泵腔内压力升高，推开出油阀，将制动液压回制动主缸。

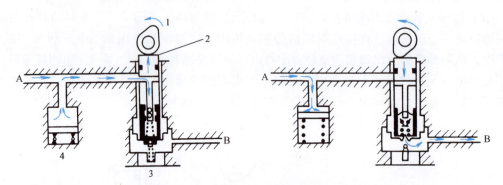

图4-20　回油泵与蓄能器

A—来自轮缸的制动液　B—泵往主缸的制动液

1—凸轮　2—油泵柱塞　3—油泵　4—蓄能器

蓄能器为一个内装活塞和弹簧的油缸，位于电磁阀与回油泵之间。由轮缸流入的液压油进入蓄能器作用于活塞，进而压缩弹簧使蓄能器容积变大，以暂时储存制动液。有的蓄能器也采用气囊式蓄能器，如图4-21所示。在容器中有气囊将容器分隔为两腔，气囊后部充有氮气，上腔与回油泵和电磁阀回油口相连。从轮缸流入的液压油进入气囊上腔，液压油作用在气囊上使气体压缩，上腔容积增大，以暂时储存制动液和能量。

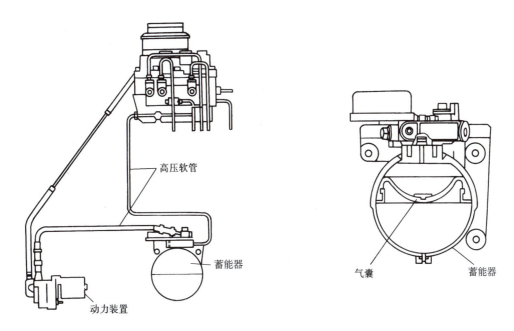

图 4-21 气囊式蓄能器

（2）循环式制动压力调节器的工作过程　汽车在制动过程中，ECU 控制流经制动压力调节器电磁线圈的电流大小，使 ABS 处于"升压"、"保压"和"减压"三种状态。

1）升压（常规制动）。如图 4-22 所示，电磁线圈中无电流通过，电磁阀处于"升压"位置。此时制动主缸与轮缸相通，由制动主缸来的制动液直接进入轮缸，轮缸压力随主缸压力增减，ABS 不工作，回油泵也不工作。

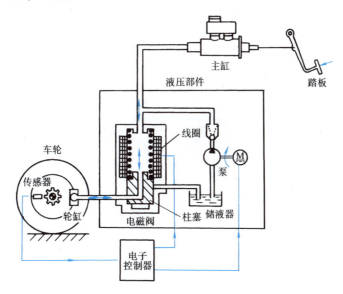

图 4-22 常规制动（升压）过程

2）保压。当ECU向电磁线圈通入一个较小的保持电流(约为最大电流的1/2)时,电磁阀处于"保压"位置,如图4-23所示。此时主缸、轮缸和回油孔相互隔离密封,轮缸中保持一定制动压力。

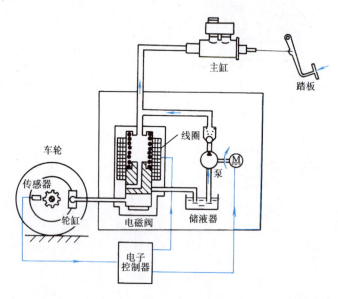

图4-23 保压过程

3）减压。当ECU向电磁线圈通入一个最大电流时,电磁阀处于"减压"位置。此时电磁阀将轮缸与回油通道或蓄能器接通,轮缸中的制动液流经电磁阀进入蓄能器,轮缸压力下降,如图4-24所示。

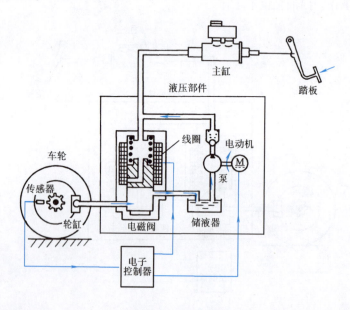

图4-24 减压过程

(3) 应用实例 图4-25所示为丰田雷克萨斯LS400ABS制动压力调节器的外形结构,系统油路如图4-26所示。3/3电磁阀由三位阀、电磁线圈和单向阀等组成,如图

4-27 所示。

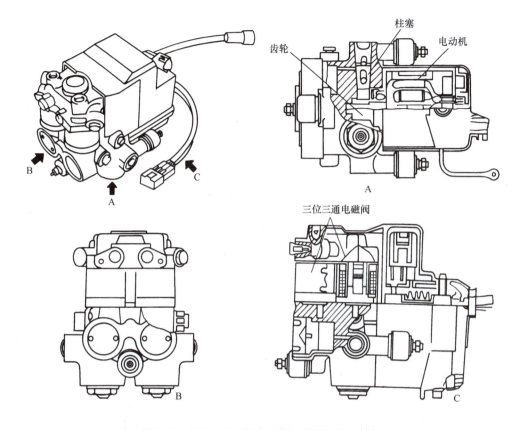

图 4-25　LS400ABS 制动压力调节器的外形结构

阀体上有三个管接头，管路 A 来自制动主缸，管路 B 通往轮缸，管路 C 通往蓄能器。电磁线圈受 ECU 控制，通以不同大小的电流，使三位阀处于"升压"、"保压"和"减压"三种位置，以控制三条通道的连通状态。

1）升压。如图 4-27a 所示，此时线圈无电流通过，阀体在上弹簧的弹力作用下停留在最下端位置，其下端的阀门在弹簧弹力的作用下将通往蓄能器的通道 C 封闭，同时上端阀门被打开，来自制动主缸的液压油从 A 通道，直接进入 B 通道而流入轮缸，轮缸压力升高。

2）保压。如图 4-27b 所示，当电磁阀由 ECU 提供 2A 的小电流时，在电磁线圈电磁力的作用下，阀体克服上弹簧的弹力上升到中间位置。将上端阀门关闭，而下端阀门在下弹簧的作用下仍保持关闭状态。此时 A、B、C 三条通道互不相通，轮缸保持一定压力。

3）降压。如图 4-27c 所示，电磁线圈由 ECU 提供 5A 的大电流时，电磁力将使阀体进一步克服上弹簧弹力而上升到最高位置。此时上端阀门在下弹簧作用下仍处于关闭状态，而下端阀门则被打开，使 B、C 通道连通，轮缸油压由 B、C 通道流入蓄能器，轮缸压力下降。

3/3 电磁阀的三种工作状态可见表 4-2。

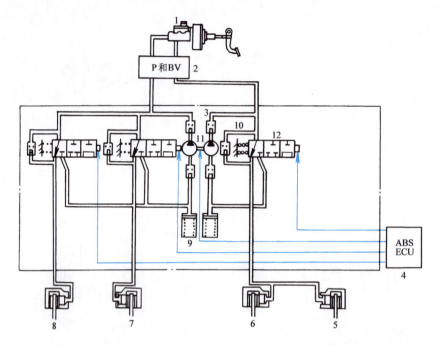

图 4-26 系统油路

1—主缸 2—比例分配阀 3—ABS 压力调节器 4—ABS ECU 5—右后制动轮缸 6—左后制动轮缸 7—右前制动轮缸 8—左前制动轮缸 9—蓄能器 10—单向阀 11—油泵 12—三位三通电磁阀

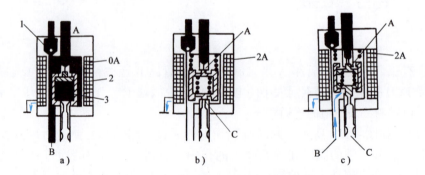

图 4-27 3/3 电磁阀结构及三种位置

a) 升压时位置 b) 保压时位置 c) 降压时位置

1—单向阀 2—线圈 3—三位阀 A—通主缸 B—通轮缸 C—到蓄能器

表 4-2 3/3 电磁阀工作状态

工 作 状 态	电磁线圈通电情况	阀门开闭情况	通道连通情况
升压	无电流	上阀门开启 下阀门关闭	A→B
保压	2A 电流	上阀门关闭 下阀门关闭	A、B、C 各不相通
降压	5A 电流	上阀门关闭 下阀门开启	B→C

2. 可变容积式压力调节器

可变容积式压力调节器，是在汽车原有制动系统管路上增加一套液压控制装置，用它控制制动管路中容积的增减，从而控制制动压力的变化。该种压力调节系统的特点是制动液压油路和 ABS 控制液压油路是相互隔开的。

（1）工作过程 图 4-28 所示为可变容积式制动压力调节器的基本结构，主要由电磁阀、控制活塞、液压泵、蓄能器等组成。其基本工作原理如下：

1）常规制动。如图 4-28 所示，常规制动时，电磁线圈无电流流过，电磁阀将控制活塞工作腔与回油管路接通，控制活塞在强力弹簧的作用下推至最左端。活塞顶端推杆将单向阀打开，使制动主缸与轮缸的制动管路接通，制动主缸的制动液直接进入轮缸，轮缸压力随主缸压力变化而变化。此种工作状态是 ABS 工作之前或工作之后的常规制动工况。

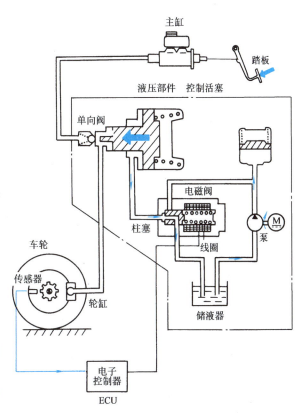

图 4-28 可变容积式调节器的常规制动工作状态

2）减压。如图 4-29 所示，减压时，ECU 向电磁线圈通入一个大电流，电磁阀内的柱塞在电磁力作用下克服弹簧弹力移到右边，将蓄能器与控制活塞工作腔管路接通。蓄能器（液压泵）的液压油进入控制活塞工作腔推动活塞右移，单向阀关闭，主缸与轮缸之间的通路被切断。同时由于控制活塞的右移，使轮缸侧容积增大，制动压力减小。

3）保压。如图 4-30 所示，ECU 向电磁线圈通入一个较小电流，由于电磁线圈的电磁力减小，柱塞在弹簧力的作用下左移至将蓄能器、回油管及控制活塞工作腔管路相互关闭的位置。此时控制活塞左侧的油压保持一定，控制活塞在油压和强力弹簧的共同作用下保持在一定位置，而此时单向阀仍处于关闭状态，轮缸侧的容积也不发生变化，制动压力保持一定。

4）增压。如图 4-31 所示，需要增压时，ECU 切断电磁线圈中的电流，柱塞回到左端的初始位置，控制活塞工作腔与回油管路接通，控制活塞左侧控制油压解除，控制液流回储液器。控制活塞在强力弹簧的作用下左移，轮缸侧容积变小，压力升高至初始值。当控制活塞左移至最左端时，单向阀被打开，轮缸压力将随主缸的压力增大而增大。

（2）应用实例 本田车系 ABS 采用四传感器四通道/四轮独立控制方式，每个车轮有一个制动压力调节器调节制动压力。

调节器由电磁阀、控制活塞、油泵、蓄能器、压力开关等组成。其工作过程如下：

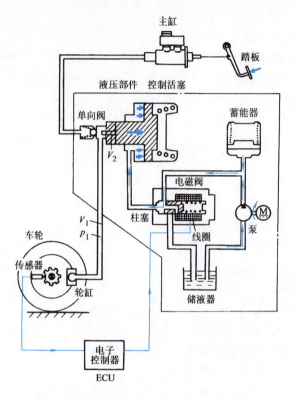

图 4-29 可变容积式调节器的减压工作状态

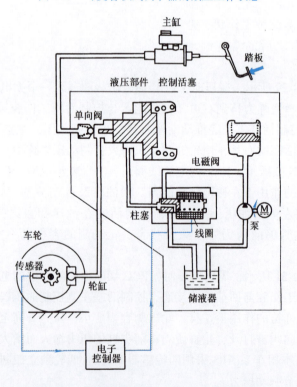

图 4-30 可变容积式调节器的保压工作状态

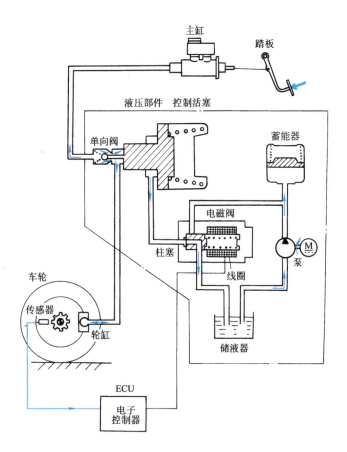

图 4-31 可变容积式调节器的增压工作状态

1) 常规制动(制动压力上升)。如图 4-32 所示,ECU 关断输入阀和输出阀电磁线圈的电路,此时,输出阀打开,输入阀关闭,调节器下端 C 腔与油箱连通,控制活塞在上端主弹簧弹力的作用下下移。当控制活塞下移至将开关阀顶开位置时,将 B 腔与 A 腔连通,由制动主缸来的制动液由 A 腔经开关阀到 B 腔而进入轮缸,轮缸的压力将随主缸的压力变化而变化,即常规制动和升压状态。

2) 减压。减压时,ECU 分别向输出阀和输入阀通入电流,此时输出阀关闭而输入阀打开,从液压泵和蓄能器来的控制液压油由输入阀流入调节器下端的 C 腔,推动控制活塞上移,从而使开关阀关闭,将 A 腔与 B 腔隔离,从而制动主缸来的制动液不再进入 B 腔。由于控制活塞的上移使 B 腔的容积增大,与 B 腔相连的轮缸制动压力下降,如图 4-33 所示。

3) 保压。需要保持轮缸制动压力时,ECU 将输入阀电磁线圈的电流切断,而输出阀电磁线圈仍保持通电。此时输入阀关闭,输出阀仍保持关闭,控制液压油不再流入 C 腔,也不再流出 C 腔,控制活塞保持在一定位置上,B 腔容积不再发生变化,轮缸制动压力保持一定。

4) 踏板反应。在 ABS 工作时的减压过程,由于控制活塞上移使 A 腔容积变小,将 A 腔中的制动液回制动主缸。制动踏板有一个回弹行程,即踏板反应,使驾驶人能感觉到 ABS 工作,如图 4-34 所示。

5) 滑动活塞的作用。在调节器控制活塞杆上端,有一个滑动活塞,其上端有一个弹

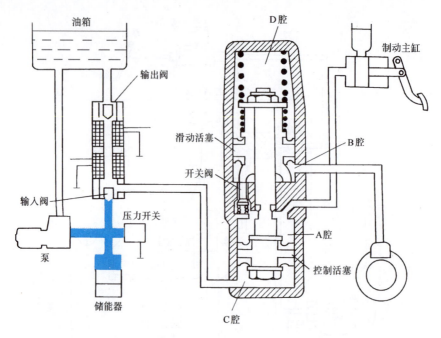

图 4-32 本田 ABS 调节器的常规制动工作状态

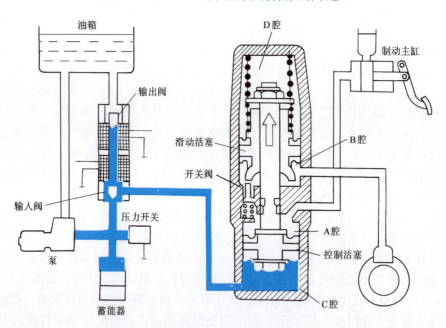

图 4-33 本田 ABS 调节器的 ABS 工作状态

簧,弹簧弹力将使滑动活塞沿控制活塞杆向下移动,而滑动活塞下端受轮缸制动液压力的作用使滑动活塞沿控制活塞杆上移,滑动活塞在弹簧弹力和制动液压力的共同作用下保持在一定位置。

滑动活塞弹簧能阻止滑动活塞上升过高,同时将与 B 腔的压力相平衡,使滑动活塞保持在相应的位置。后轮调节器中控制活塞直径小于滑动活塞直径,这种结构使调节器具有比

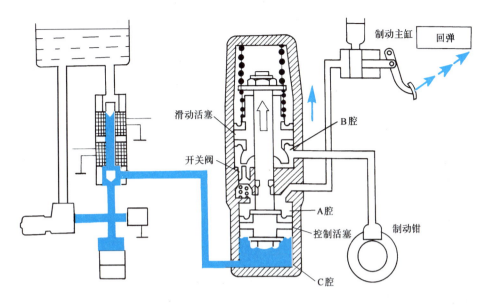

图 4-34 本田 ABS 调节器的踏板反应(回弹)工作状态

例控制阀(PCV)的功能,即可防止在 ABS 未工作时,后轮因紧急制动而抱死,使制动轮缸与主缸的压力按图 4-35 所示变化。其工作过程如下:

① 在压力转折点前。此时由于制动主缸来的制动液压力低于转折点,在滑动活塞弹簧弹力的作用下,滑动活塞下滑而将开关阀打开,来自制动主缸的制动液流入轮缸,轮缸压力随主缸的压力上升而上升,如图 4-36 所示。

② 在转折点处。当来自制动主缸的制动液压力达到转折点时,作用在滑动活塞下端的压力将克服滑动活塞弹簧的弹力而使滑动活塞上移,从而使开关阀关闭,如图4-37 所示。此时,轮缸压力将暂停升高。

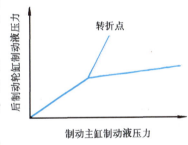

图 4-35 制动轮缸与主缸的压力变化

③ 在转折点之后。随着制动主缸制动液压力的继续升高,A 腔压力随之升高,作用在控制活塞上面的压力将使控制活塞下移而将开关阀又打开,使 A 腔与 B 腔瞬间连通,B 腔压力随之升高又使滑动活塞上移又将开关阀关闭。如此反复动作,使后轮缸的制动压力按图 4-35 所示变化。

电磁阀由输入阀和输出阀组成,各自通过电磁线圈控制其开闭。其功用是控制超出调节器 C 腔的控制液压油的通路。电磁阀的工作状态见表 4-3。

表 4-3 电磁阀的工作状态

工作状态	输出阀		输入阀	
	电路	液压管路	电路	液压管路
制动压力下降	开	断	开	通
制动压力保持	开	断	关	断
制动压力上升	关	通	关	断

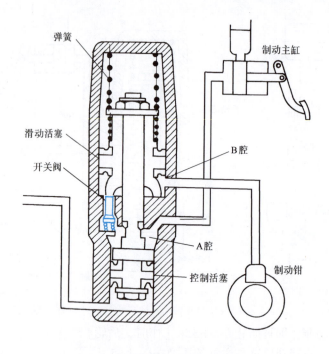

图 4-36 本田 ABS 调节器滑动活塞的功用

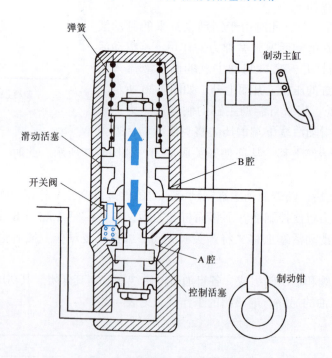

图 4-37 滑动活塞的功用(转折点处)

液压泵的功用与循环式压力调节器中回油泵的功用不同,它主要是用以在控制管路中建立油压,并通过蓄能器使控制管路中始终保持规定的压力。

压力开关装在蓄能器上，如图 4-38 所示。其功用是监测蓄能器中的压力，向 ECU 输入压力信号，从而控制液压泵工作或停止。

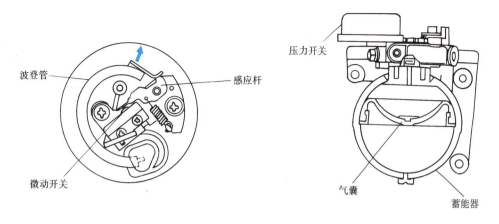

图 4-38　压力开关与蓄能器

（六）电子控制器（ECU）

电子控制器（ECU）是 ABS 的"大脑"，其作用是接收来自于车速传感器和其他传感器的信号，计算出车轮转速、车轮的加减速度、车轮滑移率，并对这些信号进行分析后，以判断车轮是否有抱死趋势，然后向制动压力调节器发出制动压力控制指令，控制压力调节器去执行压力调节的任务。

ABS ECU 的外形及接线如图 4-39 所示，其内部结构如图 4-40 所示，一般由以下几个基本电路组成。

1. 输入级电路

输入级电路主要由一个低通滤波器和用以抑制干扰并放大轮速信号的输入放大器组成，其功用是将车速传感器输入的正弦交流信号转换成脉冲方波，整形放大后输入运算电路。放大单元的个数与车速传感器的数量是一致的。

2. 运算电路

其作用主要是进行车轮转速、车轮加速度、车轮减速度、滑移率等控制参数的计算，以及电磁阀的开启控制运算和监视运算。运算过程是接收由输入放大单元传来的车速传感器脉冲方波信号，并计算出车轮的瞬时线速度，然后对瞬时线速度积分即计算出初始速度，把初始速度与瞬时线速度进行比较运算，即可得到车轮加、减速度和滑移率。最后根据设定的控制方式，计算并产生相应的车轮加、减速度门限控制信号及滑移率门限控制信号，对电磁阀控制单元输出减压、保压或增压控制信号。

3. 输出级电路（电磁阀控制电路）

其作用是接收来自运算电路单元的减压、保压或增压控制信号，并据此对电磁阀的动作进行控制。

4. 安全保护电路

安全保护电路的功用是，首先将汽车电源（蓄电池、发电机）提供的 12V 或 14V 的电压变为 ECU 内部所需的 5V 标准稳定电压，同时还对电源电路的电压是否稳定在规定的范围内进行监控。还将对车速传感器输入放大电路、ECU 和输出级电路的故障信号进行监控，控制

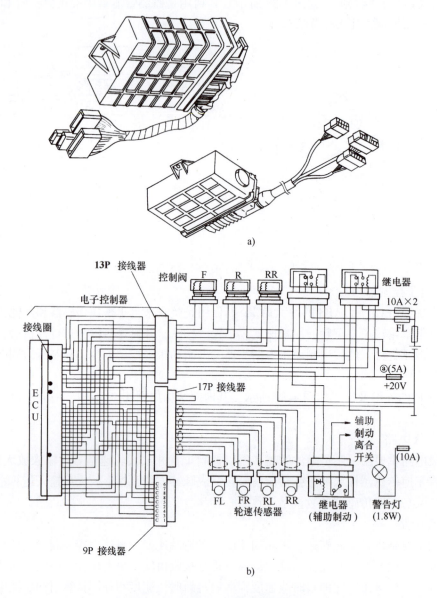

图 4-39 ABS ECU 的外形及接线
a) ABS ECU 外形　b) ABS ECU 的外部接线

继动电机和继动阀门。当出现故障信号时,关闭继动阀门,停止 ABS 工作,转入常规制动状态。同时点亮仪表板上的警告灯,提示驾驶人 ABS 出现故障,并将故障信息以故障码的形式存储在内存中,以供诊断时调取。

二、检修 ABS 的方法

1. 检修 ABS 故障时的注意事项

在诊断 ABS 故障时应注意以下几点:

1) 制动过程中 ABS 工作时,驾驶人会明显感受到制动踏板的回弹,同时也可听到泵和电磁阀的工作声音,这是正常的。

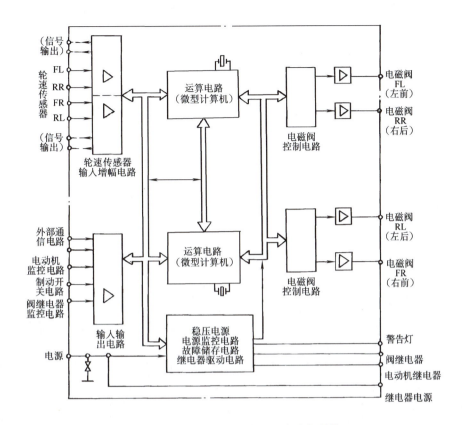

图 4-40　四传感器四通道 ECU 的内部结构

2）在积雪或砂石路面上制动时，有 ABS 的车辆的制动距离会比没有 ABS 的车辆长。这是因为没有 ABS 的车辆在车轮制动抱死时会将道路表面的物质（积雪或碎石）铲起，堆在车轮前面，造成阻力，使制动距离变短。

3）当车辆起动时，ABS 警告灯亮，表示 ABS 正进行系统自检，约 1.7s 后警告灯自动熄灭；若警告灯不灭或在行车中突然点亮，说明 ABS 有故障，此时常规制动系统仍能正常工作；若 ABS 警告灯不亮，但制动效果仍不理想，则可能是系统放气不干净或在常规制动系统中存在故障。

4）在更换液压电子控制单元或出现系统泄漏的情况下，维修后，加液时要特别注意排气，由于常闭阀在断电状态下关闭，在常规排气时第二回路中的气体无法排出，一旦 ABS 起作用，常闭阀打开，第二回路中的空气将会进入整个制动系统，使制动系统变软。因此，在进行常规排气后，必须通过专用仪器 V.A.G1551（或 V.A.G1552）打开常闭阀对第二回路进行排气。

5）更换液压电子控制单元后，必须使用 V.A.G1551（或 V.A.G1552）按规定操作程序输入相应的编码。例如捷达轿车的编码为 03604。否则 ABS 警告灯闪烁，系统不能正常工作。

6）使用电焊机进行焊接之前，必须关闭点火开关，然后从电子控制单元上拔下插头。

7）进行喷漆操作时，电子控制单元可短时间承受最高为90℃的温度，或在较长时间内承受85℃的温度(约2h)。

8）拆卸液压单元前，必须切断蓄电池搭铁线。

9）接上了检测仪后，汽车不准行驶。

10）对ABS修理前，为了检查毛病，先用V.A.G1551查询故障存储。

11）防抱死制动系统工作区域必须绝对清洁，绝不要使用含矿物油的物质及汽油、稀释剂等类似的清洁剂，同时还要注意不要让制动液流到线束插头内；拆下的元件如果不能立刻完成修理工作，必须小心地盖好或者用塞子封闭；配件要在安装前才从包装内取出。

12）系统打开后不要使用压缩空气吹，也不要移动车辆。

2. 诊断ABS故障的一般方法

ABS的故障大致可分为以下几种情况：一是紧急制动时，车轮被抱死；二是制动效果不良；三是警告灯亮起；四是ABS出现不正常现象。应根据情况，采用正确的方法检修故障。在具体检修时，应注意如下几点：

1）应首先对ABS的外观进行检查，如导线的插头和插接器有无松脱，制动油路和泵及阀有无漏损，蓄电池是否亏电等。对这些容易出现的故障且检查方法又很简单的应先行检查，确定无异常时，再做系统检查，对迅速排除故障有利。

2）遇制动不良故障时，应先区分是ABS机械部分(制动器、制动总泵、制动管路等)不良还是ABS电子控制系统的故障。方法是：拆下ABS继电器线束插接器或ABS制动压力调节器电磁阀线束插接器，使ABS制动压力调节器电磁阀不能通电工作，让汽车以普通制动器工作方式制动。如果制动不良故障消失，则说明是ABS电子控制系统有故障，否则，为ABS机械部分的故障。

3）ABS电子控制系统故障多出现于线束插接器或导线头松脱、车速传感器不良等。应先对这些部件和部位进行检查，而制动压力调节器等故障相对较少，ABS的控制器(ECU)故障更少，所以一般情况下，不要轻易去拆检ABS ECU和制动压力调节器。此外，在检查电路故障时，不应漏检熔断器。

4）在需拆检ABS液压控制器件时，应先进行泄压，以避免高压油喷出伤人，尤其是有蓄能器的ABS。例如，一些制动压力调节器与制动总泵为一体的整体式ABS，蓄能器中的压力高达180MPa。

卸压的方法是：关掉点火开关，然后反复踩制动踏板20次以上，直到感觉踩制动踏板力明显增加(无液压助力)时为止。

通常在检修如下部件时需进行泄压：制动压力调节器的各部件、制动分泵、蓄能器、后轮分配比例阀、电动油泵、制动液管路、压力警告和控制开关。

三、ABS的检查

1. 车速传感器故障的检查

（1）车轮车速传感器可能出现的故障

1）车轮车速传感器感应线圈有短路、断路或接触不良等。

2）车轮车速传感器齿圈上的齿有缺损或脏污。

3）车轮车速传感器信号探头部分安装不牢(松动)或磁极与齿圈之间有脏物。

（2）车轮车速传感器故障的检查方法

1）直观检查，主要检查传感器有无松动，导线及插接器有无松脱。

2）用电阻表检测传感器感应线圈电阻，如果电阻过大或过小，均说明传感器不良，应更换。

3）用交流电压表测量传感器的输出信号电压，在车轮转动时，电压表应该有电压指示，其电压值应随车轮转速的增加而升高，一般情况下，应达 2V 以上。

4）用示波器检测传感器的输出信号电压波形，正常的信号电压波形应是均匀稳定的正弦电压波形。如果信号电压无或有缺损，应拆下传感器做进一步检查。

2. ECU 的检查

ECU 的故障检查方法如下：

1）检查 ABS 的 ECU 线束插接器有无松动，连接导线有无松脱。

2）检查 ABS 的 ECU 线束插接器各端子的电压值、波形或电阻，如果与标准值不符，与之相连的部件和电路正常，则应更换 ECU 再试。

3）直接采用替换法检验，即在检查传感器、继电器、电磁阀及其电路均无故障时，会怀疑是否是 ABS 的 ECU 有故障。这时，可以用新的 ECU 替代，如果故障现象消失，怀疑就被证实。

3. ABS 压力调节器的检查

（1）制动压力调节器的可能故障

1）制动压力调节器电磁阀线圈不良。

2）制动压力调节器中的阀有泄漏。

（2）制动压力调节器故障的检查方法

1）用电阻表检测电磁阀线圈的电阻，如果电阻无穷大或过小等，均说明其电磁阀有故障。

2）加电压试验，将制动压力调节器电磁阀加上其工作电压，看阀能否正常动作。如果不能正常动作，则应更换制动压力调节器。

3）解体后检查，如果怀疑是制动压力调节器有问题，则应在制动压力调节器内无高压制动液时，仔细拆开调节器进行检查。

4. ABS 控制继电器的检查

继电器的常见故障有触点接触不良、继电器线圈不良等，检查方法如下：

1）对继电器施加其正常的工作电压，看继电器能否正常动作；若能正常动作，则用电阻表检测继电器触点间的电压和电阻，正常情况下触点闭合时的电压为零。若电压大于 0.5V 以上，则说明触点接触不良。

2）用绝缘电阻表（欧姆表）检测继电器线圈的电阻，电阻值应在正常范围之内。

四、ABS 的故障自诊断

1. ABS 的自检

1）当点火开关一接通，ABS ECU 就立即对其外部电路进行自检。这时，制动警告灯亮起，一般 3s 后熄灭。如果灯不亮或一直亮均说明 ABS 电路有故障，应对其进行检查。

2) ABS 的 ECU 对制动压力调节器电磁阀的检查是通过控制阀的开闭循环实现的。

3) 发动机发动后，车速第一次达到 60km/h 时，ABS 完成自检。

如果上述自检过程中，ECU 发现异常，或在工作中 ABS 工作失常，ECU 就停止使用 ABS，这时，制动警告灯亮起，并储存故障码。

现在汽车仪表板上有两个制动警告灯，其中一个是黄色灯，称 ABS 灯(标 ABS 或 ANTILOCK)；另一个为红色，标 BREAK。BREAK 灯由制动液压力开关和液面开关及驻车制动灯开关控制。当红色制动警告灯亮起时，可能是制动液不足、蓄能器的制动液压过低或是驻车制动器开关有问题等。这时，ABS 防抱死控制和普通制动系统均不能正常工作，应停车检查故障原因，及时排除故障。如果只是黄色 ABS 灯常亮，则说明 ABS ECU 已发现防抱死控制系统有故障，这时汽车制动时将无防抱死功能，因此，也要及时检修。

2. 故障码的显示方式

在检修 ABS 故障时，应先读出 ABS ECU 储存的故障码，以便得到故障部位提示，准确、迅速地排除故障。不同的车型，都有其自己的故障码的显示方式，大致有如下几种形式：

1) 在 ABS 有故障时，仪表板上的 ABS 警告灯就会闪烁，或是 ABS ECU 盒上的发光二极管(LED)闪烁直接显示故障码。

2) 将检查插接器或 ABS ECU 盒上的有关插孔跨接，使仪表板上的 ABS 灯闪烁来显示故障码。

3) 采用专用的故障检测仪器读取故障码。

3. MK20-I 型 ABS 故障码的调取与清除

连接故障阅读器 V. A. G1551 或 V. A. G1552 后，在快速数据传递模式下选择地址码 03 便进入了"电子制动系统"，在此地址下可进行各种功能选择，见表 4-4。

表 4-4　功能代码表

代码	指　令　内　容	代码	指　令　内　容
01	查询电子控制单元版本	05	清除故障记忆
02	查询故障记忆	06	结束，退出
03	执行元件诊断	07	电子控制单元编码
04	加液排气	08	阅读测量数据块

利用 02 功能即可读出故障码，各代码的含义、故障原因及排除方法见表 4-5。利用 05 功能便可清除故障码。

表 4-5　故障码一览表

故障码	含　　义	可能故障原因	故障排除方法
00668	30 号线终端电压信号超差	电压供电电路、连接插头、熔断器故障	检查控制单元供电电路、熔断器和连接插头

(续)

故障码	含义	可能故障原因	故障排除方法
00283	左前轮转速传感器 G47	• 在转速传感器与控制单元 J104 之间的导线出现对正极或对地短路、断路 • 齿圈受到污染或损坏 • 车轮轴承间隙过大 • 转速传感器安装不正确 • 转速传感器损坏	• 检查转速传感器与控制单元的电路和连接插头 • 检查转速传感器和齿圈的安装间隙 • 利用 V.A.G1551 的 08 功能:"读取测量数据块"
00285	右前轮转速传感器 G45		
00287	右后轮转速传感器 G44		
00290	左后轮转速传感器 G46		
01276	ABS 液压泵—V64 信号超差	• 液压泵与控制单元连接电路对正极或对地短路、断路 • 液压泵故障	• 检查电路 • 利用 V.A.G1551 的 03 功能进行执行元件的诊断
66535	控制单元	• 通向 ABS 控制单元 J104 的导线电路或有过渡电阻 • 控制单元 J104 损坏	• 检查和排除导线断路或过渡电阻 • 更换控制单元 J104
01044	控制单元编码不正确	• 控制单元 25 针插头触点 15 与 21 之间的桥接开路 • 控制单元编码错误	• 检查插头线束 • 重新进行编码
01130	ABS 工作信号超差	有外界干扰源干扰	• 检查所有电路连接 • 清除故障存储 • 车速大于 20km/h 紧急制动试车 • 再次查询故障存储

4. MK20-Ⅰ型 ABS 故障的诊断流程

ABS 出现故障时,可按图 4-41 步骤进行故障诊断。

五、制动系统的排气

ABS 中的气体是极其有害的,它破坏系统对制动压力的正常调节,可导致 ABS 失去作用。当更换制动器、打开了制动管路、更换了制动系统液压部件时,或是制动踏板发软、变低、制动效果变差时,就需要对 ABS 进行排气。

ABS 排气比普通的制动系统稍复杂一些,应遵循一定的要领,以避免费工费时,制动系统中的空气还是排不干净。应注意以下几点:

1）对于装有制动真空助力器的,在进行排气操作前,首先要把制动助力控制装置断开,使制动系统处于无助力状态。

2）断开 ABS ECU,以使排气过程 ABS 电子控制系统不起作用,避免 ABS 对排气造成影响。

3）ABS 排气时间要比普通系统长,消耗的制动液也较多,需边排气边向制动总泵储液罐添加制动液,使储液罐制动液液面保持在 MAX 与 MIN 之间。

4）刚刚放出的制动液不能马上回添入储液罐,需在加盖的玻璃瓶中静置 3 天以上,待制动液中的气泡排尽后才能再用。

5）在排气过程中,制动踏板要缓缓地踩,不能过猛,这与普通制动系统一样。

6）不同形式的 ABS,其排气程序可能会有些不同,应参照相应的养护手册进行排气

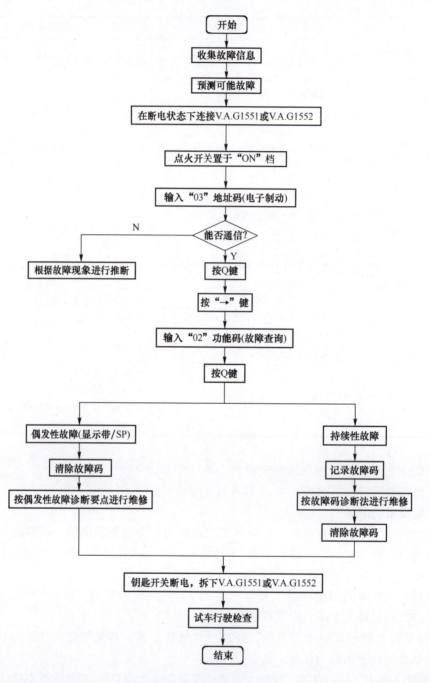

图 4-41　ABS 故障的诊断流程

操作。

7) 一些 ABS 排气可让 ABS 液压泵工作(打开点火开关,有的需运行发动机),在加压的情况下可使排气更快更彻底。

六、MK20-I 型 ABS 故障实例

【实例一】

故障现象：捷达前卫 GiX 轿车，该车行驶至 50~80km/h 时，轻踩制动踏板有时出现向左跑偏。当车速高于或低于此车速时，则无此故障，急踩制动踏板时也无此故障。

故障诊断与排除：一般情况下，带 ABS 的车辆，制动跑偏多为机械故障。其主要原因有三种：

1）制动装置原因。左右制动盘与摩擦片间隙或接触面不良，摩擦片表面沾有油污，一只制动轮缸漏油或卡滞，一侧管路堵塞，一侧制动钳固定板松动或变形。

2）车轮原因。左右轮胎气压不一致，左右轮胎磨损不均，轮毂轴承磨损或松旷。

3）其他原因。前轮定位失准，左右减振器损坏或弹簧弹力不足，车架变形，左右轴距不等。

进行检查，没发现异常。于是对 ABS 的电气系统进行检查。连接好故障诊断仪 V.A.G1551，读取 ABS 的故障码，显示系统正常。带上 V.A.G1551 诊断仪路试，读出 ABS 的数据流。当车速在 50~60km/h 时，发现右前轮的轮速比其他 3 个轮的轮速低，当其他 3 个轮的轮速在 60km/h 时，右前轮的轮速却为 58~59km/h，说明故障在右前轮。

首先拆下右前轮轮速传感器检查，发现轮速传感器顶部有少量的铁屑，将其清理干净后再试车，故障依旧。更换右前轮轮速传感器后，故障仍在。

轮速传感器的作用，是将车轮的速度信号传给 ABS 控制单元，而车轮的速度信号是由安装在轮毂上随车轮同步旋转的齿圈来反映的，再检查齿圈，发现两个轮齿间有一块铁沙，将铁沙去掉后再试车，故障排除。

故障点评：当急踩制动踏板时，四个车轮的轮速变化即制动减速程度均较大，铁沙对右前轮轮速传感器造成的影响可忽略不计，所以急踩制动踏板时车辆无向左跑偏。当车速低于 50km/h 或高于 60km/h 时，由于车速过低或过高，铁沙对右前轮轮速传感器也不造成影响，不会出现向左跑偏。当车行驶至 50~80km/h 时，若轻踩制动踏板时，铁沙正对右前轮轮速传感器传感头时，轮速传感器瞬时传给 ABS 控制单元的信号，表明右前轮轮速要低于左前轮轮速，因此，ABS 控制单元控制左前轮制动力增加，出现车轮向左跑偏。而当铁沙与右前轮轮速传感器传感头相距较远时，轮速传感器瞬时传给 ABS 控制单元的信号，表明右前轮轮速正常，此时就不会出现跑偏现象。

【实例二】

故障现象：一辆捷达自动变速器轿车在良好的路面行驶，轻踩制动，ABS 开始工作并且制动踏板有上下振颤的现象。

故障诊断与排除：正常情况下，只有在潮湿路面上行驶时轻踩制动，ABS 可以工作；当车在干燥路面行驶，只有将制动踏板踏到底，ABS 系统才工作，而轻踩制动，EBV 功能工作，ABS 系统不工作，并且不应该有上下振颤的现象。观察仪表 ABS 灯指示正常，路试时急踩制动有上下振颤的现象，工作正常。用 V.A.G1552 检测 ABS 控制单元，无故障码输出。根据经验拆检四个车轮轮速传感器，清洗后试车，故障依旧。进入 03-08-01 显示组进行路试观察实际转速，发现左后轮速与其他轮轮速相差很大不正常。打开左后轮，发现齿圈与车轮有相对运动现象，使检测到的数据不准确，误认为车轮有抱死趋势，使 ABS 产生误动作。更换齿圈试车，一切正常。

任务四　比较典型的电控防抱死制动系统

一、MK20-I 型 ABS

MK20-I 型 ABS 是由德国戴维斯公司(TEVES)研制的。我国上海汽车制动系统有限公司已于 1997 年 2 月正式与德国戴维斯公司合资生产 MK20-I 型 ABS。该系统在上海桑塔纳 2000GSi、一汽大众的捷达、都市先锋、上海赛欧以及奇瑞等汽车上安装应用。它具有如下特点：

1) 有关硬件采用整体式模块结构，将泵的电动机、液压控制单元与 ECU 集成于一体，简称为液压电子控制单元(HECU)，如图 4-42 所示。

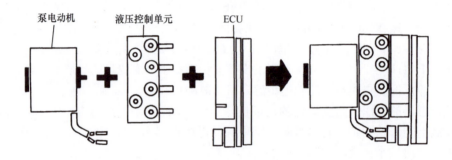

图 4-42　MK20-I 型 ABS 模块式机构

2) 采用 C 语言编写的控制软件程序以模块方式加密固化在 ECU 中。

3) 液压阀体采用多复合孔技术，使得各液压部件的布置更加紧凑合理。

4) 电磁阀线圈集成于 ECU 内部，省去了电磁阀线圈与控制器之间的连接导线，采用大功率集成电路直接驱动电磁阀及泵电动机，省去了电磁继电器。

5) ECU 中有故障存储器，有故障诊断接口，借助专用仪器(V.A.G1551)可方便地进行故障诊断。

1. 系统组成

MK20-I 型 ABS 由车轮转速传感器、液压电子控制单元等组成。该系统在汽车上的布置如图 4-43 所示。

采用 MK20-I 型 ABS 的汽车一般采用液压对角线双回路制动系统，其布置如图 4-44 所示。制动主缸的前腔与右前轮、左后轮的制动回路相通，制动主缸的后腔与左前轮、右后轮的制动回路相通，两个制动回路呈交叉型对角线布置。这种液压对角线双回路制动系统能保证在某一个回路出现故障时，仍能得到总制动效率的 50%。

MK20-I 型 ABS 属于三通道四传感器系统，控制原则是前轮独立控制，后轮按"低选原则"集中控制，即 ABS 对后轴液压的控制是依据两后轮中附着系数较低的车轮来进行调节的。

(1) 车轮转速传感器　MK20-I 型 ABS 是磁脉冲式传感器，其工作原理前面已做介绍。前轮速度传感器安装在轮毂附近，其信号失灵有以下后果：

1) 单个传感器失灵。ABS 功能中断；EBD 电子制动力分配仍保持工作；ABS 警告灯亮。

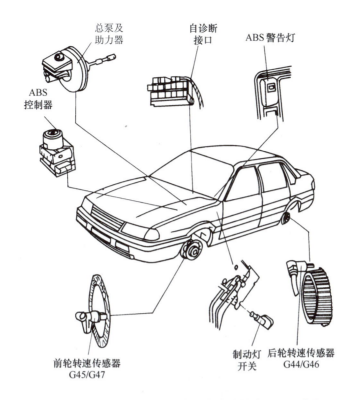

图 4-43　MK20-I 型 ABS 各元件在都市先锋车上的安装位置

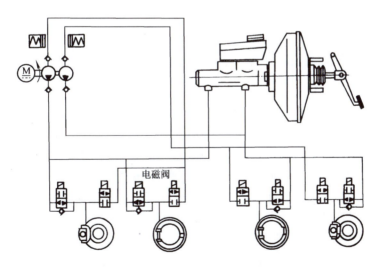

图 4-44　液压对角线双回路制动系统

2）两个以上传感器失灵。ABS/EBD 功能中断；ABS 警告灯亮。
前轮两个传感器不能互换。
后轮速度传感器安装在制动鼓附近，其信号失灵有以下后果：
1）单个传感器失灵。ABS 功能中断；EBD 仍保持工作；ABS 警告灯亮。
2）两个以上传感器失灵。ABS/EBD 功能中断；ABS 警告灯亮。

后轮两个传感器能互换。

（2）控制器　控制器包括液压控制单元和电子控制单元。

1）液压控制单元由泵电动机、液压蓄能器和电磁阀组成。

液压泵采用柱塞式结构，经四极四刷永磁直流电动机驱动，将第二回路的制动液泵回制动总泵；液压蓄能器采用弹簧活塞式结构，暂存一时来不及泵出的制动液。MK20-I 型 ABS 每个车轮制动器的制动力由一组二位二通的常开阀（进液电磁阀）和常闭阀（出液电磁阀）控制，电磁阀的电磁线圈集成于电子控制器内。当常开阀打开、常闭阀关闭时，车轮制动压力随着制动踏板力的增大而上升；当常开阀和常闭阀都关闭时，即使制动踏板力增大，制动压力仍保持不变；当常开阀关闭、常闭阀打开时，制动压力下降。

液压泵电动机与液压控制单元不允许拆卸。其液压泵信号失灵的后果为：ABS 功能中断；EBD 仍保持工作；ABS 警告灯亮。

2）电子控制单元是 ABS 的核心部件，其结构原理如图 4-45 所示。

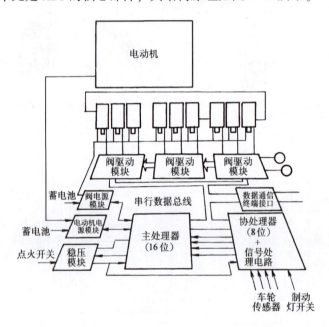

图 4-45　电子控制单元结构原理

一个 16 位和一个 8 位的微处理器组成"计算中心"，以不对称冗余方式协同工作。16 位负责处理车速信号和控制算法，8 位以类似的但较为粗略的方式工作，在这个处理器中采用数模混合技术设置了用于处理传感器输入信号的硬件电路。在这种不对称冗余设计中由于两个处理器从技术到处理方法上都各自独立，因而有能力识别系统的逻辑错误。两个处理器与其他控制元件之间采用内部串行总线进行通信。总线系统只需要 3 根物理导线就可每秒钟传递高达 200 万个数据信息。此外总线系统也用于与电磁阀驱动电路、车上其他电子系统以及内外部故障诊断系统的通信。这样，经过处理的传感器信号还可用于其他汽车系统，如车速里程表、发动机管理系统、底盘管理系统等。

由此可见，电子控制单元的功能主要是：控制 ABS 的功能；持续监控 ABS 的电子元件；可外接诊断仪器进行维修作业。

（3）ABS 警告灯　下列情况，ABS 警告灯亮：点火开关接通（自检完毕,灯熄灭）；ABS 功能失效时（自诊断过程中）。信号失灵的后果是在自诊断过程中，警告灯不亮。

2. 工作原理

ABS 工作时，车轮转速传感器不断检测车轮转速信号，制动时，当发现某一车轮有抱死趋势时，ECU 发出指令，控制相应回路的常开阀关闭，此时即使制动踏板力继续增大，该车轮制动器上的制动压力仍将保持不变。若在此情况下，该车轮仍有抱死趋势，则控制器将会把常闭阀打开，进入降压阶段。此车轮抱死趋势消除后，常开阀打开，常闭阀关闭，制动回路重新进入升压阶段。

下面以一个车轮为例介绍 ABS 工作时制动压力的调节过程：

（1）压力上升阶段　为了达到最佳制动，当车轮达到预定转速后，需再次增加制动压力，ECU 使常开阀断电开启，常闭阀处于断电状态，如图 4-46 所示。制动泵连续工作将制动液从液压蓄能器中送到制动回路。

（2）制动压力保持阶段　随着制动压力的增加，车轮被制动和减速。当被制动的车轮趋于抱死时，车轮转速传感器发出车轮有抱死危险的信号，ECU 向液压控制单元发出"保持压力"的指令，给常开阀通电使其断开，常闭阀处于无电状态仍保持关闭。制动液通往轮缸的

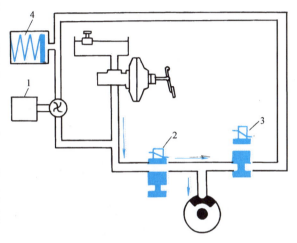

图 4-46　常开阀开、常闭阀关，制动压力增大
1—泵电动机　2—常开电磁阀　3—常闭电磁阀　4—液压蓄能器

通道被切断，在常开阀和常闭阀之间，制动压力保持不变，如图 4-47 所示。

（3）制动压力下降阶段　即使制动压力保持不变，如果车轮进一步减速，仍出现车轮抱死趋势，则必须降压，如图 4-48 所示。ECU 发出"减少压力"的指令，给常开阀通电使其断开，常闭阀通电开启，制动液通过回液通道进入蓄能器，同时电动泵工作将多余的制动

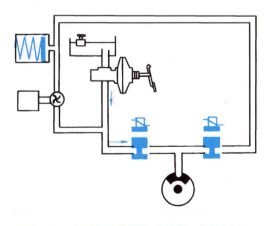

图 4-47　常开阀和常闭阀均关闭，保持压力

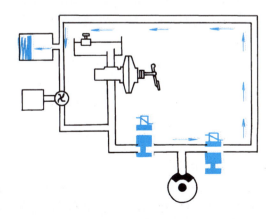

图 4-48　常开阀关、常闭阀开，制动压力下降

液送回制动主缸。这时制动踏板轻微地向上抖动,轮缸制动液减少,制动压力下降,车轮转速上升。

轮缸制动压力下降后,车轮转速上升太快,ECU 指令液压控制单元"增加制动压力",使常开阀断电打开,常闭阀断电关闭,制动液在泵电动机和制动踏板力的作用下又进入轮缸,轮缸制动压力上升,车轮转速又下降,进入下一个循环,重复上述过程。

二、丰田车系 ABS

丰田车系雷克萨斯 LS400 的 ABS 采用四传感器三通道/前轮独立控制-后轮选择控制方式,系统布置如图 4-49 所示。

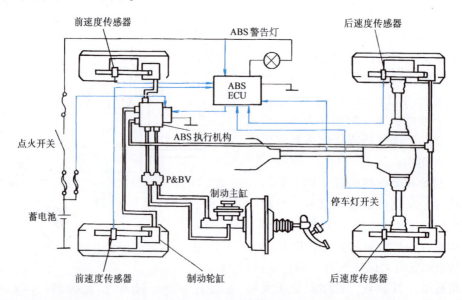

图 4-49 LS400 ABS 布置形式

控制电路如图 4-50 所示。四个轮速信号通过端子 FR_+、FR_-、FL_+、FL_-、RR_+、RR_-、RL_+、RL_- 输入 ECU。

回油泵电动机受 ECU 和液压泵继电器共同控制有两种工作状态:

1. 减压时电动机高速运转

减压时,为将制动液迅速泵回制动主缸,ECU 通过 MR 端子向液压泵继电器线圈供电,液压泵继电器触点闭合,蓄电池直接向电动机供电,电动机高速旋转,以便将制动液迅速泵回主缸。

2. 其他工作状态时电动机低速运转

当 ABS 在其他工作状态时,ECU 停止向液压泵继电器线圈供电,液压泵继电器触点打开,而此时 ECU 由端子 MT 通过电阻向液压泵电动机提供较小的电流(2A),液压泵低速运转,将蓄能器中制动液抽空,以备下次减压时储油。

制动压力调节器中三个电磁阀分别控制左、右前轮和后轮轮缸制动压力。三个电磁阀线圈与一个监测电阻并联,共同受 ECU 和电磁阀继电器的控制。点火开关未接通时,电磁阀继电器线圈中无电流,继电器常闭触点使电磁阀线圈搭铁,ABS 不工作。接通点火开关后,在短时间内 ECU 仍不向电磁阀继电器线圈供电,此时 ABS 警告灯经维修插接器、电磁阀继电器常闭触点搭铁而点亮,ECU 对系统进行自检。如系统无故障,6s 后 ECU 向电磁阀

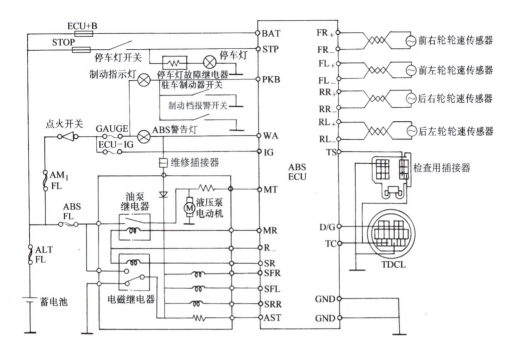

图 4-50 控制电路

继电器线圈供电,动断触点打开,动合触点闭合,电磁阀线圈经动合触点与电源连通,此后电磁阀的工作状态完全由 ECU 控制。与三个电磁线圈并联的电阻为监测电阻,用以监测电磁阀线圈的故障。当电磁阀线圈出现故障时,监测电阻两端的电位将发生变化,通过 AST 端子将此故障信息输入 ECU。ECU 记录故障信息同时切断调节器电路,使 ABS 停止工作。

三、本田车系 ABS

本田车系 ABS 采用四传感器四通道/前轮独立控制-后轮选择控制方式,其控制电路如图 4-51 所示。

四个车速传感器通过 ECU 插接器端子 14、15、24、25 及搭铁线端子 20、21、28、29 将转速信号输入 ECU。

制动压力调节器中有三个控制电磁阀总成,每个电磁阀总成中有两个电磁线圈分别控制输入阀和输出阀,电磁线圈由 ECU 控制供电。左前、右前电磁阀的四个电磁线圈通过前失效-安全继电器的触点搭铁。后电磁阀的两个电磁线圈通过后失效-安全继电器的触点搭铁。前、后失效-安全继电器控制线圈由点火开关供电,通过端子 17(FSR)由 ECU 控制其搭铁回路。当 ECU 检测到 ABS 有故障时,ECU 将切断失效-安全继电器线圈的搭铁回路,失效-安全继电器触点断开,控制电磁线圈的搭铁回路切断。ABS 停止工作,同时 ABS 警告灯点亮。

调节器液压泵电动机由 ABS 液压泵电动机继电器控制供电,液压泵继电器线圈由点火开关供电,ECU18 端子(PMR)控制其搭铁回路,ECU 根据压力开关的压力信号,由 18 端子控制液压泵继电器线圈搭铁回路的通断,从而控制液压泵电动机的运转与停转。

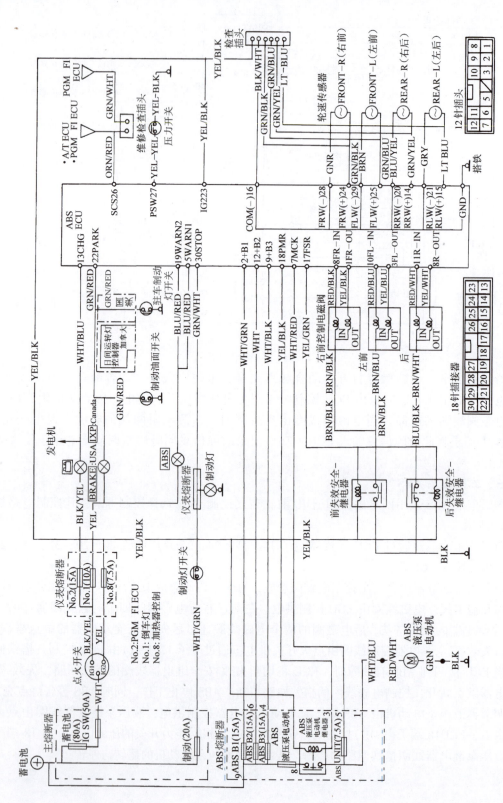

图 4-51 本田车系 ABS 控制电路

单元五　电控驱动防滑/牵引力控制系统

任务内容

任务一　介绍电控驱动防滑/牵引力控制系统
任务二　检修电控驱动防滑/牵引力控制系统
任务三　介绍防滑差速器

学习目标

通过本单元的学习掌握电控驱动防滑/牵引力控制系统(ASR/TRC)、防滑差速器的结构、原理、使用、检修等基本知识，并能灵活地加以应用。

➢ 能够向客户介绍电控驱动防滑/牵引力控制系统(ASR/TRC)的特点及其相关基本知识。

➢ 能够对电控驱动防滑/牵引力控制系统(ASR/TRC)进行一般故障的诊断与检修。

➢ 能够向客户介绍防滑差速器的特点及其相关基本知识。

任务一　介绍电控驱动防滑/牵引力控制系统

一、ASR 的理论基础

汽车驱动防滑控制系统(Anti Slip Regulation, ASR)，是继防抱死制动系统(ABS)之后应用于车轮防滑的电子控制系统。ASR 的基本功能是防止汽车在加速过程中打滑，特别是防止汽车在非对称路面或在转弯时驱动轮的空转，以保持汽车行驶方向的稳定性、操纵性和维持汽车的最佳驱动力以及提高汽车的平顺性。从控制车轮和路面的滑移率来看，ASR 和 ABS 采用了相同的技术，但两者所控制的车轮滑移率是相反的。可见 ASR 和 ABS 密切相关，常将它们结合在一起使用，构成行驶安全系统。这样，它们可共享许多电子组件和可用共同的系统部件来控制车轮的运动。

所谓汽车打"滑"有两种情况，一是汽车制动时车轮的滑移，二是汽车驱动时车轮的滑转。ABS 是防止制动时车轮抱死而滑移；ASR(TRC) 则是防止驱动车轮原地不动而不停地滑转。用 S_d 表示驱动时的滑转率，可用下面的式子来表达

$$S_d = \frac{v_C - v}{v_C} \times 100\%$$

式中，v 是车身瞬时速度；v_C 是车轮圆周速度。

从式中可以看出,当 v 为 0(汽车原地不动),v_c 不为 0 时,则汽车处于完全滑转状态。图 5-1 所示为滑转率与纵向附着系数之间的关系,由图 5-1 中可以看出:

1)附着系数随路面的不同而呈大幅度的变化。

2)在各种路面上,当滑转率为 20%左右时,附着系数达到峰值。

3)上述趋势,无论制动还是驱动,都一样。

二、防滑转控制的方式

防滑转电子控制系统的控制参数是滑转率,控制器根据各车轮转速传感器信号计算 S_d,当 S_d 值超过某一限定值时,控制器就输出控制信号,抑制车轮的滑转,将车轮的滑转率控制在理想的范围内。

汽车防滑转电子控制系统常用的控制方式有以下几种。

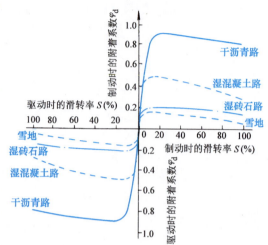

图 5-1 滑转率与纵向附着系数之间的关系

1. 发动机输出功率控制

在汽车起步、加速时,若加速踏板踩得过猛,会因为驱动力过大而出现两边的驱动车轮都滑转的情况,这时,ASR 控制器输出控制信号,控制发动机的输出功率,以抑制驱动车轮的滑转。

该控制方式下进行驱动防滑控制的方法通常有辅助(副)节气门控制、燃油喷射量控制和延迟点火提前角控制。

2. 驱动轮制动控制

这种方法是对发生空转的驱动轮直接加以制动,反应时间最短。为使制动过程平稳,应缓慢升高制动压力。

采用制动控制方式的 ASR 的液压系统可分为两大类:一类是 ASR 与 ABS 的组合结构,在 ABS 中增加电磁阀和调节器,从而增加了驱动控制功能;另一类是在 ABS 的液压装置和轮缸之间增加一个单独的 ASR 的液压装置。普遍认为今后的发展主流是成本较低的 ASR/ABS 组合结构。

3. 同时控制发动机输出功率和驱动车轮的制动力

控制信号同时起动 ASR 制动压力调节器和辅助节气门调节器,在对驱动车轮施以制动力的同时,减小发动机的输出功率,以达到理想的控制效果。

4. 防滑差速锁(Limited-Slip-Differential,LSD)控制

当驱动车轮单边滑转时,控制器输出控制信号,使差速锁和制动压力调节器动作,对滑转车轮施以制动力,使车轮的滑转率控制在目标范围之内。这时,非滑转车轮仍有正常的驱动力,从而提高了汽车在滑溜路面的起步和加速能力及行驶方向的稳定性。LSD 能对差速器锁止装置进行控制,使锁止范围从 0%到 100%,带防滑差速器(LSD)的 ASR 如图 5-2 所示。

5. 差速锁与发动机输出功率综合控制

为了达到最理想的控制效果,采用差速制动控制与发动机输出功率综合控制相结合的控制系统。汽车在行驶过程中,路面滑溜的情况千差万别,驱动力的状态也不断变化,综合控

制系统将根据发动机的状况和车轮滑转的实际情况采取相应的控制。比如，在发动机驱动力较小的状态下出现车轮滑转的主要原因可能是由于路面滑溜，这时采用对滑转车轮施以制动的方法就比较有效。而在发动机输出功率大（节气门开度大、转速高）时出现车轮滑转，则主要通过减小发动机输出功率的方法来控制车轮的滑转。有时候，车轮滑转的情况更为复杂，需要通过对车轮制动和减小发动机输出功率的共同作用来控制车轮的滑转。

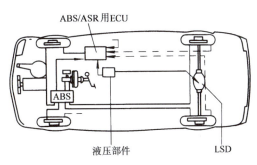

图 5-2　带防滑差速器（LSD）的 ASR

三、ASR 与 ABS 的比较

1）ABS 和 ASR 都是用来控制车轮相对地面的滑动，以使车轮与地面的附着力不下降，但 ABS 控制的是汽车制动时车轮的"拖滑"，主要是用来提高制动效果和确保制动安全；而 ASR 是控制车轮的"滑转"，用于提高汽车起步、加速及在滑溜路面行驶时的牵引力和确保行驶稳定性。

2）虽然 ASR 也可以和 ABS 一样，通过控制车轮的制动力大小来抑制车轮与地面的滑动，但 ASR 只对驱动车轮实施制动控制。

3）ABS 是在汽车制动时工作，在车轮出现抱死时起作用，当车速很低（小于 8km/h）时不起作用；而 ASR 则是在汽车行驶过程中都工作，在车轮出现滑转时起作用，当车速很高（80~120km/h）时一般不起作用。

任务二　检修电控驱动防滑/牵引力控制系统

一、ASR 的基本组成与工作原理

ASR 的基本组成如图 5-3 所示。

车轮车速传感器将行驶汽车驱动车轮转速及非驱动车轮转速转变为电信号，输送给 ECU。ECU 根据车轮车速传感器的信号计算驱动车轮滑转率，如果滑转率超出了目标范围，控制器再综合参考节气门开度信号、发动机转速信号、转向信号（有的车无）等因素确定控制方式，输出控制信号，使相应的执行器动作，将驱动车轮的滑转率控制在目标范围之内。

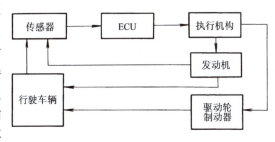

图 5-3　ASR 的基本组成

（一）ASR 的传感器

ASR 的传感器主要是车轮车速传感器和节气门开度传感器。车轮车速传感器与 ABS 共享，而节气门开度传感器则与发动机电子控制系统共享。

ASR 专用的信号输入装置是 ASR 选择开关，将 ASR 选择开关关闭，ASR 就不起作用。比如，在需要将汽车驱动车轮悬空转动来检查汽车传动系统或其他系统故障时，ASR 就可能对驱动车轮施以制动，影响故障的检查。这时，关闭 ASR 开关，中止 ASR 的作用，就可避免这种影响。

(二) ASR 的 ECU

ASR ECU 也是以微处理器为核心,配以输入输出电路及电源等组成。ASR 和 ABS 的一些信号输入和处理都是相同的,为减少电子器件的应用数量,使结构紧凑,ASR 控制器与 ABS 电子控制单元通常组合在一起,图 5-4 所示是 ABS/ASR 组合 ECU 实例。

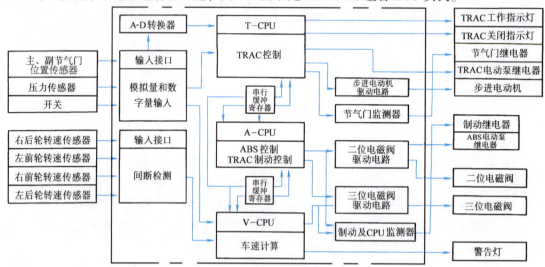

图 5-4　ABS/ASR 组合 ECU

(三) ASR 的执行机构

1. 制动压力调节器

ASR 制动压力调节器执行 ASR ECU 的指令对滑转车轮施加制动力和控制制动力的大小,以使滑转车轮的滑转率在目标范围之内。ASR 制动压力源是蓄能器,通过电磁阀来调节驱动车轮制动压力的大小。ASR 制动压力调节器的结构形式有单独方式和组合方式两种。

(1) 单独方式的 ASR 制动压力调节器　所谓单独方式是 ASR 制动压力调节器和 ABS 制动压力调节器在结构上各自分开,如图 5-5 所示。

在 ASR 不起作用、电磁阀不通电时,阀在左位,调压缸的右腔与储液室相通而压力低,调压缸的活塞被回位弹簧推至右边极限位置。这时,调压缸活塞左端中央的通液孔将 ABS 制动压力调节器与驱动车轮制动轮缸接通,因此,在 ASR 不起作用时,对 ABS 无任何影响。

当驱动车轮出现滑转而需要对驱动车轮实施制动时,ASR 控制器输出控制信号,使电磁阀通电而移至右位。这时,调压缸右腔与储液室隔断而与蓄能器接通,蓄能器具有一定压力的制动液推动调压缸的活塞左移,ABS 制动压力调节器与车轮分泵的通道被封闭,调压缸左腔的压力随活塞的左移而增大,驱动车轮制动分泵的制动压力上升。

当需要保持驱动车轮的制动压力时,控制器使电磁阀半通电,阀处于中位,使调压缸与储液室和蓄能器都隔断,于是,调压缸活塞保持原位不动,使驱动车轮制动分泵的制动压力不变。

当需要减小驱动车轮的制动压力时,控制器使电磁阀断电,阀在其回位弹簧力的作用下回到左位,使调压缸右腔与蓄能器隔断而与储液室接通。于是,调压缸右腔压力下降,其活塞右移,使驱动车轮制动分泵的制动压力下降。

在驱动车轮出现滑转时,ASR ECU 就是通过对电磁阀的上述控制,实现对驱动车轮制动力的控制,将车轮的滑转率控制在目标范围之内。

(2) 组合方式的 ASR 制动压力调节器　组合方式 ASR 制动压力调节器的实例如图 5-6 所示。

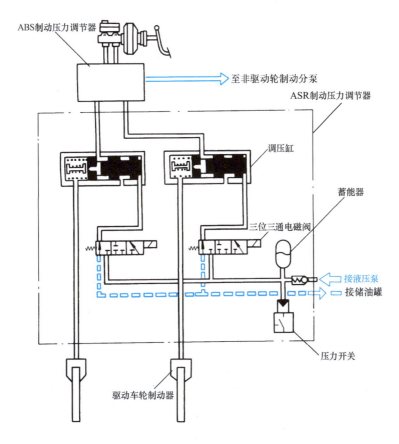

图 5-5　ASR 制动压力调节器原理

在 ASR 不起作用时,电磁阀 3 不通电。汽车在制动过程中如果车轮出现抱死,ABS 起作用,通过控制电磁阀 8 和电磁阀 9 来调节制动压力。

当驱动车轮出现滑转时,ASR 控制器使电磁阀 3 通电,阀移至右位,电磁阀 8 和电磁阀 9 不通电,阀仍在左位,于是,蓄能器的液压油通入驱动车轮制动泵,制动压力增大。

当需要保持驱动车轮的制动压力时,ASR 控制器使电磁阀 3 半通电,阀移至中位,隔断了蓄能器及制动总泵的通路,驱动车轮制动分泵的制动压力即保持不变。

当需要减小驱动车轮的制动压力时,ASR 控制器使电磁阀 8 和电磁阀 9 通电,阀 8 和阀 9 移至右位,将驱动车轮制动分泵与储液室接通,于是,制动压力下降。

如果需要对左右驱动车轮的制动压力实施不同的控制,ASR 控制器则分别对电磁阀 8 和电磁阀 9 实行不同的控制。

2. 节气门驱动装置

ASR 控制系统通过改变发动机辅助节气门的开度,来控制发动机的输出功率是应用最多的方法。在 ASR 不起作用时,辅助节气门处于全开的位置。当需要减小发动机的驱动力来控制车轮滑转时,ASR 控制器就输出控制信号,使辅助节气门驱动装置工作,改变辅助节气门的开度,从而达到控制发动机的输出功率,抑制驱动车轮滑转的目的,如图 5-7 所示。

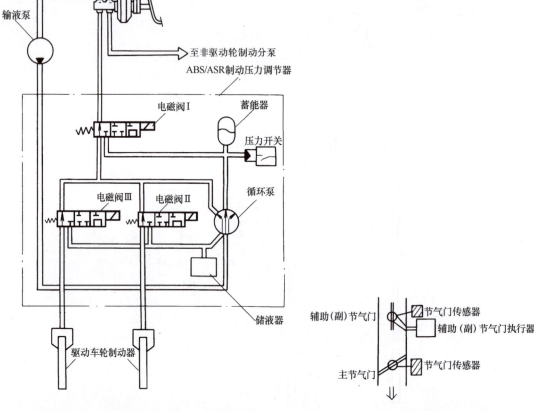

图 5-6 ABS/ASR 组合制动压力调节器原理　　图 5-7 辅助(副)节气门进行防滑控制的示意图

节气门驱动装置一般由步进电动机和传动机构组成。步进电动机根据 ASR 控制器输出的控制脉冲转动规定的转角,通过传动机构带动辅助节气门转动。

二、丰田车系防抱死制动与驱动防滑系统(ABS/TRC)

丰田公司把 ASR 称作牵引力或驱动力控制系统,常用 TRC(Traction Control System)表示。系统组成如图 5-8 所示。其中 ASR(TRC)与 ABS 共用车轮车速传感器和电子控制器 ECU,只在通往驱动车轮制动缸的管路中增设一个 ASR(TRC)制动压力调节装置,在由加速踏板控制主节气门上方增设一个由步进电动机控制的副节气门,并在主、副节气门处各设置一个节气门开度传感器,即可实现驱动防滑控制。

ASR(TRC)在汽车驱动过程中,ABS/TRC 电子控制单元 ECU 根据各车轮车速传感器产生的车轮轮速信号,确定驱动车轮的滑转率和汽车的参考速度。当 ECU 判定驱动车轮的滑转率超过设定的门限值时,就使驱动副节气门的步进电动机转动,减小节气门的开度,此时,即使主节气门的开度不变,发动机的进气量也会因副节气门的开度减小而减少,使发动机的输出功率减小,驱动车轮上的驱动力矩就会随之减小。如果驱动车轮的滑转率仍未降低到设定的控制范围内,ECU 又会控制 TRC 制动压力调节装置和 TRC 制动压力装置,对驱动车轮施加一定的制动压力,使制动力矩作用于驱动车轮,从而实现驱动防滑转的控制。

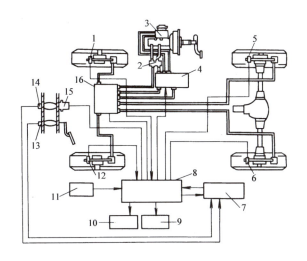

图 5-8 丰田车系 TRC 的构成

1—右前车轮车速传感器　2—比例阀和差压阀　3—制动总泵　4—ASR 制动压力调节器　5—右后车轮车速传感器　6—左后车轮车速传感器　7—发动机 ECU　8—ABS/ASR ECU　9—ASR 关闭指示灯　10—ASR 工作指示灯　11—ASR 选择开关　12—左前车轮车速传感器　13—主节气门开度传感器　14—副节气门开度传感器　15—副节气门驱动步进电动机　16—ABS 制动压力调节器

1. 液压系统与执行器

（1）ABS/TRC 液压系统　TRC 制动压力调节装置与 ABS 制动压力调节装置所组成的制动液压系统如图 5-9 所示。TRC 制动压力调节装置主要包括制动供能装置 5 和 TRC 电磁阀总成 1，制动供能装置主要由电动泵和蓄能器组成，电磁阀总成中有三个二位二通电磁阀。

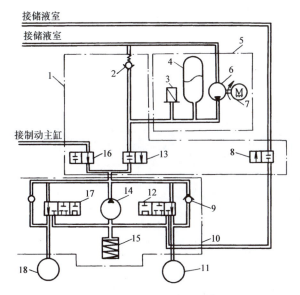

图 5-9　ABS/TRC 液压系统

1—TRC 电磁阀总成　2、9—单向阀　3—压力开关　4—蓄能器　5—制动供能装置　6—电动泵　7—电动机　8—电磁阀Ⅰ　10—ABS 压力调节装置　11—左后驱动车轮　12—电磁阀Ⅳ　13—电磁阀Ⅱ　14—回液泵　15—储液器　16—电磁阀Ⅲ　17—电磁阀Ⅴ　18—右后驱动车轮

该系统的工作情况如下：

当 ABS/TRC ECU 判定需要对驱动车轮施加制动力矩时，ECU 就使 TRC 制动压力调节装置中的三个二位二通电磁阀都通电。电磁阀 16 将制动主缸至后制动轮缸的制动管路封闭，电磁阀 13 将蓄能器至 ABS 制动压力调节装置的制动管路接通。电磁阀 8 将 ABS 制动压力调节装置至储液室的制动管路接通。蓄能器中具有一定压力的制动液就会经过处于开启状态的电磁阀 13 和电磁阀 12、17 进入两后制动轮缸，驱动车轮的制动力矩随着制动轮缸制动压力的增大而增大；当 ABS/TRC ECU 判定需要保持两驱动车轮的制动力矩时，ECU 就使 ABS 制动压力调节装置中的两个三位三通电磁阀 12 和 17 的电磁线圈中通过较小的电流，使电磁阀 12 和 17 处于中间位置，将两后制动轮缸进、出液管路都封闭，两后制动轮缸的压力就保持一定；当 ABS/TRC ECU 判定减小两驱动车轮的制动力矩时，就使电磁阀 12 和 17 的电磁线圈通过较大电流，电磁阀 12 和 17 分别将两后制动轮缸的进液管路封闭，而将两后制动轮缸的出液管路接通，两后轮缸中的制动液就会经电磁阀 12、17 和 8 流向制动主缸储液室，两后制动轮缸的制动压力就会减小。在 TRC 制动压力调节过程中，ECU 根据车轮转速传感器送入的车轮转速信号，对驱动车轮的运转状态进行连续监测，通过控制电磁阀 12 和 17 的通电情况，使后制动轮缸的制动压力循环往复地进行增大—保持—减小过程，从而将驱动车轮的滑转率控制在设定的理想范围之内。如果判定需要对两驱动车轮的制动力矩进行不同控制时，就要对电磁阀 12 和 17 分别进行控制，使两后制动轮缸的制动压力进行独立的调节。

当 ABS/TRC ECU 判定无需对驱动车轮实施防滑控制时，ECU 使各个电磁阀均不再通电，各电磁阀恢复到常态，后制动轮缸中的制动液可经电磁阀 12、17、16 流回制动主缸，驱动车轮的制动力矩将完全消失，在解除驱动车轮制动的同时，ECU 还控制步进电动机转动而将副节气门完全开启。

（2）TRC 液压制动执行器　TRC 制动执行器由一个能产生液压的泵总成和一个能将液压传送给车轮制动分泵并能从车轮制动分泵中释放液压的制动执行器组成。左右后轮制动分泵中的液压由 ABS 执行器根据从 ABS/TRC ECU 传送的信号来分别进行控制。

1）泵总成。它由泵电动机和蓄能器两部分组成，如图 5-10 所示。

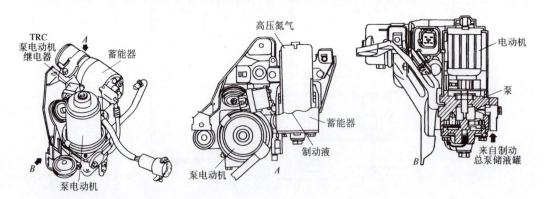

图 5-10　TRC 泵总成

2）制动执行器。制动执行器由蓄能器切断电磁阀、制动总泵切断电磁阀、储液罐切断电磁阀和压力开关或压力传感器四部分组成，如图 5-11 所示。

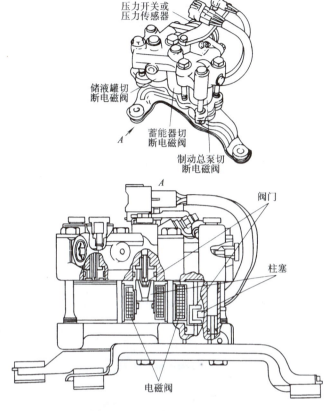

图 5-11　TRC 制动执行器总成

TRC 制动执行器主要部件及其功能见表 5-1。

表 5-1　TRC 制动执行器主要部件及其功能

	主 要 部 件	功　　　能
泵总成	泵	从制动总泵储液罐中提取制动液，升压后再送回蓄能器。它是一个由电动机驱动的柱塞式泵
	蓄能器	储存加压后的制动液，并在 TRC 工作过程中向车轮制动分泵提供制动液。蓄能器中还填充着高压氮气，当制动液体积发生变化时，它能起缓冲作用
执行器总成	蓄能器切断电磁阀	在 TRC 工作过程中将制动液压从蓄能器中传送至车轮制动分泵
	制动总泵切断电磁阀	当蓄能器中的制动液压传送给车轮制动分泵后，该电磁阀的作用是防止制动液流回制动总泵
	储液罐切断电磁阀	在 TRC 工作过程中，该电磁阀能将车轮制动分泵中的制动液传送回制动总泵中
	压力开关或压力传感器	调节蓄能器的压力，并将有关信息传送给 ECU，而 ECU 则依据这些数据来控制泵的运转

2. 副节气门及其驱动机构

副节气门及其驱动机构如图 5-12 所示。副节气门执行器安装在节气门壳体上，它依据从 ECU 传送来的信号控制副节气门的开闭角度，从而控制进入发动机的空气量，达到控制发动机输出功率的目的。

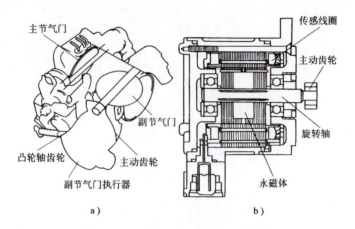

图 5-12 副节气门及其驱动机构

a) 副节气门总成　b) 副节气门执行器的结构

副节气门执行器由永磁体、传感线圈和旋转轴等组成。它是一种由从 ECU 发出的信号来控制的步进电动机。在旋转轴的末端安装着一个小齿轮(主动齿轮)，它能带动安装在副节气门轴末端的凸轮轴齿轮旋转，以此来控制副节气门的开闭，其工作情况如图 5-13 所示。

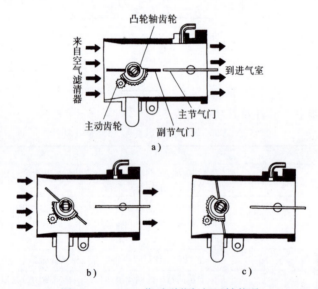

图 5-13 TRC 工作时副节气门运转状况

a) 不运转，副节气门全开　b) 半运转，副节气门打开 50%　c) 全运转，副节气门全闭

副节气门开度传感器结构如图 5-14a 所示，它安装在副节气门轴上，其功用是将副节气门开启角度转换为电压信号，并通过发动机与自动变速器 ECU 将这些信号送给 ABS/TRC ECU。其内部结构如图 5-14b 所示。

副节气门电路接线原理如图 5-15 所示。

3. TRC 控制电路及主要装置

丰田公司的 TRC 电路如图 5-16 所示。主要由 TRC ECU、制动执行器、继电器、传感器及副节气门执行器等组成，各主要装置的功能见表 5-2。

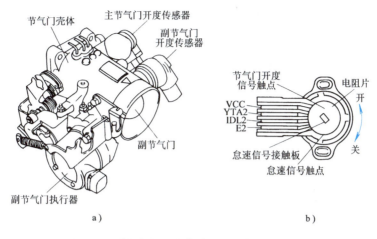

图 5-14 副节气门开度传感器的安装及内部结构
a) 安装位置 b) 内部结构

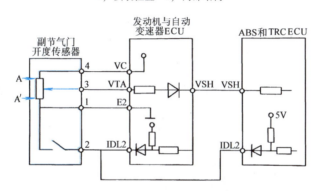

图 5-15 副节气门电路接线原理

表 5-2 TRC 主要装置及其功能

主要装置	功　　能
ABS/TRC ECU	根据前后车速传感器传递的信号,以及发动机与自动变速器 ECU 中节气门开度信号判断汽车行驶条件,然后相应地给副节气门执行器以及 TRC 制动执行器传送控制信号。同时给发动机与自动变速 ECU 传送信号,使之得到 TRC 的运转信息 若 TRC 出现故障,该装置就打开 TRC 警告灯提醒驾驶人 当记录故障码后,它通过代码来显示各种故障
前后车速传感器	检测车轮转速,然后将轮速信号传送给 ABS/TRC ECU
空档起动开关	向 ABS/TRC ECU 输入变速杆位置信号(P 位、N 位)
制动液面指示灯	检测制动主缸储液罐中制动液面高度,并将所得信号传送给 ABS/TRC ECU
制动灯开关	检测制动信号(制动踏板是否踩下),并将信号传送给 ABS/TRC ECU
TRC 切断开关	允许驾驶人让 TRC 处在不工作状态
发动机与自动变速器 ECU	接收主副节气门信号,并将信号传送给 ABS/TRC ECU
主节气门开度传感器	检测主节气门开度信号,并将信号传送给发动机与自动变速器 ECU
副节气门开度传感器	检测副节气门开度信号,并将信号传送给发动机与自动变速器 ECU
TRC 制动执行器	根据从 ABS/TRC ECU 传来的信号,为 ABS 执行器提供液压
ABS 执行器	根据从 ABS/TRC ECU 传来的信号,分别控制左右后轮制动分泵中的制动液压

(续)

主要装置	功　　能
副节气门执行器	根据从 ABS/TRC ECU 传来的信号，控制副节气门的开启角
TRC 警告灯	通知驾驶人 TRC 正常工作，若 TRC 出现故障，则闪亮警告驾驶人
TRC 关闭指示灯	通知驾驶人由于 ABS 或发动机控制系统出现了故障，TRC 不工作或 TRC 切断开关已断开
TRC 制动主继电器	给 TRC 制动执行器及 TRC 泵电动机继电器提供电流
TRC 泵电动机继电器	给 TRC 泵电动机提供电流
TRC 节气门继电器	通过 ABS/TRC ECU 给副节气门执行器提供电流

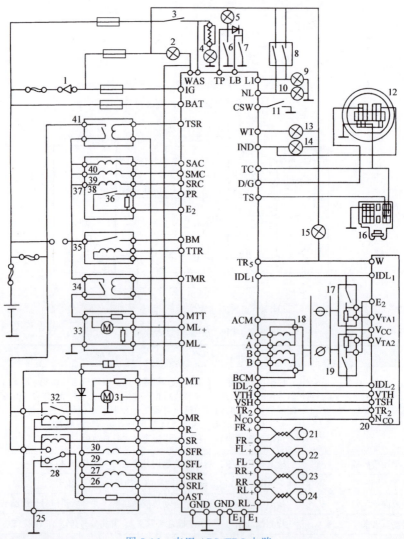

图 5-16　丰田 ABS/TRC 电路

1—点火开关　2—ABS 警告灯　3—制动灯开关　4—制动灯　5—制动警告灯　6—驻车制动开关　7—储液室液位开关
8—空档起动开关　9—P 位指示灯　10—N 位指示灯　11—TRC 关闭开关　12—诊断插头Ⅰ　13—TRC 关闭指示灯
14—TRC 工作指示灯　15—发动机警告灯　16—诊断插头Ⅱ　17—主节气门开度传感器　18—副节气门控制电动机
19—副节气门开度传感器　20—发动机和变速器 ECU　21—右前轮车速传感器　22—左前轮车速传感器
23—右后轮车速传感器　24—左后轮车速传感器　25—制动压力调节装置　26—左后调压电磁阀　27—右后调压电磁阀
28—调压电磁阀继电器　29—左前调压电磁阀　30—右前调压电磁阀　31—电动回液泵　32—电动回液泵继电器
33—TRC 电动供液泵　34—TRC 电动供液泵继电器　35—副节气门控制步进电机继电器　36—压力开关
37—TRC 隔离电磁阀总成　38—储液室隔离电磁阀　39—制动主缸隔离电磁阀
40—蓄能器隔离电磁阀　41—TRC 制动主继电器

4. TRC 的工作过程

TRC 的工作过程如图 5-17 所示。

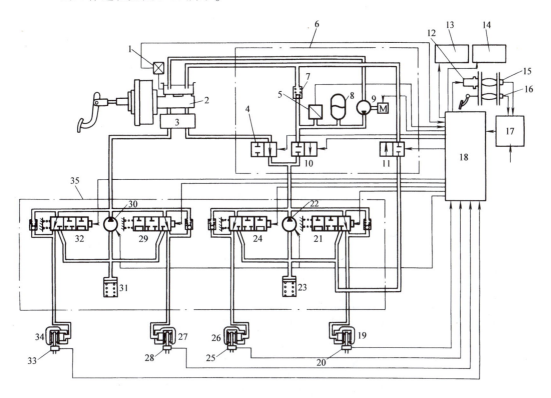

图 5-17 TRC 电子控制与液压管路图

1—液位开关 2—制动主缸 3—比例阀和平衡阀 4—制动主缸隔离电磁阀 5—压力开关 6—TRC 隔离电磁阀总成和 TRC 制动供能总成 7—限压阀 8—蓄能器 9—电动供液泵 10—蓄能器隔离电磁阀 11—储液室隔离电磁阀 12—副节气门控制步进电动机 13—TRC 工作指示灯 14—TRC 关闭指示灯 15—副节气门开度传感器 16—主节气门开度传感器 17—发动机和自动变速器 ECU 18—ABS/TRC ECU 19—右后制动轮缸 20—右后车速传感器 21—右后调压电磁阀 22—后回液泵 23—后储液器 24—左后调压电磁阀 25—左后车速传感器 26—左后制动轮缸 27—右前制动轮缸 28—右前车速传感器 29—右前调压电磁阀 30—前回液泵 31—前储液器 32—左前调压电磁阀 33—左前车速传感器 34—左前制动轮缸 35—制动压力调节装置

（1）正常制动过程（TRC 不起作用） 正常制动时，TRC 制动执行器的所有电磁阀都断开。在这种情况下，踩下制动踏板时，制动主缸产生的制动液压通过制动主缸切断电磁阀以及 ABS 执行器中的三位电磁阀，对车轮制动轮缸起作用。当放松制动踏板时，制动液从车轮制动轮缸中流回制动主缸。以下过程可以用表 5-3 加以说明。

表 5-3 正常制动时，各电磁阀和阀门的状态

部件名称	电磁阀	阀门状态
制动主缸切断电磁阀	断开	开
蓄能器切断电磁阀	断开	关
储液罐切断电磁阀	断开	关

（2）汽车加速过程（TRC 起作用）　如果汽车后轮在加速过程中滑转，ABS/TRC ECU 就会控制发动机输出功率以及对后轮进行制动，以避免发生滑转的情况。TRC 执行器中所有电磁阀都在从 ECU 传来的信号控制下全部接通。各电磁阀和阀门的状态可用表 5-4 来说明。

表 5-4　TRC 工作时，各电磁阀和阀门的状态

部件名称	电磁阀	阀门状态
制动主缸切断电磁阀	接通	关
蓄能器切断电磁阀	接通	开
储液罐切断电磁阀	接通	开

左右后轮制动器中的液压分别被控制为三种状态：压力升高、压力保持和压力降低。

1）压力升高。当踩下加速踏板而后轮开始滑转时，TRC 执行器中所有电磁阀在从 ECU 传来的信号控制下全部接通。同时，ABS 执行器的三位电磁阀的开关也被置于"压力升高"状态。在这种情况下，制动主缸切断电磁阀被接通（关状态），蓄能器切断电磁阀也被接通（开状态）。这就使得蓄能器中被加压的制动液通过蓄能器切断电磁阀和 ABS 执行器的三位电磁阀，对车轮制动分泵产生作用。当压力开关检测到蓄能器中压力下降（不管 TRC 运转与否）时，ECU 就控制并打开 TRC 泵来升高压力。

2）压力保持。当后轮制动分泵中的液压升高或降低到规定值时，系统就将进入"压力保持"状态。这种状态的变换是由 ABS 执行器的三位电磁阀开关来完成的。这样就防止了蓄能器中的压力逸出，保持了车轮制动分泵中的液压。

3）压力降低。当需要降低后制动分泵中的液压时，ABS/TRC ECU 就将 ABS 执行器的三位电磁阀开关置于"压力降低"状态。这就使车轮制动分泵中液压通过 ABS 执行器的三位电磁阀和储液罐切断电磁阀流回制动总泵的储液罐中。其结果是制动液压降低，同时 ABS 执行器的泵电动机处于不运转状态。

5. 车轮转速控制过程

ECU 不断地从四个车速传感器接收信号并不断地计算每个车轮的速度，同时根据两个前轮速度估算出汽车的行驶速度，然后设置目标转速。如果在湿滑路面上突然踩下加速踏板，而后轮（驱动轮）开始滑转，那么后轮的转动速度就会超过目标控制速度，于是 ECU 就向副节气门执行器传送关闭副节气门的信号。同时也向 TRC 制动执行器传送信号，使之给后制动分泵提供高压的制动液。ABS 执行器的三位电磁阀通过开关转换控制后轮制动分泵压力，从而防止车轮滑转。

在起动和加速过程中，如果后轮滑转，那么它们的速度将与前轮的速度不一致。ABS/TRC ECU 检测到这一情况后，就使 TRC 工作。

（1）一个典型的轮速控制循环　图 5-18 所示是一个典型的轮速控制循环过程，当驾驶人踩下加速踏板，主节气门迅速打开。后轮（驱动轮）迅速加速，轮速提高，当超过目标控制速度后，ABS/TRC ECU 关闭副节气门，这样就减小了发动机进气量，从而降低了发动机输出转矩（图中①）。同时 ABS/TRC ECU 接通 TRC 制动执行器电磁阀（图中②），并将 ABS 执行器开关置于"压力升高"状态，于是存储在 TRC 蓄能器中的制动液压力升高，加上产生于 TRC 泵的制动液压力，它们向制动轮缸提供充足的液压来实现制动。当制动装置开始

运转时，后轮加速度就会减小，ABS/TRC ECU 将 ABS 执行器的三位电磁阀开关置于"压力保持"状态（图中③）。如果后轮下降得太多，它就将开关置于"压力降低"状态，从而降低制动分泵中的液压，并且恢复后轮转速（图中④）。

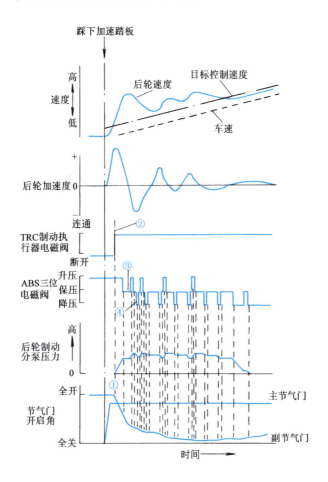

图 5-18　车轮轮速的循环控制

通过重复以上这种循环控制，ABS/TRC ECU 能将车轮速度保持在目标控制速度值附近。

（2）车轮速度控制运转条件　当遇到以下情况时，车轮速度开始在 ABS/TRC ECU 控制下运转：

1) 主节气门不是完全关闭（IDL 应该断开）。
2) 变速杆应在"L"、"2"、"D"或"R"位置（没有"P"、"N"信号）。
3) 汽车行驶速度超过 9km/h，并且制动开关在断开位置（如果车速低于 9km/h,制动灯开关就会接通，制动灯变亮）。
4) TRC 切断开关应该处于断开状态。
5) ABS 处于不运转状态。
6) 系统不应处在传感器检测状态或故障码输出状态。

当 TRC 出现问题时，发动机功率就会下降或汽车制动发生阻滞，但是由于 TRC 的失效保护功能，如果发现 TRC 不正常，ABS/TRC ECU 就会发出指令使系统停止工作，汽车仍像没有装备 TRC 一样可以正常行驶。ABS/TRC ECU 还有自我诊断功能，它能点亮 TRC 警告灯来通知驾驶人 TRC 出现了故障。

在实际使用中，驾驶人可以通过观察 TRC 警告灯和 TRC 关闭指示灯的闪烁规律来对 TRC 发生的故障进行简易判断。表 5-5 是日本丰田汽车系列的 TRC 故障表。

表 5-5　丰田汽车系列 TRC 故障表

问　题	可　能　原　因	
	故　障　部　位	故　障　类　型
点火开关接通后 TRC 警告灯亮了不到 3s	TRC 警告灯或电路	断路或短路
TRC 关闭指示灯不停地亮	TRC 关闭开关或电路	断路或短路
点火开关接通后 TRC 关闭指示灯亮了不到 3s	TRC 关闭指示灯或电路	断路或短路
发动机空转，变速杆在"P"或"N"位置时，TRC 仍在工作	空档起动开关或电路	断路或短路

三、日产车系 ASR

日产公司称 ASR 为 TCS，即 Traction Control System。图 5-19 即是日产公司总统牌轿车采用的 TCS 结构原理框图。其特点是：除控制发动机输出功率外，还要对驱动轮进行制动控制。

四、本田车系 ASR

本田公司也把 ASR 称为 TCS，其结构框图如图 5-20 所示。

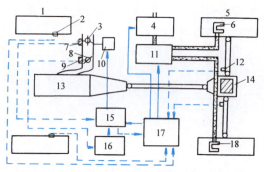
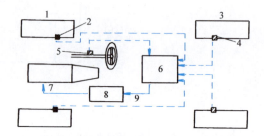

图 5-19　日产公司的 TCS 结构原理框图　　　　图 5-20　本田公司 TCS 结构原理图
1—非驱动轮　2—前轮车速传感器　3—副节气门　　　1—驱动轮　2—前轮车速传感器　3—非驱动轮
4—ABS 执行器　5—驱动轮　6、18—轮缸　7—副节气门传感器　　4—后轮车速传感器　5—转向角度传感器　6—TCS ECU
8—主节气门　9—主节气门传感器　10—节气门执行器　　7—燃油及点火控制信号　8—发动机 ECU（PGM-FI）
11—TCS 执行器　12—后轮车速传感器　　9—发动机控制信号
13—发动机　14—黏性差速器　15—节气门控制组件
16—发动机 ECU（ECCS）　17—TCS ECU

其控制过程是：TCS ECU 根据车轮车速传感器传来的信号，计算滑移率，求出左、右后轮（非驱动轮）的平均速度与实际速度之差，判断出车身速度、路面状态以及转弯状况。ECU 再根据上述信号及转向盘上转向角度传感器的信号，确定出按驱动力型还是按平顺型（重视侧滑力）控制滑移率，根据确定的方式将控制信号输入到发动机 ECU（PGM-FI）中，控制燃油喷射量和点火时间，使发动机输出功率下降，将滑移率控制在规定的范围内。

任务三　介绍防滑差速器

一、防滑差速器的作用与种类

顾名思义，能够防止车轮打滑的差速器即为防滑差速器，它是一种能自动控制汽车驱动轮打滑的差速装置。属于主动安全传动装置。

防滑差速器的作用就是当汽车在好路上行驶时，它具有正常的差速作用。当汽车在坏路上行驶时，它的差速作用被锁止，从而能起到防止驱动车轮滑转的作用。装有防滑差速器的汽车，当某一车轮发生滑转时，它能将驱动力矩的大部分或全部传给不滑转的驱动车轮，充分利用不滑转车轮同地面间的附着力，产生足够的牵引力，使汽车越过障碍，继续前进。

汽车防滑差速器大致有两大类：一类是强制锁止式差速器，它通过电子控制或者气控锁止机构，人为地将差速器锁止，使左、右半轴连成一个整体转动。另一类防滑差速器是自动锁止（自锁）式差速器，它在滑路面上可以自动地增大锁止系数，直至差速器完全锁止。这类差速器有多种结构形式，例如摩擦片和自动（爪型）离合器式等。

二、电子控制式防滑差速器

1. 主动防滑差速器（LSD）

电子控制式防滑差速器目前主要是装有湿式差速器（V—TCS）的防滑控制和主动防滑控制（LSD）差速器两种。其电子控制均采用模糊控制技术。

V—TCS（Vehicle Tracking Control System）型防滑差速器是根据汽车驱动轮的滑移量，通过电子控制装置来控制发动机转速和汽车制动力进行工作的；也有按照左、右车轮的转速差来控制转矩，并采用提高转向性能的后湿式防滑差速器与后轮制动器相结合的方法，最优分配后轮的驱动力，同时减少侧向风力的影响，从而实现增强车辆行驶的稳定性。这种防滑差速器已在日本日产（Nissan）公司生产的总统（President）牌和公爵（Cedric）牌轿车上得到应用。

LSD（Limited Slip Differential）型防滑差速器的工作是利用车上某些传感器，掌握各种道路情况和车辆运动状态，通过操纵加速踏板和制动器，采集或读取驾驶人所要求的信息，并按照驾驶人的意愿和要求来最优分配左、右驱动车轮的驱动力。LSD型防滑差速器控制系统结构框图如图5-21所示。这种防滑差速器1993年8月投放市场，已在日本日产（Nissan）地平线牌轿车上使用。

2. 四轮驱动防滑差速器

（1）基本结构　图5-22所示是具有油压多板式离合器差动限制器的四轮驱动汽车的动力传递路线。从发动机输出的动力经过变速器变速后，从驱动小齿轮传递到环齿轮，由中央差速器分配到前后驱动轴，而且前差动器（前差速器）、后差动器分别传递到左右车轮。该差速传动系统主要由中央差速器和差速限制机构等组成。

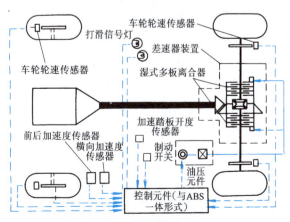

图5-21　LSD型防滑差速器控制系统结构框图

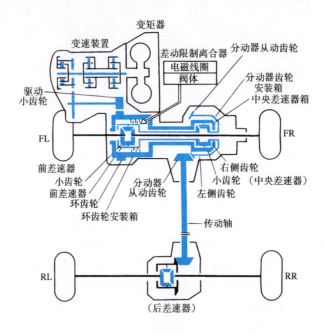

图 5-22 四轮驱动汽车的动力传递路线

1) 中央差速器。中央差速器具有两大功能。第一个功能是把变速器输出的动力均匀分配到前后轮驱动轴上；第二个功能是在车轮转动时将前轮驱动轴和后轮驱动轴的转速差加以吸收。右侧齿轮经过分动齿轮箱→主动齿轮→分动器从动齿轮，驱动力被传递到后差速器，左差速器经过前差速器箱把驱动力传向前差速器。

2) 差速限制机构。当前轮与后轮之间发生转速差时，按照此转速差，控制油压多片离合器的接合力，从而控制前后轮的转矩分配。差动限制离合器由湿式多片离合器盘、摩擦片以及活塞构成，如图 5-23 所示。改变环齿轮安装箱和前差速器箱的接合状态，亦即按照作用于活塞的油压大小，改变多片离合器的压紧力，从而控制向前差速器分配转矩。此外，按照车辆行驶状态的差动限制量，由 ECU 进行判别，由电磁阀控制活塞的工作油压。

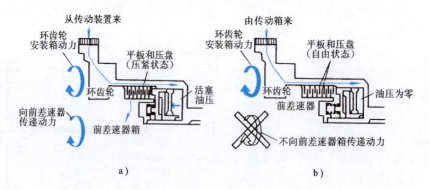

图 5-23 （中央差速器）差动限制离合器的结构和工作示意图
a) 差动限制自动开启(Auto)　b) 差动限制关闭(OFF)

（2）工作原理　图 5-24 所示为防滑差速器电子控制系统控制原理图，该系统主要由传感器、ECU、调节阀（转换阀）等组成。调节阀用于调节液压系统管路压力，利用 1 号（No.1）转换阀使油压 E 升高，调节阀向上升起，以提高 A 调节压力。

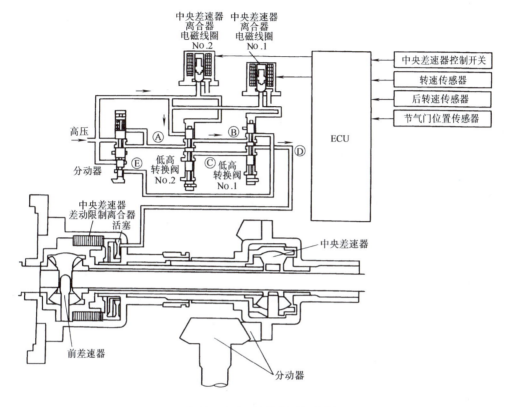

图 5-24　防滑差速器电子控制系统控制原理图

在图 5-24 中，1 号与 2 号电磁线圈均处于断开状态。这时 1 号转换阀输出口被关闭，不向活塞室供给油压，差动限制离合器处于自由状态。当 1 号与 2 号电磁线圈都接通时，由于 1 号和 2 号转换阀上部的油压分别由各自的电磁线圈作用而排出，转换阀由于回位弹簧的弹性作用向上顶起，所以，管路油压（高压）经过图中的箭头所指的路径由输出道口 D 供给并与差动限制离合器的活塞接合。只有当 1 号电磁线圈接通时，被控制的管路油压，经过 A→B→D 的路径作用于活塞，这时油压低，离合器接合力变弱。只有当 2 号电磁线圈接通时，被调节的油压经过 A→C→D 的路径作用于活塞上。这时的油压由于 1 号转换阀的作用，管路油压向 E 反馈，所以变为中油压，见表 5-6。

表 5-6　电磁线圈工作情况

差动限制离合器接合油压	1 号电磁线圈	2 号电磁线圈
无（Free）油压	关	关
低（Low）油压	开	关
中（Medium）油压	关	开
高（High）油压	开	开

通常在驾驶室旁装有四轮驱动的控制开关，能够选择差动限制接合(ON)或断开(OFF)。例如，左前轮在泥泞道路中，控制开关在"AUTO"时，就能对中央差速器的转速差动进行自动限制。由此，与差动限制力相匹配的驱动力被分配到后差速器一侧，由于驱动力全部传递到没有空转的后轮胎上，车轮就从泥泞道路中出来。当控制开关"OFF"时，中央差速器中没有差动限制，前差速器及中央差速器引起旋转差动，驱动力不向左前轮以外传递。当差动限制在自由档的断开工况(OFF)时，仅应用于牵引行驶和装卸紧急时的轮胎上。

（3）控制特性　防滑差速器的差动限制控制特性或控制范围如图 5-25 所示。主要根据节气门开度、车速和变速器的变速位置信号，由 ECU 控制并改变差动限制离合器的压紧力。

1）起步时控制。在 1 档、低速档，节气门开度大时，接合油压增强到中等"Medium"，由此能提高滑动路面或一个车轮脱落时的起步能力。

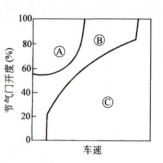

图 5-25　防滑差速器的差动限制控制特性
Ⓐ—起动时控制区域
Ⓑ—打滑控制区域
Ⓒ—通常控制区域

2）打滑控制。如图 5-25 所示，节气门开度与车速关系处于 B 区域，前后轮的转速差按照速度差换算超过 3km/h 时，接合油压变为"Hi"，差动限制达到最大值。

3）通常控制。当接合油压为"Lo"，进行微弱差动限制，以防止产生急转弯制动现象。这是指转弯时前后轮产生车速差，当存在转速差时，转弯困难，就如制动器一样。大多发生在分段式四轮驱动行驶时。

单元六　电子稳定程序控制系统

任务内容

任务一　介绍电子稳定程序控制系统
任务二　检修宝来轿车电子稳定程序控制系统

学习目标

通过本单元的学习掌握电子稳定程序控制系统（ESP）的结构、原理、使用、检修等基本知识，并能灵活地加以应用。

➤ 能够向客户介绍电子稳定程序控制系统(ESP)的特点及其相关基本知识。
➤ 能够对典型电子稳定程序控制系统(ESP)进行一般故障的诊断与检修。

任务一　介绍电子稳定程序控制系统

一、基本理论知识

发生道路交通事故的很大一部分原因是与驾驶人的错误操作有关。高速行驶的车辆在遇到外部意外情况时（如汽车前方突然出现障碍物等），将使汽车处于危险境界，这时就无法保证汽车的安全性。施加在汽车上的横向加速度作用力对驾驶人的操作提出了更高的要求。

好的汽车稳定性取决于汽车能否沿着车道行驶(即汽车转向角的变化尽可能与车道一致)和汽车在转向时能否稳定而不滑移。

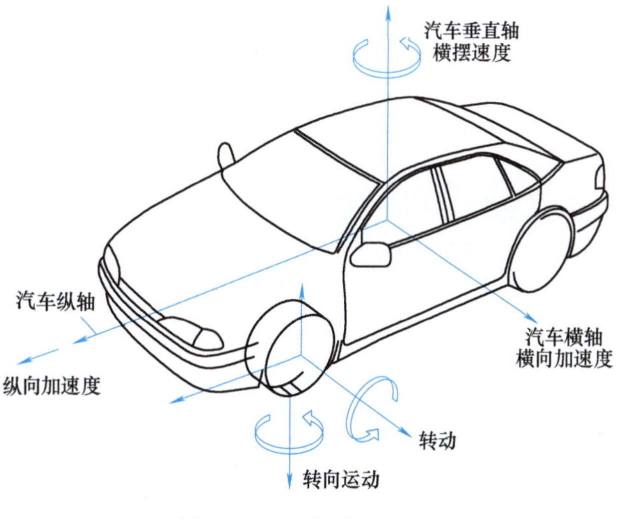

转向时汽车的操纵稳定性至关重要。图 6-1 表示了汽车的侧向运动(用浮角表示)和绕汽车垂直轴的转动(即横摆速度)。

图 6-2 表示了汽车转向角一定时的汽车横向运动学(即圆周行驶)模型。位置 1 是汽车突

图 6-1　汽车主要运动形式

然转向,即转向盘偏转时刻。曲线 2 是汽车在坚实的硬路面上行驶的车道,该车道与转向角是一致的。因为在车轮与路面间的附着系数足够大时,横向加速度力能传递到路面。当车轮与路面间的附着系数较小时,如在光滑路面,则浮角相当大,如曲线 3。控制横摆速度将使汽车进一步绕其垂直轴转动,如曲线 2 那样,但由于浮角过大而威胁到汽车的稳定性。为此非常有必要控制汽车横摆速度并限制浮角 β 来保证车辆的行驶稳定(如图 6-2 中曲线 4 所示)。

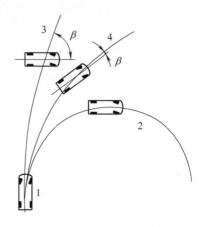

图 6-2　汽车横向运动学模型
1—转向角一定时的突然转向　2—在坚实硬路面上行驶车道　3—在光滑路面控制横摆速度时的行驶车道　4—在光滑路面控制横摆速度和浮角 β 时的行驶车道

二、电子稳定性程序(ESP)的功能

ESP(Electronic Stability Programe)意为电子稳定程序。在丰田车系中也称 VSC(Vehicle Stability Control)系统,即车辆稳定性控制系统。

电子稳定性程序(ESP)是改善汽车行驶性能的一种控制系统。该控制系统分成两个系统:一个系统在制动系统中;另一个系统在驱动—传动系统中。利用与 ABS 一起的综合控制可防止汽车在制动时车轮抱死;利用 ASR 可阻止汽车在起步时驱动轮滑转(空转)。只要汽车在行驶时不超出物理极限,ESP 兼有防止汽车转向时滑移、不稳定和侧向驶出车道的综合功能。

ESP 可在以下几个方面改善汽车行驶安全性:

1) 扩大了汽车行驶稳定性范围。在汽车的各种行驶状况下,如全制动、部分制动、车轮空转、驱动、滑行和负载变化,仍可保持汽车在车道中行驶。

2) 扩大了汽车在极端情况时的行驶稳定性,如在恐惧和惊恐时要求特别的转向技巧,从而降低了汽车横甩的危险。

3) 在各种路况下,通过 ABS、ASR 和发动机倒拖转矩控制(在发动机制动力矩过高时可自动提高发动机转速);还可进一步利用轮胎与路面间的附着力,从而可缩短制动距离、增大牵引力、改善汽车的操控性和行驶稳定性。

三、基本工作原理

ESP 工作的基本原理是利用汽车上的制动系统使汽车能"转向"。车轮制动器的原本任务是使汽车减速或让汽车停下来。在允许的物理极限范围内,ESP 通过控制车轮制动器的工作,使汽车在各种行驶状况下都能在车道内保持稳定行驶。

ESP 通过横摆角速度传感器识别车辆绕垂直于地面轴线方向的旋转角度及通过侧向加速度传感器识别车辆实际运动方向。例如:ESP 判定为出现不足转向时,将制动内侧后轮,使车辆进一步沿驾驶人转弯方向偏转,从而稳定车辆(图 6-3);ESP 判定为出现过度转向时,ESP 将制动外侧前轮,防止出现甩尾,并减弱过度转向趋势,稳定车辆(图 6-4)。

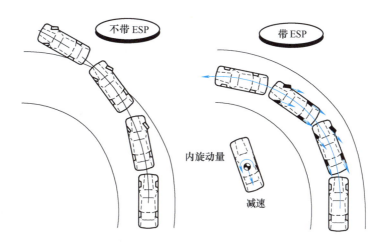

图 6-3 避免"漂出"的原理

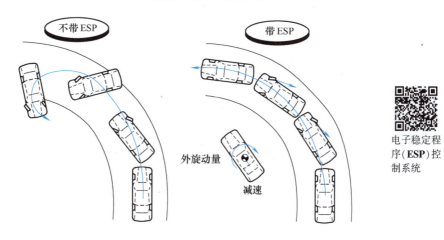

图 6-4 避免"甩尾"的原理

四、系统组成

电子稳定程序是建立在其他牵引控制系统之上的一个非独立系统。系统的大部分元件与驱动防滑转系统可共用。ESP 的电控系统由传感器、控制单元和执行元件三部分组成。

ESP 的主要传感器包括转向盘转角传感器、加速度传感器和横摆角速度传感器等。

1. 转向盘转角传感器

各种角度传感器在原则上都可用于检测转向盘角度。在大多数应用的传感器中可以连续记录和存储当前转向盘的转角。不足的是常用的转角传感器只能测量 360°，而轿车转向盘的角度范围为 −720°~+720°，总的转动为 4 圈。为安全起见，需要另外一些形式的转角传感器。

常用的转向盘转角传感器有电位器式、光代码式、电磁式、磁阻式等。下面以与博世（Bosch）公司电控单元配用的转角传感器为例介绍其工作原理。

（1）LWS1 型 Hall 转向盘转角传感器　LWS1 型 Hall 转向盘转角传感器有 14 个 Hall 栅栏（传感器）检测角度和转向盘的转动，如图 6-5 所示。1 个 Hall 栅栏（传感器）像 1 个光栅，1 个 Hall 传感器检测相邻磁铁的磁场。磁场由于被与转向柱一起转动的金属编码盘阻挡而大为减弱，甚至屏蔽。这样，9 个 Hall 传感器得到转向盘角度的编码（数字）信息，剩下的 5

个 Hall 传感器记录转向盘的转动。通过 4∶1 的减速比，将该转动变为 360°，即 4 转变 1 转。

LWS1 型转向盘转角传感器上面的 9 个磁铁，根据转向盘转向位置，被放在它下面的软磁材料的编码盘逐个屏蔽。在印制电路板上有 Hall 传感器（准确说为 Hall 开关）和微处理器。在微处理器中可检测传感器的可信度，并对检测的角度进行译码，并为 CAN 总线传输数据做准备。LWS1 型转向盘转角传感器的下半部分是减速器和 5 个栅栏（传感器）。

LWS1 型转向盘转角传感器由于元器件众多，需等距离安装磁铁及对准，而被"LWS3"型转向盘转角传感器替代。

（2）LWS3 型磁阻式转向盘转角传感器　LWS3 型磁阻式转向盘转角传感器带有各向异性磁阻式传感器（Anisotrop Magnetoresistiven Sensoren，AMR）。磁阻式传感器电阻随外部磁场方向（即磁通密度）而变。通过测量两个齿轮的角度就可得到转向盘在 4 整圈的角度信号。两个齿轮由转向轴上的一个齿轮驱动。这两个齿轮差 1 个齿。这样，从两个齿轮的一对角度值就可知道转向盘的每个可能的位置，如图 6-6 所示。

两个磁铁 5 放在两个齿轮 3 和 7 中，在两个磁铁上面是两个 AMR 传感器 2 和处理电路 4。

为使成本更低，也可采用装在转向轴轴端的单个 AMR 角度传感器，即 LWS4 型转向盘转角传感器，以保证 ESP 的安全性。但它只能测量 360°的角度范围（图 6-7）。

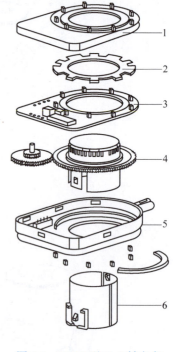

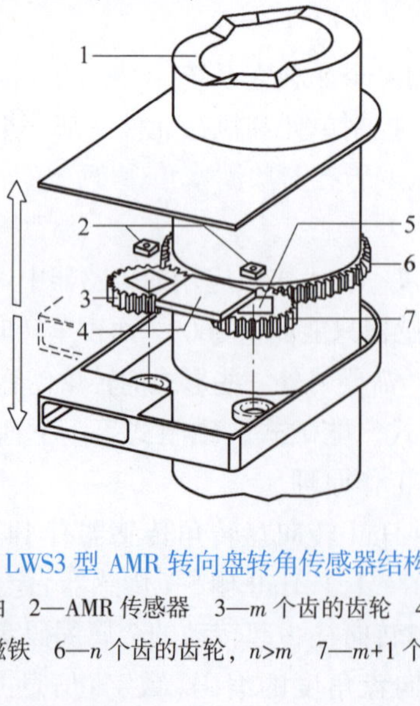

图 6-5　LWS1 型 Hall 转向盘转角传感器分解图

1—带 9 个等距离分布的永久磁铁的壳体盖　2—软磁材料的编码盘　3—带 9 个 Hall 传感器和微处理器的印制电路板　4—减速器　5—其余 5 个 Hall 栅栏（传感器）　6—转向柱固定套筒

图 6-6　LWS3 型 AMR 转向盘转角传感器结构原理图

1—转向轴　2—AMR 传感器　3—m 个齿的齿轮　4—处理电路　5—磁铁　6—n 个齿的齿轮，$n>m$　7—$m+1$ 个齿的齿轮

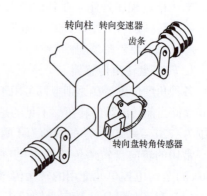

图 6-7　LWS4 型 AMR 转向盘转角传感器装在转向轴轴端

2. 加速度传感器

带有防抱死制动系统（ABS）、驱动防滑转控制（ASR）、四轮驱动或还带有电子稳定性程序（ESP）的汽车，除车轮传感器外，都装有加速度传感器，以测量汽车行驶时的纵向和横向加速度。

常见的有霍尔（Hall）加速度传感器。在 Hall 加速度传感器中使用"弹性"固定的弹簧—质量系统，如图 6-8 所示。

Hall 加速度传感器有一个竖放的带状弹簧 3，一端夹紧；另一端固定着永久磁铁 2，以作为振动质量。在永久磁铁上面是带有信号处理集成电路的 Hall 传感器，在下面有一块铜阻尼板 4。

如果传感器感受到横向加速度 a，则传感器的弹簧—质量系统离开它的静止位置而偏移。偏移程度与加速度大小有关。运动的磁铁在 Hall 元件中产生 Hall 电压 U_0，经信号处理电路处理后输出信号电压，信号电压随加速度增加而线性增加。加速度测量范围约 $-g \sim g$。

3. 横摆角速度传感器

横摆角速度传感器或偏转速度传感器也称陀螺测速仪。它用于检测配备有电子稳定性程序（EPS）的汽车在弯道行驶或加速时绕其垂直轴的转动，以对其动态行驶状态进行调节。

（1）MM1 型横摆角速度传感器　为达到行驶动力学系统所需要的高精度转动率传感器，采用如下两个工艺。利用空间微力学在硅片上加工出两个较厚的振动质量块。这两个振动质量块在它们的谐振频率上推挽式振动，振动频率大于 2kHz。每个振动块上带有最小外形尺寸的电容式表面微力学加速度传感器。如传感器芯片绕汽车垂直轴以转动率为 Ω 的速度转动时，传感器可检测到硅片表面垂直于振动方向的哥氏加速度，如图 6-9、图 6-10 所示。其值与转动率 Ω 和调节到等值的振动速度的乘积成正比。

在振动质量块上的导电电路上通电，对振动块激振，振动块在磁通密度 B 的作用下，产生一个垂直于芯片的洛伦兹（Lorenz）力。同样，利用可节省导线的简单的芯片表面，在同一磁场下以感应的方式可直接测量振动速度。激振系统和传感器系统间的不同物理特性可以避免两振动块之间出现不希望的干扰。为抑制外部的混杂加速度，将两个相反的传感器信号相减（利用两信号的合成还可确定外部的混杂信号）。精确的横摆角速度传感器结构，可抑制高的振动加速度与比它要低好几个数量级的哥氏加速度的影响（横向灵敏度还要低于 40dB）。传感器的这种结构将激振的驱动系统和传感器的测量系统在机械和电气上严格地分开。

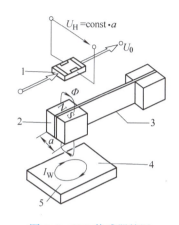

图 6-8　Hall 传感器简图

1—Hall 传感器　2—永久磁铁　3—弹簧
4—阻尼板　5—I_W 涡流（阻尼）　U_H—Hall
电压　U_0—供电电压　Φ—磁场　a—检测
的横向加速度

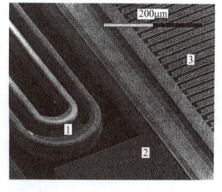

图 6-9　MM1 型横摆角速度传感器结构

1—保持（导向）弹簧　2—振动质量块
（一部分）　3—哥氏加速度传感器

（2）MM2 型横摆角速度传感器　如果横摆角速度传感器完全用表面微力学（OMM）技术制造，同时驱动系统和调节系统用静电系统代替，就可使驱动系统和调节系统结合在一起。一个中心放置的扭振器被梳状结构件静电驱动而产生扭振，如图 6-11 和图 6-12 所示。利用均匀的电容式抽头，调节电容使扭振振幅不变。同时哥氏加速度迫使扭振器俯仰，其幅值与转动率 Ω 成正比，在扭振器下面放置的电极就会检测到俯仰运动时电容的变化。为不使俯仰运动受到太大的阻尼，扭振器要放在真空中。微小的芯片尺寸和简单的制造过程使传感器的成本明显降低，但整个传感器尺寸不能进一步缩小，否则测量效果不显著，测量精度不高。侧向混杂加速度可通过扭振器质心轴的支承以及系统高的弯曲刚度的机械方法予以抑制。

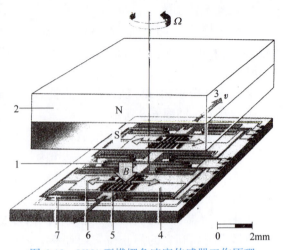

图 6-10　MM1 型横摆角速度传感器工作原理

1—由频率确定的耦合弹簧　2—永久磁铁　3—振动方向
4—振动质量块　5—哥氏加速度传感器　6—哥氏加
速度方向　7—保持（导向）弹簧　Ω—转动率
v—振动速度　B—磁通密度

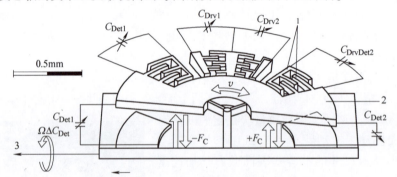

图 6-11　MM2 型横摆角速度传感器结构及原理

1—梳状结构体　2—扭振器　3—测量轴　C_{Drv}—驱动电极电容　C_{Det}—扭振的电容抽头
F_C—哥氏力　v—扭振速度　$\Omega \Delta C_{Det}$—需测量的转动率

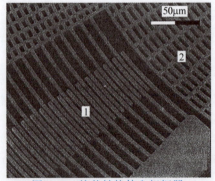

图 6-12　梳状结构体和扭振器

1—梳状结构件　2—扭振器

任务二　检修宝来轿车电子稳定程序控制系统

一、系统组成

宝来轿车防滑控制系统部件组成及布置如图 6-13 所示。电气/电子部件及安装位置如图 6-14 所示。仪表警告灯如图 6-15 所示。

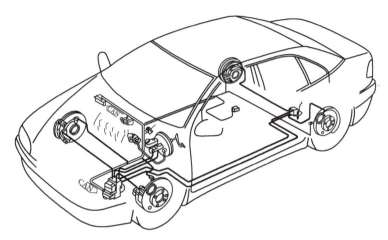

图 6-13　宝来轿车防滑控制系统部件组成及布置

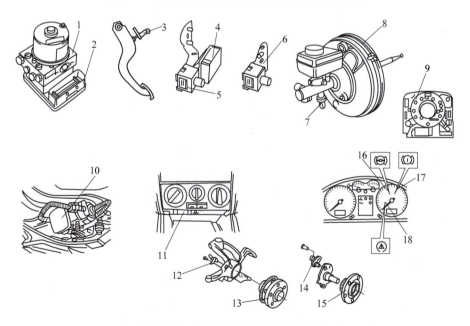

图 6-14　电气/电子部件及安装位置

1—ABS 液压单元 N55　2—ABS 控制单元 J104　3—制动灯开关 F　4—横摆角速度传感器 G202　5—横向加速度传感器 G200　6—纵向加速度传感器 G251　7—制动压力传感器 G201　8—制动助力器　9—转向盘转角传感器 G85　10—制动真空泵 V192　11—自诊断接口　12—右前/左前转速传感器 G45/G47　13—带转速传感器转子的轮毂　14—右后/左后转速传感器 G44/G46　15—带转速传感器转子的轮毂　16—ABS 警告灯 K47　17—制动系统警告灯 K118　18—稳定程序警告灯 K155

1. 警告灯 K47

在打开点火开关及结束检测过程后，如果 ABS 警告灯 K47 不熄灭，则可能存在下述故障：

1）供电电压低于 10V。

2）ABS 有故障。如有故障时，防抱死功能被切断，但制动功能正常。

3）最后一次起动车辆后，转速传感器有偶然故障。在此状况下，起动车后且车速超过 20km/h 时，K47 自动熄灭。

4）组合仪表与控制单元 J104 间断路。

5）组合仪表损坏。

2. 警告灯 K47 和 K118

如果 K47 熄灭，但 K118 仍亮着，故障原因如下：

1）驻车制动器已拉紧。

2）警告灯 K118 的控制有故障。

3）制动液液面过低。

如果 K47 及 K118 亮，说明 ABS 及 EBD（电子制动力分配）有故障。

注意：如果 K47 及 K118 亮，那么制动时后轮可能提前抱死。

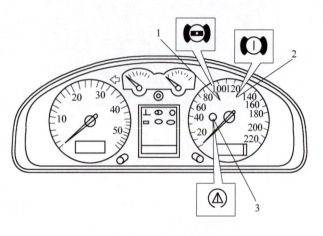

图 6-15　警告灯

1—ABS 警告灯 K47　2—制动系统警告灯 K118
3—稳定程序警告灯 K155

3. 警告灯 K155

如果打开点火开关且检测结束后，K155 不熄灭，故障原因如下：

1）ASR/ESP 按钮 E256 对正极短路。

2）稳定程序警告灯 K155 的控制有故障。

3）ASR/ESP 已由 E256 切断，此故障只影响 ASR/ESP 等安全系统，车上的 ABS/EBD 安全系统功能完全正常。车辆在行驶中，如稳定程序警告灯 K155 闪亮，说明 ASR 及 ESP 正在工作。

二、ESP 控制系统

ESP 控制系统的组成如图 6-16 所示。

1. 传感器

ESP 的主要传感器包括转向盘转角传感器 G85、侧向加速度传感器 G200、横摆角速度传感器 G202 和制动压力传感器 G201。

（1）转向盘转角传感器 G85

安装位置：转向柱上，转向开关与转向盘之间，与安全气囊时钟弹簧集成为一体。

作用：向带有 EDL/TCS/ESP 的 ABS 控制单元传递转向盘转角信号。

测量范围：±720°，4 圈，测量精度为 1.5°，分辨速度为 1°/s～2000°/s。

失效影响：系统将不能识别车辆的预期行驶方向（驾驶人意愿），导致 ESP 不起作用。

自诊断：更换控制单元或传感器后，需重新标定零点。

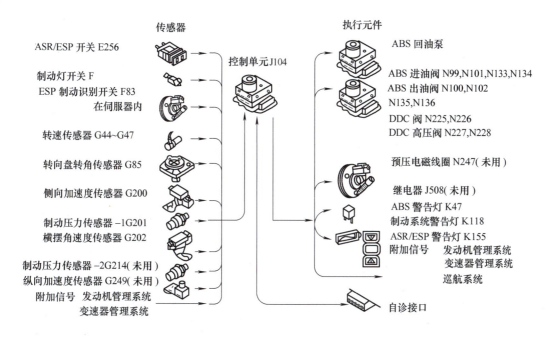

图 6-16　ESP 控制系统的组成

电路连接：G85 是 ESP 中唯一一个直接由 CAN-BUS 向控制单元传递信号的传感器。打开点火开关后，转向盘被转动 4.5°（相当于 1.5cm），传感器进行初始化。

拆装注意事项：安装时，要保证 G85 在正中位置，观察孔内黄色标记可见。

（2）侧向加速度传感器 G200

安装位置：转向柱下方偏右侧，与横摆角速度传感器一体。

作用：确定侧向力。

失效影响：若没有 G200 信号，则无法识别车辆状态，ESP 失效。

测量精度为 1.2V/g，测量范围为 ±1.7g（加速度），信号为 0~2.5V。

（3）横摆角速度传感器 G202

安装位置：转向柱下方偏右侧，与侧向加速度传感器一体。

作用：G202 感知作用在车辆上的转矩，识别车辆围绕垂直于地面轴线方向的旋转运动。

失效影响：若没有此信号，控制单元不能识别车辆是否发生转向，ESP 功能失效。

（4）制动压力传感器 G201

安装位置：在主缸上，为最大程度地保证安全，有些系统采用了两个传感器（双重保障，实际 1 个就够用，本车采用 1 个）。

功能：计算制动力，控制预压力。

失效影响：ESP 功能不起作用。

最大测量值为 17MPa，最大能量消耗为 10mA、5V。

（5）ASR/ESP 开关 E256

安装位置：在仪表板上。

作用：按此开关可关闭 ASR/ESP 功能，并由仪表上的警告灯指示出来，再次按压此开关可重新激活 ASR/ESP 功能。如果驾驶人忘记重新激活 ASR/ESP，再次起动发动机后系统可被重新激活。

下列情况下，有必要关闭 ESP。

1）在积雪路面或松软路面上，让车轮自由转动，前后移动车辆。

2）安装了防滑链的车辆。

3）在测功机上检测车辆。

ESP 正在介入时，系统将无法被关闭；E256 失效，ESP 将不起作用。

2. 控制单元

图 6-17 所示为控制单元的结构，其功能有：

1）控制 ESP、ABS、EDL、ASR、EBD 及 EBC。

2）连续监控所有电气部件。

3）支持自诊断。

打开点火开关后，控制单元将做自测试。所有的电气连接都将被连续监控，并周期性检查电磁阀功能。

3. 电路图

ESP 电路如图 6-18 所示。

三、自诊断与调整

可利用自诊断系统，使用 V. A. G1551（或 1552）、V. A. S5051（或 5052）进行故障诊断。

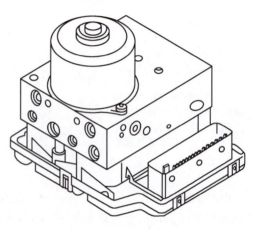

图 6-17 控制单元的结构

特别需要注意的是：更换了转向盘转角传感器 G85 及控制单元 J104 后，必须重新进行标定工作，即传感器零点需位于转向盘正前方位置。若 G85 底部检查孔内的黄点清晰可见，则表明传感器在零点位置。更换了压力传感器、侧向/纵向加速度传感器，也需要做调整工作。横摆角速度传感器可自动校准。

下列为 04 功能"基本设定"中的通道号：

60——转向盘转角传感器 G85 零点调整；

63——侧向加速度传感器 G200 零点调整；

66——制动压力传感器 G201 零点调整；

69——纵向加速度传感器零点调整（四轮驱动）。

1. G85 零点平衡

1）连接 V. A. G1551 或 V. A. S5051 进入 03 地址。

2）登录 11Q、40168Q（做多项调整时，只需登录 1 次）。

3）起动车辆，在平坦路面试车，以不超过 20km/h 的车速行驶。

4）如果转向盘在正中位置（若不在正中位置，调整），停车即可，不要再调整转向盘，不要关闭点火开关。

5）检查 08 功能下 004 通道第一显示区 0°。

6）04Q，060Q；ABS 警告灯闪亮。

7）06 退出，ABS 和 ESP 警告灯亮约 2s。

8）结束。

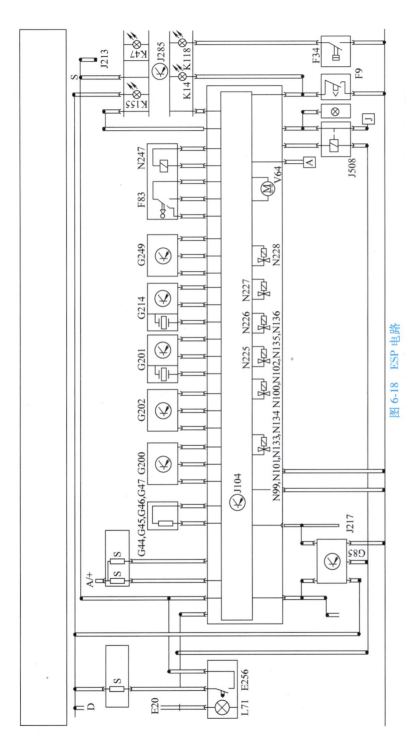

图 6-18 ESP 电路

D—点火开关 S—熔断器 A/+—电源 E20—仪表照明调节器 L71—ASR/ESP开关照明灯 E256—ASR/ESP开关 G44/G46—右后/左后转速传感器 G45/G47—右前/左前转速传感器（未用）G200—纵向加速度传感器 G202—横摆角速度传感器 G214—制动压力传感器 N99、N101、N133、G249—纵向加速度传感器（未用）F83—ESP制动识别开关 N247—预压电磁线圈 J104—ASR/EDL/ASR/ESP控制单元 V64—ABS液压泵 G85—转向角 N134—ABS进液电磁阀 N100、N135、N136—ABS出液电磁阀 N225、N226、N227、N228—ESP高压开关阀 K155—ASR/ESP警告灯 K47—ABS警告灯 度传感器 J508—继电器 N99,N101,N133,N134 N100,N102,N135,N136 F9—驻车制动灯开关 F34—制动液面报警开关 J213—卸荷继电器 K118—制动系统警告灯 K14—驻车制动指示灯 J285—组合仪表带显示器的控制单元 J217—自动变速器控制单元

2. 侧向加速度传感器 G200 零点平衡

1）将车停在水平面上。

2）连接 V.A.G1551 或 V.A.S5051 进入 03 地址。

3）登录 11Q，40168Q。

4）04Q，063Q；ABS 警告灯闪亮。

5）结束 06 退出。

6）ABS 和 ESP 警告灯亮约 2s。

若显示该功能不能执行，说明登录有误。

若显示基本设定关闭，说明超出零点平衡允许公差。读取 08 数据块（004 通道第二显示区静止时±1.5；转向盘至止点，以 20km/h 车速左/右转弯，测量值应均匀上升）及故障记忆。然后重新进行设定。

3. 制动压力传感器 G201 零点平衡

1）不要踩制动踏板。

2）连接 V.A.G1551 或 V.A.S5051 进入 03 地址。

3）进入 08 阅读测量数据块 005 通道检查第一显示区±0.7MPa。

4）登录（11Q，40168Q）。

5）04Q，066Q；ABS 警告灯闪亮。

6）结束 06 退出。

7）ABS 和 ESP 警告灯亮约 2s。

若显示该功能不能执行，说明登录有误。

若显示基本设定关闭，说明超出零点平衡允许公差。读取 08 数据块（005 通道）及故障记忆。然后重新进行设定。

4. ESP 启动检测

ESP 检测用于检查传感器（G200、G202、G201）信号的可靠性，拆卸或更换 ESP 部件后，必须进行 ESP 检测。具体方法如下：

1）连接 V.A.G1551 或 V.A.S5051，打开点火开关，进入 03 地址。

2）进入 04 基本设定，选择 093 通道，按 Q 键。

3）显示屏显示 ON，ABS 警告灯亮。

4）拔下自诊断插头，起动发动机。

5）用力踩下制动踏板（制动力应大于 3.5MPa），直到 ESP 警告灯 K155 闪亮。

6）以 15~30km/h 试车，时间不超过 50s，行车时应保证 ABS、EDS、ASR、ESP 不起作用。

7）转弯并保证转向盘转角大于 90°。

8）ABS 警告灯和 ESP 警告灯熄灭，则 ESP 检测顺利完成。

若 ABS 灯不灭，说明 ESP 检测未顺利完成，应重复上述操作；若 ABS 灯不灭且 ESP 灯亮起，说明系统存在故障，查询故障存储器，并予以排除后，再重新进行 ESP 检测。

> 讨论：电子稳定程序（EPS）与电控防抱死制动系统（ABS）有哪些传感器可以共享？

单元七　电子控制悬架系统

任务内容

　　任务一　介绍电子控制悬架系统
　　任务二　比较典型的电子控制悬架系统
　　任务三　检修电子控制悬架系统

学习目标

　　通过本单元的学习掌握电子控制悬架系统的结构、原理、使用、检修等基本知识，并能灵活地加以应用。
　➡ 能够向客户介绍电子控制悬架系统的特点及其相关基本知识。
　➡ 能够比较典型电子控制悬架系统。
　➡ 能够对电子控制悬架系统进行一般故障的诊断与检修。

任务一　介绍电子控制悬架系统

一、电子控制悬架系统的功能

　　电子控制悬架系统的基本目的是通过控制调节悬架的刚度和阻尼力，突破传统被动悬架的局限性，使汽车的悬架特性与道路状况和行驶状态相适应，从而保证汽车行驶的平顺性和操纵的稳定性要求都能得到满足。其基本功能有：

　　1. 车高调整

　　无论车辆的负载多少，都可以保持汽车高度一定，车身保持水平，从而使前照灯光束方向保持不变；当汽车在坏路面上行驶时，可以使车高升高，防止车桥与路面相碰；当汽车高速行驶时，又可以使车高降低，以便减小空气阻力，提高操纵稳定性。

　　2. 减振器阻尼力控制

　　通过对减振器阻尼系数的调整，防止汽车急速起步或急加速时车尾下蹲；防止紧急制动时的车头下沉；防止汽车急转弯时车身横向摇动；防止汽车换档时车身纵向摇动等，提高行驶平顺性和操纵稳定性。

　　3. 弹簧刚度控制

　　与减振器一样在各种工况下，通过对弹簧弹性系数的调整，来改善汽车的乘坐舒适性与操纵稳定性。

　　有些车型只具有其中的一个或两个功能，而有些车型同时具有以上三个功能。

二、电子控制悬架系统的种类

现代汽车装用的电子控制悬架系统种类很多。

按传力介质的不同可分为气压式和油压式两种。

按控制理论不同电子控制悬架系统可分为半主动式和主动式两大类。其中半主动式又分为有级半主动式(阻尼力有级可调)和无级半主动式(阻尼力连续可调)两种;主动式悬架根据频带和能量消耗的不同,分为全主动式(频带宽大于15Hz)和慢全主动式(频带宽3~6Hz);而根据驱动机构和介质的不同,可分为电磁阀驱动的油气主动式悬架和由步进电动机驱动的空气主动式悬架。

无级半主动悬架可以根据路面的行驶状态和车身的响应对悬架阻尼力进行控制,并在几毫秒内由最小变化到最大,使车身的振动响应始终被控制在某个范围内。但在转向、起步、制动等工况时不能对阻尼力实施有效的控制。它比全主动式悬架优越的地方是不需要外加动力源,消耗的能量很小,成本较低。

主动式悬架是一种能供给和控制动力源(油压、空气压)的装置。根据各种传感器检测到的汽车载荷、路面状况、行驶速度、起动、制动、转向等状况的变化,自动调整悬架的刚度、阻尼力以及车身高度等。它能显著提高汽车的操纵稳定性和乘坐舒适性。

三、电子控制悬架系统的组成与工作原理

虽然现代汽车电控悬架系统由于控制功能和控制方法的不同,其结构形式多种多样,但它们的基本组成却是相同的。即由感应汽车运行状况的各种传感器、开关、电子控制单元及执行机构等组成。传感器一般有车高传感器、车速传感器、加速度传感器、转向盘转角传感器、节气门位置传感器等。开关有模式选择开关、制动灯开关、停车开关和车门开关等。执行机构有可调阻尼力的减振器,可调节弹簧高度和弹性大小的弹性元件等。

电控悬架系统的一般工作原理是:利用传感器(包括开关)把汽车行驶时路面的状况和车身的状态进行检测,将检测信号输入ECU进行处理,ECU通过驱动电路控制悬架系统的执行器动作,完成悬架特性参数的调整,其工作原理如图7-1所示。

电子控制悬架系统

图7-1 电控悬架系统的工作原理

四、传感器的结构与工作原理

1. 转向盘转角传感器

转向盘转角传感器用于检测转向盘的中间位置、转动方向、转动角度和转动速度。在电子控制悬架中,电子控制单元根据车速传感器信号和转角传感器信号,判断汽车转向时侧向力的大小和方向,以控制车身的侧倾。

现代汽车多采用光电式转角传感器,图7-2所示是丰田汽车TEMS上应用的光电式转角传感器的安装位置和结构。在转向盘的转向轴上装有一个带窄缝的圆盘,传感器的光敏元件(即发光二极管)和光敏接收元件(光敏晶体管)相对地装在遮光盘两侧形成遮光器。由于圆盘上的窄缝呈等距均匀分布,当转向盘的转轴带动圆盘偏转时,窄缝圆盘将扫过遮光器中间的空穴,从而在遮光器的输出端,即可进行ON、OFF转换,形成脉冲信号。

光电式转角传感器的工作原理如图 7-3 所示，电路原理如图 7-4 所示。

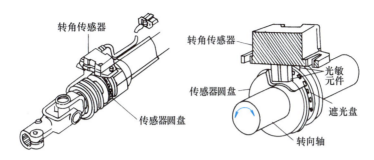

图 7-2　光电式转角传感器的安装位置和结构

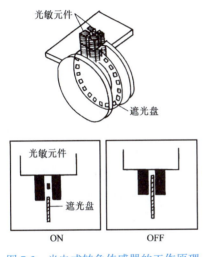

图 7-3　光电式转角传感器的工作原理

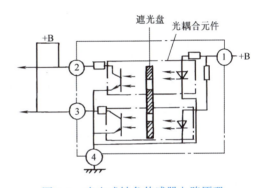

图 7-4　光电式转角传感器电路原理

当转动转向盘时，带窄缝的圆盘使遮光器之间的光束产生通/断变化，遮光器的这种反复开/关状态产生与转向轴转角成一定比例的一系列数字信号，系统控制装置可根据此信号的变化来判断转向盘的转角与转速。同时，传感器在结构上采用两组光耦合器，可根据检测到的脉冲信号的相位差来判断转向盘的偏转方向。这是因为两个遮光器在安装上使它们的 ON、OFF 变换的相位错开 90°，通过判断哪个遮光器首先转变为 ON 状态，即可检测出转向轴的偏转方向。例如，向左转时，左侧遮光器总是先于右侧遮光器达到 ON 状态；而向右转时，右侧遮光器总是先于左侧遮光器达到 ON 状态。

2. 加速度传感器

在车轮打滑时，不能以转向角和汽车车速正确判断车身侧向力的大小。为了直接测出车身横向加速度和纵向加速度，可以利用加速度传感器。横向加速度传感器主要用于检测汽车转向时，汽车因离心力的作用而产生的横向加速度，并将产生的电信号输送给电子控制单元 ECU，使电子控制单元能判断悬架系统的阻尼力改变的大小及空气弹簧中空气压力的调节情况，以维持车身的最佳姿势。

加速度传感器常用的有差动变压器式和钢球位移式两种。

（1）差动变压器式加速度传感器　图 7-5 所示为差动变压器式加速度传感器的结构，图 7-6 是其工作原理图。

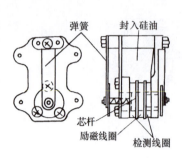 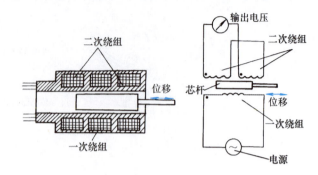

图 7-5　差动变压器式加速度传感器的结构　　图 7-6　差动变压器式加速度传感器的工作原理

在励磁线圈(一次绕组)通以交流电的情况下,当汽车转弯(或加、减速)行驶时,芯杆在汽车横向力(或纵向力)的作用下产生位移,随着芯杆位置的变化,检测线圈(二次绕组)的输出电压发生变化。所以,检测线圈的输出电压与汽车横向力(或纵向力)一一对应,反应了汽车横向力(或纵向力)的大小。悬架系统电子控制装置根据此输入信号即可正确判断汽车横向力(或纵向力)的大小,对车身姿势进行控制。

(2) 钢球位移式加速度传感器　钢球位移式加速度传感器的结构如图 7-7 所示。

根据所检测的力(横向力、纵向力或垂直力)不同,加速度传感器的安装方向也不一样。如汽车转弯行驶时,钢球在汽车横向力的作用下产生位移,随着钢球位置的变化,造成线圈的输出电压发生变化。所以,悬架系统电子控制装置根据加速度传感器输入的信号即可正确判断汽车横向力的大小,从而实现对汽车车身姿势的控制。

除此之外,还有半导体加速度传感器,如三菱 GALANT 汽车采用的 G 传感器是一小型半导体加速度计,它安装于汽车前端,用于确定汽车转向时的横向加速度。根据储气筒中空气压力的大小,通过低压开关和高压开关打开或关闭空气压缩机。后压力传感器中有一弹性膜片,当空气压力变化时弹性膜片移动,弹性膜片的移动通过一个电位计转化为电压信号输入 ECU。

3. 车身高度传感器

车身高度传感器的作用是检测汽车行驶时车身高度的变化情况(汽车悬架的位移量),并转换成电信号输入悬架系统的电子控制装置 ECU。车身高度传感器常用的有片簧开关式高度传感器、霍尔集成电路式高度传感器、光电式高度传感器。

(1) 片簧开关式高度传感器　片簧开关式高度传感器的结构和工作原理如图 7-8 所示。片簧开关式高度传感器有四组触点式开关,它们分别与两个晶体管相连,构成四个检测回路。用两个端子作为输出信号与悬架 ECU 连接,两个晶体管均受 ECU "输出"端子的控制。该传感器将车身高度状态组合为四个检测区域,分别是低、正常、高、超高。

当车身高度调定为正常高度时,如果因乘员数量的增加,而使车身高度偏离正常高度,此时片簧开关式高度传感器的另一对触点闭合,产生电信号输送给 ECU,ECU 随即做出车身高度偏低的判断,从而输出电信号到车身高度控制执行器,促使车身高度恢复正常高度状态。片簧开关式高度传感器在福特车型上应用较多。

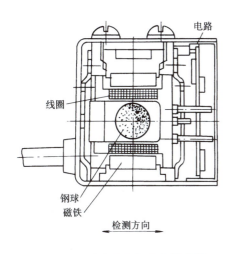

图 7-7　钢球位移式加速度传感器

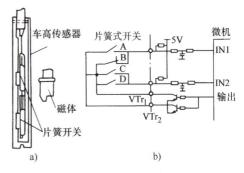

图 7-8　片簧开关式高度传感器
a) 结构　b) 工作原理

（2）霍尔集成电路式高度传感器　霍尔集成电路式高度传感器的结构和工作原理如图 7-9 所示。霍尔集成电路式高度传感器分别由两个霍尔集成电路、磁体等组成。其基本工作原理是：当两个磁体因车身高度的改变而产生相对位移时，将在两个霍尔集成电路上产生不同的霍尔电效应，形成相应的电信号，悬架的电控装置根据这些电信号做出车身高度偏离调定高度的情况判别，从而驱动执行器做出有关调整。由于两个霍尔集成电路和两个磁体安装时，它们的位置进行了不同的组合，可以将车身高度状态分为三个区域进行检测。

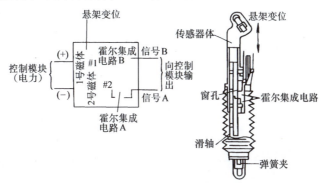

图 7-9　霍尔集成电路式高度传感器

（3）光电式高度传感器　以上介绍的均是接触式车身高度传感器，在使用过程中存在磨损而影响检测精度和灵敏度的弱点，其应用受到一定限制。光电式高度传感器属于非接触式高度传感器，它有效地克服了上述缺点，因此现代轿车开始越来越多地采用光电式高度传感器。

图 7-10 所示为光电式高度传感器的结构。在主动悬架系统中，要对车身高度进行检测与调节，一般只需在悬架上安装三个车身高度传感器即可，位置在左、右前轮和后桥中部。如果传感器多于三个，则会出现调整干涉现象。

在传感器上，有一根靠连杆带动转动的转轴，转轴上固定一个开有许多窄槽的圆盘，圆盘两边是由发光二极管和光敏晶体管组成的光耦合器。每一个光耦合器共由四组发光二极管和光敏晶体管组成。一般情况下，传感器中有两个光耦合器组。

实际结构中，光电式车身高度传感器固定在车架上，传感器轴的外端装有导杆，导杆的另一端通过一连杆与独立悬架的下摆臂连接，如图 7-11 所示。

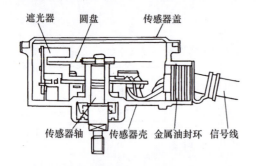

图 7-10　光电式高度传感器的结构

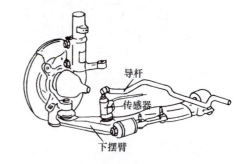

图 7-11　高度传感器的安装

图 7-12 所示为光电式高度传感器的工作原理。当车身高度发生变化(如汽车载荷发生变化)时，导杆将随悬架摆臂的上下移动而摆动(参见图 7-11)，从而通过传感器转轴驱动圆盘转动，使光耦合器组相对应的发光二极管和光敏晶体管上的光线产生 ON/OFF 的转换。光敏晶体管把接收到的光线 ON/OFF 转换成电信号，并通过导线输送给悬架电子控制单元 ECU。ECU 根据每一个光耦合器上每组发光二极管和光敏晶体管 ON/OFF 转换的不同组合，判断圆盘转过的角度，从而计算出悬架高度的变化情况。

表 7-1 为具有四个光耦合器组件的状态与车高的对照表。

表 7-1　光耦合器组件的状态与车高的对照表

车高	光耦合器组件的状态				车高范围/mm	计算结果
	1	2	3	4		
高	OFF	OFF	ON	OFF	15	过高
	OFF	OFF	ON	ON	14	
	ON	OFF	ON	ON	13	
	ON	OFF	ON	OFF	12	高
	ON	OFF	OFF	OFF	11	
	ON	OFF	OFF	ON	10	
	ON	ON	OFF	ON	9	普通
	ON	ON	OFF	OFF	8	
	ON	ON	ON	OFF	7	
	ON	ON	ON	ON	6	
	OFF	ON	ON	ON	5	低
	OFF	ON	ON	OFF	4	
	OFF	ON	OFF	OFF	3	
	OFF	ON	OFF	ON	2	
低	OFF	OFF	OFF	ON	1	过低
	OFF	OFF	OFF	OFF	0	

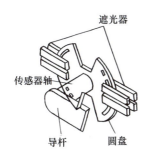 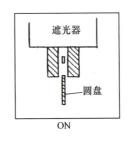 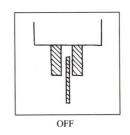

图 7-12　光电式高度传感器的工作原理

悬架系统进行车高调节时,如果只需判断出四个车高区域,则车身高度传感器中只需两个光耦合器组元件。此时光耦合器组元件的状态与车高的对照见表 7-2。

表 7-2　两个光耦合器组元件的状态与车高的对照

车高检验区域	光耦合器 A	光耦合器 B	车高检验区域	光耦合器 A	光耦合器 B
过高	OFF	ON	偏低	ON	OFF
偏高	OFF	OFF	过低	ON	ON

如果只需判断三个车高区域,即过高、正常、过低,则只需将表 7-2 中偏高和偏低两种状态均作为"正常"状态即可。

4. 节气门位置传感器

悬架控制系统中利用节气门位置传感器信号来判断汽车是否在进行急加速。节气门位置传感器先将信号输入发动机电子控制装置,然后,发动机电子控制装置再将此信号输入悬架电子控制装置。

5. 车速传感器

车速是汽车悬架系统常用的控制信号,汽车车身的侧倾程度取决于车速和汽车转弯半径的大小。通过对车速的检测,来调节电控悬架的阻尼力,从而改善汽车行驶的安全性。

常用的车速传感器的类型有舌簧开关式车速传感器、磁阻元件式车速传感器、磁脉冲式车速传感器和光电式车速传感器。一般情况下,舌簧开关式和光电式车速传感器安装在汽车仪表板上,与车速表装在一起,并用软轴与变速器的输出轴相连;而磁阻元件式和磁脉冲式车速传感器装在变速器上,通过蜗杆机构与变速器的输出轴相连。

6. 模式选择开关

模式选择开关位于变速杆旁,如图 7-13 所示。驾驶人根据汽车的行驶状况和路面情况选择悬架的运行模式,从而决定减振器的阻尼力大小。

驾驶人通过操纵模式选择开关,可使悬架系统工作在四种运行模式:自动、标准(Auto、Normal);自动、运动(Auto、Sport);手动、标准(Manu、Normal);手动、运动(Manu、Sport)。当选择自动档时,悬架系统可以根据汽车行驶状态自动调节减振器的阻尼力,以保证汽车乘坐舒适性和操纵稳定性。其控制功能见表 7-3。当选择手动档时,悬架系统的阻尼力只有标准(中等)和运动(硬)两种状态的转换。

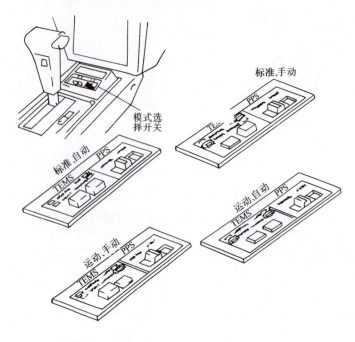

图 7-13　模式选择开关的位置和操作方法

表 7-3　系统控制功能

汽车行驶状态	减振器阻尼力（悬架状态）	
	自动、标准模式	自动、运动模式
一般情况下	软	中等
汽车急加速、急转弯或紧急制动时	硬	硬
高速行驶时	中等	中等

五、悬架电子控制单元 ECU

悬架电子控制单元 ECU 是一台小型专用计算机，一般由输入电路、微处理器、输出电路和电源电路等组成，如图 7-14 所示。它是悬架控制系统的中枢，具有多种功能。

（1）提供稳压电源　控制装置内部所用电源和供各种传感器的电源均由稳压电源提供。

（2）传感器信号放大　用接口电路将输入信号（如各种传感器信号、开关信号）中的干扰信号除去，然后放大、变换极值、比较极值，变换为适合输入控制装置的信号。

（3）输入信号的计算　电子控制单元根据预先写入只读存储器（ROM）中的程序对各输入信号进行计算，并将计算结果与内存的数据进行比较后，向执行机构（电动机、电磁阀、继电器等）发出控制信号。输入 ECU 的信号除了开/关信号外还有电压信号时，还应进行 A-D 转换。

（4）驱动执行机构　悬架 ECU 用输出驱动电路将输出驱动信号放大，然后输送到各执行机构，如电动机、电磁阀、继电器等，以实现对汽车悬架参数的控制。

（5）故障检测　悬架 ECU 用故障检测电路来检测传感器、执行器、电路等的故障，当发生故障时，将信号送入悬架 ECU，目的在于即使发生故障，也应使悬架系统安全工作，而且在修理故障时容易确定故障所在位置。

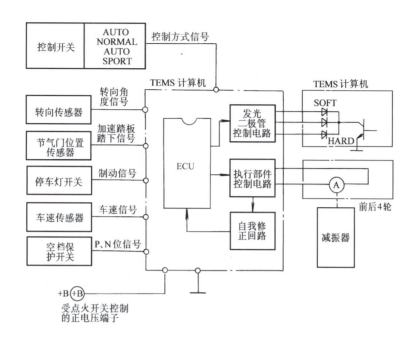

图 7-14　悬架电子控制单元 ECU 电路

六、执行机构的结构与工作原理

（一）阻尼力控制执行机构

1. 可调阻尼力减振器

可调阻尼力减振器主要由缸筒、活塞及活塞控制杆、回转阀等构成，如图 7-15 所示。活塞杆是一空心杆，在其中心装有控制杆，控制杆的上端与执行器相连。控制杆的下端装有回转阀，回转阀上有三个油孔，活塞杆上有两个通孔。缸筒中的油液一部分经活塞上的阻尼孔在缸筒的上下两腔流动；一部分经回转阀与活塞杆上连通的孔在缸筒的上下两腔间流动。

当电子控制单元 ECU 促使执行器工作时，通过控制杆带动回转阀相对活塞杆转动，回转阀与活塞杆上的油孔连通或切断，从而增加或减少油液的流通面积，使油液的流动阻力改变，达到调节减振器阻尼力的目的。如图 7-15 所示，A—A、B—B、C—C 三个截面的阻尼

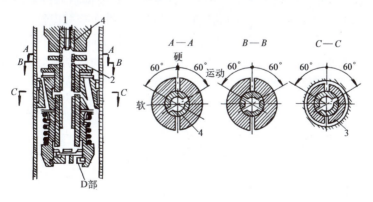

图 7-15　可调阻尼力减振器的结构

1—回转阀控制杆　2—阻尼孔　3—活塞杆　4—回转阀

孔全部被回转阀封住,此时只有减振器下面的主阻尼孔仍在工作,所以这时阻尼最大,减振器被调节到"硬"状态。当回转阀从"硬"状态位置顺时针转动60°时,$B—B$截面的阻尼孔打开,$A—A$、$C—C$两截面的阻尼孔仍关闭,因为多了一个阻尼孔参加工作,所以减振器处于"运动"状态。当回转阀从"硬"状态位置逆时针转动60°时,$A—A$、$B—B$、$C—C$三个截面的阻尼孔全部打开,这时减振器的阻尼最小,减振器处于"软"状态。

2. 直流电动机式执行器

图7-16是丰田汽车采用的直流电动机式执行器的结构和工作原理。该执行器主要由直流电动机、小齿轮、扇形齿轮、电磁线圈、挡块、控制杆组成。每个执行器安装于悬架系统中减振器的顶部,并通过其上的控制杆与回转阀相连接,直流电动机和电磁线圈直接受电子控制单元的控制。

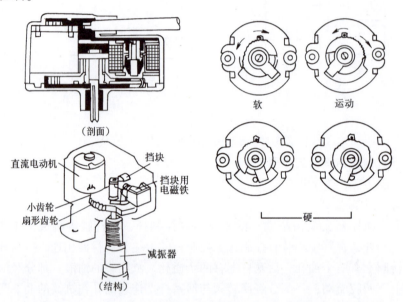

图7-16 直流电动机式执行器的结构和工作原理

该执行器的基本工作原理是:电子控制单元输出控制信号使电磁线圈通电控制挡块的动作(如将挡块与扇形齿轮的凹槽分离),另外,直流电动机根据输入的电流方向做相应方向的旋转,从而驱动扇形齿轮做对应方向的偏转,带动控制杆改变减振器的回转阀与活塞杆油孔的连通情况,使减振器的阻尼力按需要的阻尼力大小和方向改变。当阻尼调整合适后,电动机和电磁线圈都断电,挡块重新进入扇形齿轮的凹槽,使被调整好的阻尼力大小能稳定地保持。执行器的直流电动机和电磁线圈在工作时的通电情况见表7-4。

表7-4 执行器的通电情况

减振器的阻尼状态		电动机		电磁线圈
调整前	调整后	正极	负极	
	软	-	+	断开
	中等	+	-	断开
软	硬	+	-	接通
中等	硬	-	+	接通

当电子控制单元发出软阻尼力信号时，电动机转动使扇形齿轮作逆时针方向转动，直到扇形齿轮上凹槽的一边靠在挡块上为止；如发出中等硬度信号，电动机反向通电，使扇形齿轮顺时针方向偏转，直到扇形齿轮上凹槽的另一边靠在挡块上为止；当电子控制单元（ECU）发出硬阻尼力信号时，ECU同时向电动机和电磁线圈发出控制信号，电动机带动扇形齿轮离开软阻尼力位置或中等阻尼力位置，同时电磁线圈将挡块拉紧，使挡块进入扇形齿轮中间的一个凹槽内。

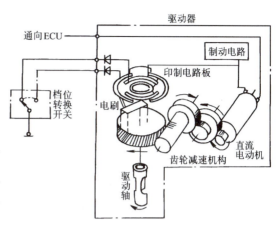

图 7-17　驱动器的构造

图 7-17 所示为直流电动机与三级齿轮减速机构组成的可调节阻尼力减振器的执行装置。它主要由直流电动机、齿轮减速机构、驱动轴与轴连接在一起的电刷、印制电路板、档位转动开关、制动电路等组成。该执行器只有二段（Touring/Sport）模式控制。随着执行器的工作，驱动轴带动电刷在电路板上扫过，可以接通或切断模式选择开关的电流通路。一般驱动轴每转过 90° 就进行一次 Touring/Sport 的转换，从而控制直流电动机的工作状态。电刷与印制电路板形成两个接点开关 S_1 和 S_2，它们分别与模式选择开关的 Touring 档和 Sport 档做电路上的连接，如图 7-18 所示。

模式选择与接点开关 S_1、S_2 状态的关系见表 7-5。

表 7-5　模式选择与接点开关 S_1、S_2 状态的关系

接 点 开 关	"Touring" 模式	"Sport" 模式
S_1	OFF	ON
S_2	ON	OFF

当模式选择开关转换到"Touring"档时，电子控制单元 ECU 与驱动电路被接点开关 S_1 接通，电动机有电流通过而工作，带动输出轴转动，从而使减振器回转阀也转动，这时减振器的阻尼力变为软（SOFT）状态。同时当输出轴的转角超过 90° 时，输出轴上的电刷使接点开关 S_1 断开，而接点开关 S_2 接通。电动机电路被切断进入能耗制动状态而停止运转，维持减振器的阻尼力为"Touring"状态。

当电动机外电路被切断时，电动机因惯性作用会继续运转，产生较大的感应电动势。为防止电动机被烧坏，电路中设有制动保护回路。电动机外电路被切断时所产生的感应电动势经制动回路而消耗，电动机停止处于待命状态，如图 7-19 所示。

（二）侧倾刚度控制的执行机构

汽车的侧倾刚度与汽车的转向特性密切相关。为改变汽车的侧倾刚度，可以通过改变横向稳定杆的扭转刚度来实现。侧倾刚度控制系统根据电子控制单元 ECU 的信号，通过一执行器来控制横向稳定杆液压缸内的油压，达到调节横向稳定杆扭转刚度的目的。

1. 横向稳定杆执行器

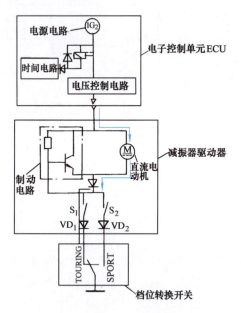
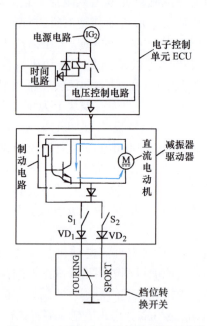

图 7-18 电子控制单元与驱动器电路　　　　图 7-19 电动机电流被切断时的电路状态

图 7-20 所示为横向稳定杆执行器的工作原理。它由直流电动机、蜗轮、蜗杆、行星轮机构和限位开关等组成。行星齿轮机构由与蜗轮一体的太阳轮、两个行星轮和齿圈构成。两个行星轮装在与变速传动轴为一体的行星架上,齿圈为固定元件,太阳轮为主动元件,行星架及变速传动轴为从动元件。变速传动轴的外端装有驱动杆,因此,直流电动机可通过执行器内部的蜗杆和行星轮机构使驱动杆转动。

当把档位选择开关转到"Sport"位置时(图 7-21),起初限位开关 S_1 处于 ON 位置,而开关 S_2 尚处于 OFF 位置。此时电流由 ECU→模式选择开关→右边的二极管→S_1 的 ON 接点→直流电动机→S_2 的 OFF 接点→模式选择开关→搭铁。即电流流动,电动机开始转动,并通过蜗杆、行星轮机构驱动变速传动轴转动,带动稳定器驱动杆偏转实现阻尼力变化。当驱动器的输出轴转动,则限位开关 S_1 由 ON 位转换到 OFF 位,此时电动机的电流由 S_1 的 OFF 接点提供。当驱动杆转过全程时,限位开关变 S_2 为 ON 状态,电动机电流被切断。但此时电动机在惯性作用下继续旋转,线圈中有感应电动势产生,该电动势通过 S_1(OFF 接点)右边的二极管以及 S_2(ON 接点)到达电动机,电动机因短路而被强制制动,避免电动机被损坏。

当缆绳因卡滞而不能动作时,为防止烧毁电动机,可在从动杆不动的情况下,使驱动杆边拉伸弹簧边回转,直到限位开关动作而使直流电动机停转。

2. 液压缸

液压缸安装在横向稳定杆与悬架下控制臂之间,通过改变液压缸内的油压来改变横向稳定杆的扭转刚度,图 7-22 所示为其工作示意图。

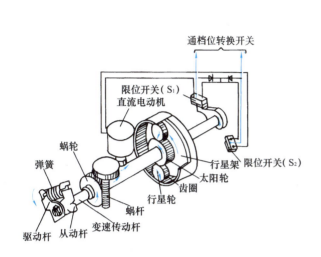 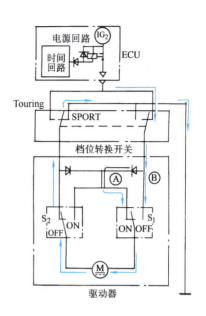

图 7-20　横向稳定杆执行器的工作原理　　　图 7-21　"Sport"档位时的电路状态

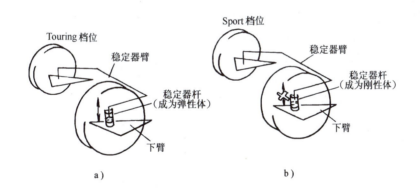

图 7-22　液压缸工作示意图
a)"Touring"档位　b)"Sport"档位

当选择开关处于"Touring"位置时，液压缸内的油压较低，液压缸具有能伸缩的弹性作用，此时横向稳定杆具有较小的扭转刚度；当选择开关处于"Sport"位置时，液压缸内的油压较高，此时横向稳定杆具有较大的扭转刚度。

液压缸的结构如图 7-23 所示。它主要由缸体、活塞、单向阀、推杆、储油室组成。

推杆与液压缸通过缆绳连接，受缆绳控制，单向阀与推杆用来打开或关闭液压缸的上下腔与储油室之间的油路。

当模式选择开关转到"Touring"位置时，因缆绳呈放松状态，推杆受弹簧力作用而推开单向阀，使液压缸的上下腔均与储油室相通（图 7-24）。此时，液压缸内的油液可在液压缸与储油室之间自由流动，活塞的动作不受限制。为避免汽车的控制稳定性过分降低，活塞的行程只有 16mm，因此，当汽车急转弯时，活塞运动达到全行程状态，稳定杆扭转刚度增大，汽车的侧倾刚度增大。

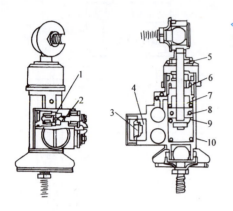

图7-23 液压缸的结构

1—单向阀 2—推杆 3—膜片 4—储油室
5、7—挡块 6、9—卡簧 8—活塞 10—缸体

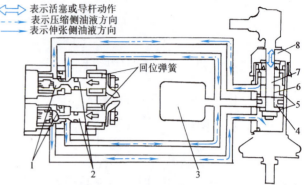

图7-24 "Touring"档位时的油路

1—单向阀 2—推杆 3—储油室 4—活塞
5—卡簧 6、8—挡块 7—活塞杆

当模式选择开关转到"Sport"位置时,横向稳定杆执行器通过缆绳拉动推杆向外位移,单向阀在弹簧的作用下关闭,切断了液压缸的上下腔与储油室之间的油路,液压缸上下腔均呈封闭状态,活塞的动作受到限制,横向稳定杆刚度增加。当模式选择开关转到"Sport"位置时,液压缸活塞不一定正好处于中间位置,如活塞正好处于下端(图7-25)并在继续下移。此时,由于液压缸下腔被封闭,活塞不能继续下移。同时,由于液压缸上腔控制孔未被封闭,活塞可以向上移动,液压缸上腔的油液经控制孔流回储油室,由于活塞的上移,液压缸下腔产生真空,在压差作用下,下端单向阀打开,储油室中的油液流入液压缸下腔。当活塞移动到中间位置时,控制孔关闭,活塞被固定在中间位置。

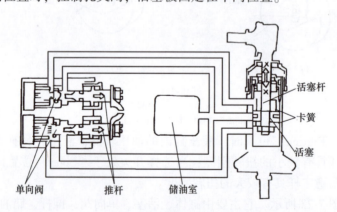

图7-25 "Sport"档位时的油路

(三)弹簧刚度控制的执行机构

图7-26所示为空气悬架气动缸的基本结构剖面图。气动缸由封入低压惰性气体和阻尼力可调的减振器、旋转式膜片、主气室、副气室和悬架执行元件组成。主气室是可变容积的,在它的下部有一个可伸展的隔膜,压缩空气进入主气室可升高悬架的高度,反之使悬架高度下降。主、副气室设计为一体既省空间,又减轻了重量。悬架的上方与车身相连,随着车身与车轮的相对运动,主气室的容积在不断变化。主气室与副气室之间有一个通道,气体

可以相互流通。改变主、副气室的气体通道的大小，就可以改变空气悬架的刚度。减振器的活塞通过中心杆（阻尼调整杆）和齿轮系与直流步进电动机相连接。步进电动机转动可改变活塞阻尼孔的大小，从而改变减振器的阻尼系数。

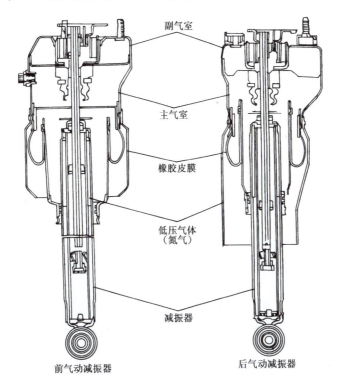

图 7-26　空气悬架气动缸的基本结构剖面图

悬架刚度的自动调节原理如图 7-27 所示。主、副气室间的气阀体上有大小两个通道。步进电动机带动空气阀控制杆转动，使空气阀阀芯转过一个角度，改变气体通道的大小，就可以改变主、副气室气体流量，使悬架的刚度发生变化。

悬架刚度可以在低、中、高三种状态间变化。

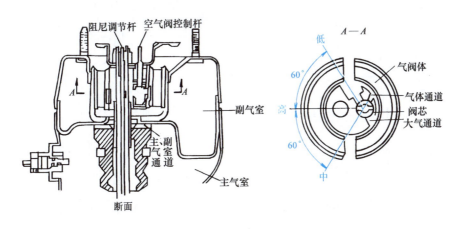

图 7-27　悬架刚度的自动调节原理

当阀芯的开口转到对准图示的低位置时，气体通道的大口被打开。主气室的气体经过阀芯的中间孔、阀体侧面通道与副气室的气体相通，两气室之间的空气流量越大，相当于参与工作的气体容积增大，悬架刚度处于低状态。

当阀芯开口转到对准图示的中间位置时，气体通道的大口被关闭、小口被打开。两气室之间的流量小，悬架刚度处于中间状态。

当阀芯开口转到对准图示的高位置时，两气室之间的气体通道全部被封闭，两气室之间的气体相互不能流动。压缩空气只能进入主气室，悬架在振动过程中，只有主气室的气体单独承担缓冲工作，悬架刚度处于高状态。

（四）车高控制的执行机构

图7-28所示为车高控制悬架的结构，通过向空气弹簧的主气室内充放气来实现车身高度的调节。车高控制执行机构主要由空气阀、空气压缩机和设置在悬架之上的主气室组成。空气压缩机的结构如图7-29所示，它由一个小直流电动机驱动，根据悬架ECU的信号向干燥器输送提高车高所必需的压缩空气。干燥器有一个装有硅胶的小箱子，可以将空气中的水分过滤掉。排气阀从系统中放出压缩空气，同时排掉干燥器滤出的空气水分。

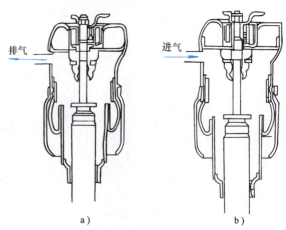

图7-28　车高控制悬架的结构

a）车身降低　b）车身升高

图7-30所示为采用二位二通电磁阀实现车高调节的高度控制阀，控制向主气室内进气（将进气路与主气室相通）和排气（将主气室与大气相通）。

悬架ECU根据汽车车高传感器信号来判断汽车的高度状况。当判定"车身低了"时，则控制空气压缩机电动机工作，高度控制阀向空气弹簧主气室内充气，使车高增加；反之，若打开高度控制阀向外排气时，则使汽车高度降低。

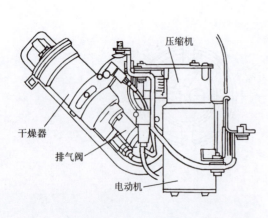

图7-29　空气压缩机的结构

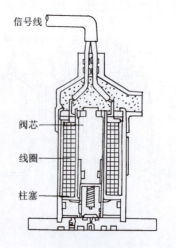

图7-30　高度控制阀

任务二　比较典型的电子控制悬架系统

一、半主动悬架系统

丰田雷克萨斯（LEXUS）LS400轿车的电子控制悬架系统是一种典型的半主动悬架系统。它可以对车身高度、弹簧刚度及减振器阻尼力进行综合控制，因此，具有良好的乘坐舒适性和操纵稳定性。它由空气压缩机、干燥器、排气电磁阀、高度控制阀、高度控制开关、悬架电子控制单元、悬架控制开关、高度传感器、转向盘转角传感器、悬架控制执行器、空气弹簧、阻尼力可调减振器和节气门位置传感器等组成，如图7-31所示。

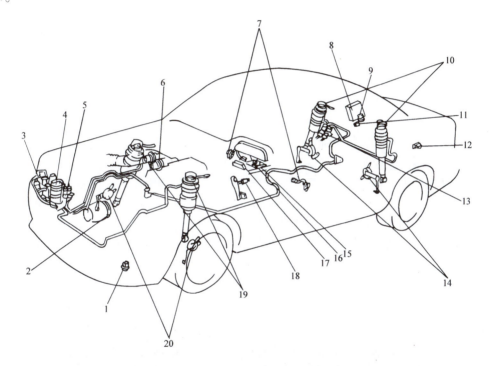

图 7-31　丰田雷克萨斯 LEXUS LS400 轿车电控悬架系统主要元件分布
1—1号高度控制继电器　2—发电机调节器　3—干燥器及排气阀　4—悬架高度调节空气压缩机　5—1号高度控制阀　6—主节气门位置传感器　7—门灯开关　8—悬架控制 ECU
9—2号高度控制继电器　10—后悬架高度调节执行器　11—高度调节信号接口
12—车高调节控制开关　13—2号高度控制阀及单向阀　14—后悬架高度传感器
15—LRC 开关　16—悬架高度调节开关　17—转向角传感器　18—停车灯开关
19—前悬架高度调节执行器　20—前悬架高度传感器

1. 悬架控制开关

悬架控制开关由 LRC 开关和高度控制开关组成。LRC 开关用以选择减振器和空气弹簧的工作模式（"NORMAL AUTO"或"SPORT AUTO"）；高度控制开关用以选择所希望的车身高度（"NORMAL"或"HIGH"）。两开关都安装在中央控制板靠近变速杆的指示灯处。

2. 高度控制 ON/OFF 开关

此开关装在行李箱的工具箱内。将开关扳至 OFF 位置，当车辆被举升或停在不平的路面时不能对车身高度进行调节。这样可避免空气弹簧中压缩空气的排出,从而防止车身高度的下降。

3. 车身高度指示灯

两绿色指示灯位于组合仪表上,用于指示所选择的车身高度。当高度控制开关的位置改变时,指示灯马上指示出所切换到的位置,但到达所设定的车身高度需要一定的时间。

4. LRC 指示灯

此灯也位于组合仪表上,用于指示当前减振器和空气弹簧的工作模式("NORMAL AUTO"或"SPORT AUTO")。选择"SPORT AUTO"模式时灯亮,否则灯熄灭。

5. 高度控制插座

连接该插座上的相应端子,能不通过ECU而直接控制空气压缩机电动机、高度控制电磁阀及排气电磁阀,从而使检修方便。此插座上还提供了用于清除存储器中故障码的端子。

6. 转向盘转角传感器

该悬架采用光电式转向传感器。

7. 高度传感器

该悬架采用光电式高度传感器。

8. 1号和2号高度控制阀

两个高度控制阀分别装在前、后悬架(图7-31)上,其作用是根据ECU的控制信号,控制空气弹簧的充气和排气。1号高度控制阀用于前悬架,此阀中有两个电磁阀,分别控制左右空气弹簧。2号高度控制阀用于后悬架,它也由两个电磁阀组成,它与1号高度控制阀不同的是,它们不是单独控制,而是同时动作。在2号高度控制阀中还装有一个安全阀,用于防止管路中压力过高。

9. 悬架电子控制单元 ECU

根据各种传感器的信号和由悬架控制开关所确定的工作模式,悬架电子控制单元ECU控制减振器的阻尼力、悬架的刚度及车身高度。悬架电子控制单元ECU具有故障自诊功能。工作中一旦发现悬架的电子控制系统出现故障,ECU便将故障以代码形式存在内存中,并及时向驾驶人报警。ECU的失效保护功能使其在系统出现故障时暂停对悬架的控制。

10. 悬架控制执行器

悬架控制执行器装在各空气弹簧和减振器的上方,用于同时驱动减振器的转阀和空气弹簧的连通阀,以改变减振器的阻尼力和空气弹簧的刚度(图7-32)。

直流电动机根据电磁原理工作,能够准确地对频繁变化的行驶工况做出快速响应。执行元件的电磁机构由定子铁心(具有4个磁极)和两对定子绕组组成。电流流过绕组时在定子铁心中产生电磁力,永久磁铁转子在定子铁心电磁力的作用下旋转,并通过一对齿轮同时驱动空气弹簧的空气阀控制杆和减振器的旋转阀控制杆。

直流电动机带动小齿轮驱动扇形齿轮转动,与扇形齿轮同轴的旋转阀控制杆带动旋转阀转动,使阻尼孔的通流面积发生变化,从而调节减振器的阻尼力。

在调节减振器阻尼力的同时,齿轮系统带动与气室阀芯相连的连通阀控制杆转动,随着气室阀芯角度的改变,悬架的刚度也得到调节。

电磁线圈不通电时，挡块处于扇形齿轮的滑槽内，扇形齿轮可以转动；当电磁线圈通电时，挡块被拉紧，齿轮系统处于锁止状态，各转阀均不能转动，使悬架的参数保持在相对稳定的状态下。

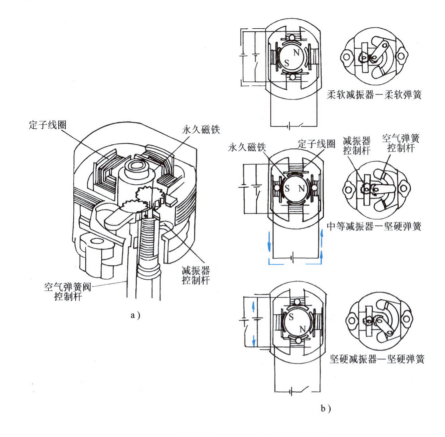

图 7-32　雷克萨斯 LS400 悬架控制执行器
a）结构　b）工作原理

11. 空气弹簧

空气弹簧安装于可调减振器的上端，与可调减振器一起构成悬架支柱，上端与车架连接，下端装在悬架摆臂上。空气弹簧由一个主气室和一个副气室组成。主、副气室之间有大小两个通道。执行器带动连通阀控制杆转动，使阀芯转过一个角度，改变主、副气室之间通道的大小，即改变主、副气室之间的空气流量，使空气弹簧有效工作容积改变，悬架刚度发生变化。悬架的刚度可以在低、中、高三种状态之间变化。悬架刚度自动调节原理如图 7-27 所示。

车身高度的调节通过 1 号和 2 号高度控制阀以及用以充入或释放主气室内压缩空气的排气阀实现。

12. 可调减振器

减振器阻尼系数的变化是靠改变活塞阻尼孔的开度来实现的，阻尼孔的开度则由控制杆驱动的旋转阀控制。

弹簧刚度和阻尼力的控制及功能见表 7-6，系统各部件功能见表 7-7。

表 7-6　弹簧刚度和阻尼力的控制及功能

行驶情况	控制状态	功　能
倾斜路面	弹簧变硬	抑制侧倾、改善操纵性
凹凸不平路面	弹簧变硬或阻尼力中等	改善汽车行驶时的乘坐舒适性
制动时	弹簧变硬	抑制汽车制动点头
加速时	弹簧变硬	抑制汽车加速后蹲
高速时	弹簧变硬和阻尼力中等	改善汽车高速行驶稳定性

表 7-7　悬架系统各部件功能

序号	部　件	功　能
1	悬架控制执行器	改变悬架弹簧刚度和阻尼力
2	1 号高度控制继电器	向空气压缩机供电
3	IC 调节器	调节交流发电机的电压
4	空气压缩机	提供压缩空气
5	干燥器	吸收压缩空气中的水分
6	排气阀	控制空气弹簧中空气的排出
7	高度控制传感器	检测汽车高度变化并输入 ECU
8	1、2 号高度控制阀	向四个空气弹簧充入或放出压缩空气
9	制动灯开关	检测制动踏板是否踩下及踩下快慢
10	汽车高度指示灯	显示汽车高度，当悬架系统出现故障时进行报警
11	汽车平顺性指示灯	通过平顺性开关，指示悬架刚度和阻尼力处于自动控制的模式上
12	1 号速度传感器	检测汽车行驶速度
13	悬架控制开关	由平顺性控制开关、悬架刚度和阻尼力选择开关及高度控制开关组成
14	转向传感器	检测转向轮的转向角度
15	门控开关	检测车门状态（开或关）
16	高度控制 ON/OFF 开关	允许或禁止汽车高度自动调节
17	2 号高度控制继电器	向高度传感器供电
18	高度控制连接盒	不通过 ECU（直接通过插接器）调节汽车高度
19	发动机和变速器 ECU	将节气门位置传感器信号传给悬架 ECU
20	悬架控制 ECU	根据工作方式控制悬架刚度、阻尼力和汽车高度

二、主动悬架系统

图 7-33 所示是三菱 GALANT 轿车上装备的电控主动悬架系统（A-ECS），它能够根据本身的负载情况、行驶状态和路面情况等，主动地调节包括悬架系统的阻尼力、汽车车身高度和行驶姿态、弹性元件的刚度在内的多项参数，使汽车的相关性能处于最佳状态。

该系统主要由空气弹簧、普通螺旋弹簧、电子控制单元、车速传感器、G 传感器、转角传感器、节气门位置传感器、高度传感器、阻尼力转换执行器、电磁阀、空气压缩机、储气筒、空气管路和继电器等组成。

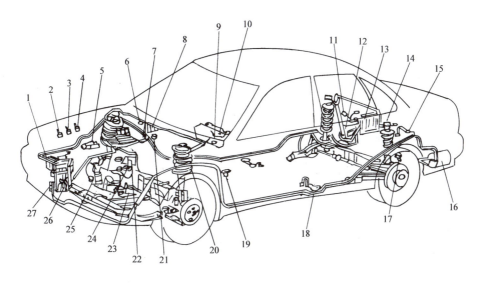

图 7-33 三菱电子控制主动悬架系统

1—前储气筒 2—回油泵继电器 3—空气压缩机继电器 4—电磁阀 5—ECS 电源继电器 6—加速度计开关 7—节气门位置传感器 8—制动灯开关 9—车速传感器 10—转角传感器 11—右后车门开关 12—后电磁阀总成 13—电子控制单元 ECU 14—阻尼力转换执行器 15—左后车门开关 16—后储气筒 17—后高度传感器 18—左前车门开关 19—ECS 开关 20—阻尼力转换执行器（步进电动机型） 21—加速度计位置 22—空气压缩机总成 23—G 传感器 24—前高度传感器 25—系统禁止开关 26—空气干燥器 27—流量控制电磁阀总成

1. 系统用 5 个传感器来检测汽车行驶状态

（1）转角传感器 用于检测汽车转向操作。

（2）节气门位置传感器 用于检测汽车加速度。

（3）高度传感器 用于检测汽车车身高度。

（4）G 传感器 用于检测汽车转弯时的横向加速度。

（5）压力传感器 用于检测空气弹簧中的空气压力。

根据以上传感器的输入信号，ECU 控制 9 个电磁阀的开闭，以控制空气弹簧的压力，使汽车在行驶过程中，甚至转向或制动时仍能保持水平并保持合适的高度。

2. 汽车车身高度调节系统的结构及工作原理

图 7-34 所示为 ECS 空气压力回路构成。该空气压力回路为封闭回路，由空气压缩机、空气干燥器、储气筒、流量控制电磁阀、前后悬架控制电磁阀、空气弹簧和它们之间的连接管路等组成。空气弹簧排出的空气不排入大气，而是排入稍加压的低压腔。

工作过程如下：

（1）气压的建立 发动机起动后，当处于充电状态时（如果发电机没有发电，此时空气压缩机将不工作，以防止蓄电池放电），直流电动机将带动空气压缩机工作。空气经过滤后，从进气阀进入气缸，被压缩后的空气由排气阀流向干燥器，经干燥后进入储气筒。储气筒上有空气压力调节装置，气压达到规定值时，空气压缩机将进气阀打开，使空气压缩机空转，减少对发动机功率的消耗。储气筒的气压一般保持在 750~1000kPa。

（2）车身高度的升高 当 ECU 发出提高车身高度的指令时，流量控制电磁阀和前后悬架控制电磁阀的进气阀打开，储气筒的空气进入空气弹簧使其气压提高，车身高度上升至规

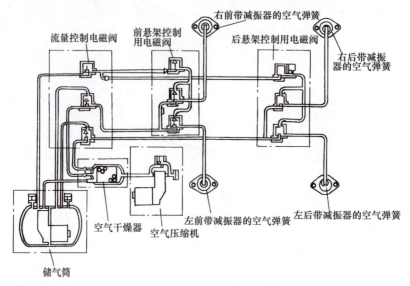

图 7-34　ECS 空气压力回路构成

定高度时，各电磁阀关闭。

（3）车身高度的降低　当 ECU 发出降低车身高度的指令时，流量控制电磁阀和前后悬架控制电磁阀的排气阀打开，空气弹簧中的空气经这些阀门流向储气筒的低压腔。当车身降低至预定调节高度时，各电磁阀关闭。

（4）空气的内部循环　由于该系统是一个封闭系统，从空气弹簧排出的空气并不排向大气，而是排入储气筒的低压腔。因此，当储气筒中需要补充气压时，低压腔中压力较高的空气又经空气压缩机进气阀进入气缸，被压缩和干燥后，进入储气筒的高压腔。这样，有助于提高充气效率，减少能量消耗，防止过多的水分进入系统污染元器件。

该系统的各空气弹簧为并联独立式布置，各空气弹簧可以单独进行充排气操作，互不干扰空气的流动。各控制电磁阀均由悬架 ECU 进行控制。空气弹簧有三种工作状态，即低、正常和高。一般的行驶状态下，车身高度保持正常；车速超过 120km/h 时，车身高度为低；在 100km/h 以下时，车身高度为正常；在环路上行驶时，车身高度为高。其他车身高度由汽车的行驶状态来决定。

3. 可调阻尼力减振器的执行器

可调阻尼力减振器的执行器是安装于悬架系统上方的步进电动机。步进电动机根据电子控制单元 ECU 发出的脉冲信号的波形数量驱动减振器回转阀动作，改变减振器油孔的通流截面来改变减振器的阻尼力，使悬架系统具有软、中、硬三种阻尼力的模式。

4. 空气弹簧刚度的自动调节

空气弹簧刚度的自动调节参见单元七任务二相关内容。

任务三　检修电子控制悬架系统

电子控制悬架系统一般都设有自诊断系统，随时监测系统的工作情况。当系统出现故障时，可通过自诊断系统获取故障信息，以帮助维修人员检修。下面主要以丰田凌志 LS400 轿车的电子控制悬架系统为主，介绍电子控制悬架系统的基本检修方法。

一、检修过程中应注意的事项

在检修汽车电子控制空气悬架时，应注意以下事项：

1）当用千斤顶将汽车顶起时，应将高度控制 ON/OFF 开关拨到 OFF 位置。如果在高度控制 ON/OFF 开关拨到 ON 位置的情况下顶起汽车，则 ECU 中会记录一个故障码。如果记录了故障码，务必将其从存储器中清除掉。

备注：当将高度控制 ON/OFF 开关拨到 OFF 位置时，会显示故障码 71。当将开关重新拨到 ON 位置时，该代码即被消除。

2）在放下千斤顶前，应将汽车下面所有的物体搬走。因为在维修过程中，可能进行了空气悬架的放气、空气管路拆检等操作，此时空气弹簧中的主气室可能无气或存有少量剩余气体，汽车落地后，因自身的重量使车身高度很低，就会将下面的物体压住。

3）在开动汽车之前，应起动发动机将汽车的高度调整到正常状态。因为在维修时空气弹簧中的空气被放掉，车身高度变得很低，如果此时汽车起步，势必造成车身与悬架或轮胎相互碰撞。因此，维修后首先起动发动机，用空气压缩机给空气弹簧气室输送压缩空气，使汽车高度恢复正常，这样汽车便可正常行驶。

4）前安全气囊碰撞传感器安装在空气压缩机和 1 号车身高度控制阀上面。因此，除非必要时，不要触及这个传感器。若要触及，必须按照安全气囊维修中的说明，在维修前拆下前安全气囊碰撞传感器，避免影响安全气囊系统的正常工作。

二、功能检查与调整

1. 汽车高度调整功能的检查

操作高度控制开关检查汽车高度变化情况的步骤如下：

1）检查轮胎充气是否正确。

2）检查汽车高度。

3）起动发动机，将高度控制开关从 NORM 位置切换到 HIGH 位置。检查完成高度调整所需的时间和汽车高度变化量。调整时间：从操作高度控制开关到压缩机起动约需 2s，从压缩机起动到完成高度调整需 20~40s。汽车高度的变化量为 10~30mm。

4）在汽车处于 HIGH 高度调整状态下，起动发动机并将高度控制开关从 HIGH 位置切换到 NORM 位置。检查完成高度调整所需的时间和汽车高度变化量。调整时间：从操作高度控制开关到开始排气约 2s；从开始排气到完成高度调整需 20~40s。汽车高度的变化量为 10~30mm。

2. 溢流阀的检查

迫使压缩机工作，检查溢流阀动作：

1）将点火开关转到 ON，并使高度控制插接器的端子 1 与 7 连接，以迫使压缩机工作。

2）等压缩机工作一段时间后，检查溢流阀是否漏气。

3）将点火开关转到 OFF 位置。

4）清除故障码。

注意：当迫使压缩机工作时，ECU 中会记录一个故障码。在完成检查后，务必将这个故障码清除掉。

3. 漏气检查

检查空气软管和软管接头是否漏气：

1）将高度控制开关拨到 HIGH 位置，使汽车高度上升。

2）使发动机熄火。

3）在空气软管和软管接头处涂肥皂水，检查是否漏气。

4. 汽车高度调整

在进行汽车高度调整时，必须使高度控制开关处于 NORM 位置。应在水平面上进行高度调整，务必将汽车的高度调整到标准范围以内。

（1）检查汽车高度

（2）调整汽车高度

1）旋松车身高度传感器连杆上的两只锁紧螺母。

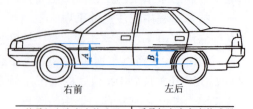

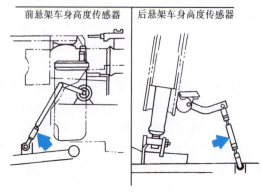

图 7-35　连接杆长度的调整

2）转动车身高度传感器连接杆的螺栓以调节长度。车身高度传感器连接杆每转一圈，能使汽车高度改变大约 4mm。

3）检查车身高度、传感器连接杆的尺寸是否小于极限值。前、后悬架的极限值均为 13mm，如图 7-35 所示。

4）预拧紧两只锁紧螺母。

5）再检查一次汽车高度。

6）旋紧锁紧螺母。拧紧力矩为 4.4N·m。注意：在拧紧锁紧螺母时应确保球节与托架平行。

（3）检查车轮定位。如果不正常，进行四轮定位调整。

三、自诊断系统

1. 悬架指示灯检查

电控悬架中的指示灯有两个：一个是高度控制指示灯"NORM"，另一个是刚度阻尼指示灯"LRC"。还有一个高度控制照明灯"HEIGHT"。

将点火开关转到 ON，检查高度指示灯和刚度阻尼指示灯应亮 2s 左右。如果在检查过程中出现表 7-8 所列的故障，应按表检查相应的电路并进行故障排除。

2. 故障码显示

1）将点火开关转到 ON。

2）用专用导线将 TDCL 或检查插接器端子 T_C 与 E_1 连接。

3）在仪表盘上读取高度控制"NORM"指示灯显示的故障码。注意：当高度控制 ON/OFF 开关在 OFF 位置时，会输出故障码 71，这并非是不正常；当没有故障码输出时，应检查 T_C 端子电路。

4）利用表 7-8 中的故障码检查故障情况。

5）检查完毕后，将端子 T_C 与 E_1 脱开，并关闭显示器。

表 7-8 故障码

代码	系统	故障诊断	故障部位	指示灯①	存储器②
11	右前车身高度传感器电路	车身高度传感器电路开路或短路	ECU 与车身高度控制传感器之间的配线或插接器；车身高度控制传感器；ECU	○	○
12	左前车身高度传感器电路			○	○
13	右后车身高度传感器电路			○	○
14	左后车身高度传感器电路			○	○
21	前悬架控制执行器电路	悬架控制执行器电路开路或短路	ECU 与悬架控制执行器之间的配线或插接器；悬架控制执行器；ECU	○	○
22	后悬架控制执行器电路			○	○
31	1 号高度控制阀电路	高度控制阀电路开路或短路	ECU 与高度控制阀之间的配线或插接器；高度控制阀；ECU	○	○
33	2 号高度控制阀电路（用于右悬架）			○	○
34	2 号高度控制阀电路（用于左悬架）			○	○
35	排气阀电路	排气阀电路开路或短路	ECU 与排气阀之间的配线或插接器；排气阀；ECU	○	○
41	1 号高度控制继电器	1 号高度控制继电器电路开路或短路	ECU 与 1 号高度控制继电器之间的配线或插接器；ECU	○	○
42	压缩机电动机电路	压缩机电动机电路短路；压缩机电动机被卡住	ECU 与压缩机电动机之间的配线或插接器；压缩机电动机；ECU	○	○
51③	至 1 号高度控制继电器的持续电流	向 1 号高度控制继电器的供电时间约 8.5min 以上	压缩机电动机；压缩机；空气管；1 号、2 号控制阀；排气阀；车身高度传感器连接杆；车身高度传感器；溢流阀；ECU	—	○
52④	排气阀的持续电流	向排气阀的供电时间约 6min 以上	高度控制阀；排气阀；空气管；车身高度传感器连接杆；车身高度传感器；ECU	—	○
61	悬架控制信号	ECU 故障		—	○
71⑤	高度控制 ON/OFF 开关电路	高度控制 ON/OFF 开关位于 OFF 位置或高度控制 ON/OFF 开关电路短路	ECU 与高度控制开关之间的配线或插接器；高度控制 ON/OFF 开关；ECU	○	—
72	悬架控制执行器供电电路	悬架控制执行器供电电路开路或悬架熔丝烧断	AIR SUS 熔丝；ECU 与发动机主继电器之间的配线或插接器；ECU	—	—

① 本列中的"○"表示高度控制"NORM"指示灯以 1s 的间隔闪烁，"—"表示指示灯不闪烁。
② 本列中"○"表示存储器中存有故障码（不论点火开关是打开还是关闭）。
③ 因为压缩空气的溢流压力是 980kPa，如果试图在坡道上或汽车超负荷情况下进行高度控制，就会输出代码"51"，同时汽车高度控制、阻尼力控制和弹簧刚度控制终止，这并非异常。在这种情况下，只要关闭点火开关约 70min 后再打开，系统即恢复正常。
④ 如果在拆下车轮或支起汽车的情况下进行汽车高度控制，就会输出代码"52"，同时汽车高度控制、阻尼力控制和弹簧刚度控制终止，这并非异常。此时，只要关闭点火开关后再打开，系统即恢复正常。
⑤ 当高度控制 ON/OFF 开关在"OFF"位置时，会输出故障码"71"。

3. 清除故障码

系统故障排除后要将存储器内的故障码清除，清除方法有以下两种：

1) 关闭点火开关，拆下 1 号接线盒中的 ECU-B 熔丝 10s 以上。

2) 关闭点火开关，将高度控制插接器端子 9（端子 CLE）与端子 8（端子 E）短接，同时使诊断插接器端子 T_S 与端子 E_1 短接。保持这一状态 10s 以上，然后打开点火开关并脱开以上各端子。

4. 检查 ECU 输入信号

此项功能用于检查来自转向传感器和停车开关的信号是否正常地输入 ECU。其执行过程如下：

1) 将点火开关转到 ON 位置。

2) 将表 7-9 中的每个检查项目调到操作 1 栏所示状态。

3) 短接发动机室内的诊断插接器 T_S 端子和 E_1 端子。注意：这时，在发动机停机状态下，高度控制 "NORM" 指示灯会以 0.25s 的间隔闪烁，并一直持续到发动机运转时为止（这表明系统已经进入输入信号检查状态）。

4) 再将每个单独的检查项目调到操作 2 栏所示状态，检查高度控制 "NORM" 指示灯是否亮着。

表 7-9 检查 ECU 输入信号

检查项目	操作 1	发动机状态 停机	发动机状态 运转	操作 2	发动机状态 停机	发动机状态 运转
转向传感器	车向前摆正直行	A	B	转向角 45°以上	B	A
停车灯开关	OFF（不踩制动踏板）	A	B	ON（踩下制动踏板）	B	A
门控灯开关	OFF（所有车门关闭）	A	B	ON（所有车门打开）	B	A
节气门位置传感器	不踩加速踏板	A	B	加速踏板踩到底	B	A
1 号车速传感器	车速低于 20km/h	A	B	车速 20km/h 以上	B	A
高度控制开关	NORM 位置	A	B	HIGH 位置	B	A
开关	NORM 位置	A	B	SPORT 位置	B	A
高度控制 ON/OFF 开关	ON 位置	A	B	OFF 位置	B	A

注：1. "发动机状态"栏内的 A 和 B 表示检查结果正常时，高度控制 "NORM" 指示灯的状态。A 表示指示灯每 0.25s 闪亮一次，B 表示常亮。

2. 在进行这项检查时，减振器的阻尼力控制和弹簧刚度控制将被暂时停止，减振器的阻尼力和弹簧刚度都被固定为"坚硬"状态，而车身高度控制则正常进行。

四、故障分析

如果在进行诊断代码检查时，显示一个正常代码并且故障仍然出现，应进行每个故障征兆的故障排除，按表 7-10 给出的数据次序检查每个征兆的电路。

表 7-10　系统故障征兆一览表

怀疑部位 征兆	车身高度传感器	悬架控制执行器电路	高度控制阀、排气阀电路	1号高度控制继电器电路	压缩机电动机电路	高度控制ON/OFF	悬架控制执行器电源电路	汽车高度控制电路、发电机电路	调节器电路	LRC开关电路	高度控制灯开关电路	停车灯开关电路	转向传感器电路	节气门位置信号电路	车速传感器电路	门控灯开关电路	T_C端子电路	T_S端子电路	车身高度传感器连接杆	空气泄漏	气压缸/减振器	悬架ECU
不管怎样操作LRC开关,LRC指示灯状态不变										1												2
阻尼力和弹簧刚度控制几乎不起作用		1				6		4									2	3			5	7
只有防侧倾控制不起作用													1									2
只有防下坐控制不起作用														1								2
只有防栽头控制不起作用												1		2								3
只有高车速控制不起作用															1							2
高度控制指示灯的亮灯位置不随高度控制开关的动作变化	4						3	2	1													5
汽车高度控制功能不起作用	5				4		2	1	3													6
只有高车速控制不起作用															1							2
汽车高度出现不规则变动	2																		1			3
汽车高度控制起作用,但汽车高度不均匀		1																2				
汽车高度控制起作用,但汽车高度的高或低与标准值不符																		1				
当调整汽车高度时,汽车处于非常高或非常低的位置	1																					
即使高度控制开关在OFF位置时,汽车高度控制仍起作用						1																2
点火开关OFF不起作用								2								1						3
即使在车门打开时,点火开关OFF控制仍有作用																1						2
汽车驻车时汽车高度非常低																				1	2	
压缩机电动机一直运转					2	3															1	4

减振力和弹簧刚度控制失灵：前五行
汽车高度控制失灵：其余行

五、电子控制悬架系统的电路检查

图 7-36 所示为丰田凌志 LS400 轿车电控空气悬架系统的基本电路。检修时,根据故障码所提示的故障部位与原因,参照电路图即可进行控制系统电路的检查。

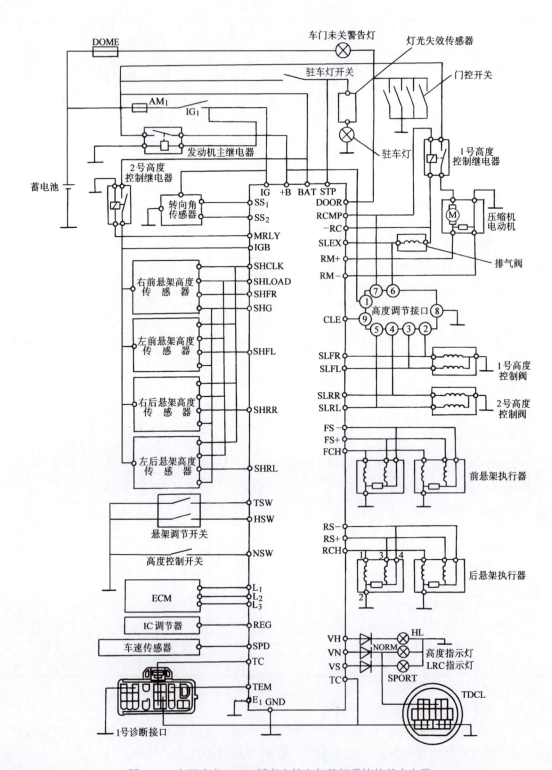

图 7-36 丰田凌志 LS400 轿车电控空气悬架系统的基本电路

单元八　电控动力转向与四轮转向系统

任务内容

任务一　介绍电控动力转向系统
任务二　检修电控动力转向系统
任务三　介绍四轮转向系统

学习目标

通过本单元的学习掌握电控动力转向与四轮转向系统的结构、原理、使用、检修等基本知识，并能灵活地加以应用。
➤ 能够向客户介绍电控动力转向系统的特点及其相关基本知识。
➤ 能够对电控动力转向系统进行一般故障的诊断与检修。
➤ 能够向客户介绍四轮转向系统的特点及其相关基本知识。

任务一　介绍电控动力转向系统

一、对转向系统的要求

（1）优越的操纵性　当汽车行驶在狭窄弯曲的道路上要转弯时，转向系统必须保证灵活、平顺。

（2）合适的转向力　如没有其他的障碍物，转向力在汽车停止时应较大，随汽车行驶速度的增加而减少。为了有更加好的"路感"，要求在低速行驶时应有较小的转向力，而在高速时转向力要加大。

（3）平顺的回转性能　要求在转向结束时，转向盘能自动回正——即使车轮回到直线行驶的位置上，当驾驶人放松转向盘之后，这个回位动作必须平顺地进行。

（4）要有随动作用　转向车轮的偏转角和驾驶人转动转向盘的转角要保持一定的关系，并能使转向车轮保持在任一偏转角位置上。

（5）减小从道路表面传来的冲击　要求转向装置决不可以因道路表面不平坦而使转向盘失去控制或造成反转的情况。

（6）工作可靠　当动力转向系统发生故障或失效时，应能保证通过人力进行转向操纵。

二、动力转向系统的功用种类

1. 动力转向系统的功用

采用动力转向系统的目的是使转向操纵轻便，提高响应特性。理想的动力转向系统应在停车状态时能提供足够的助力，使原地转向容易，而随着车速的增加助力逐渐减少，在高速行驶时则无助力或助力很小，以保证驾驶人有足够的路感。为了实现在各种行驶条件下转向盘上所需的力都是最佳值，电子控制转向系统应运而生。

2. 动力转向系统的种类

汽车转向系统可按转向的能源不同，分为机械转向系统和动力转向系统两类。机械转向系统依靠驾驶人操纵转向盘的转向力来实现车轮转向；动力转向系统则是在驾驶人的控制下，借助于汽车发动机产生的液体压力或电动机驱动力来实现车轮转向。所以动力转向系统也称为转向动力放大装置。

由于动力转向系统具有转向操纵灵活、轻便，能吸收路面对前轮产生的冲击，在设计汽车时转向器的结构形式可灵活选择等优点，因此其被很多国家采用。按控制方式的不同，可分为传统动力转向系统和电子控制动力转向系统。

传统动力转向系统在设计时存在着一些矛盾：如果所设计的固定放大倍率是为了减小汽车在停车或低速行驶状态下转动转向盘的力，则当汽车以高速行驶时，会使转动转向盘的力显得太小，不利于对高速行驶的汽车进行方向控制；反之，如果所设计的固定放大倍率是为了增加汽车在高速行驶时的转向力，则当汽车停驶或低速行驶时，转动转向盘就会显得非常吃力。

电子控制动力转向（Electronic Control Power Steering，EPS）系统，根据动力源不同又可分为液压式电子控制动力转向（液压式EPS）系统和电动式电子控制动力转向（电动式EPS）系统。液压式EPS系统是在传统的液压动力转向系统的基础上增设了控制液体流量的电磁阀、车速传感器和电子控制单元等，电子控制单元根据检测到的车速信号控制电磁阀，使转向动力放大倍率实现连续可调，从而满足高、低速时的转向助力要求。电动式EPS是利用直流电动机作为动力源，电子控制单元根据转向参数和车速等信号，控制电动机转矩的大小和方向。电动机的转矩由电磁离合器通过减速机构减速增大转矩后，加在汽车的转向机构上，使之得到一个与工况相适应的转向作用力。通过电子控制动力转向系统，可使驾驶人在汽车低速行驶时操纵转向轻便、灵活；而在中、高速行驶时又可以增加转向操纵力，使驾驶人的手感增强，从而可获得良好的转向路感和提高转向操纵的稳定。

三、液压式电控动力转向系统

液压式电子控制动力转向系统，是在传统的液压动力转向系统的基础上，增设电子控制装置而构成的。根据控制方式的不同，液压式电子控制动力转向系统又可分为流量控制式、反力控制式和阀灵敏度控制式三种形式。

（一）流量控制式EPS

这是一种根据车速传感器信号调解动力转向装置供应的液压油，改变油液的输入输出流量，以控制转向力的方法。优点是在原来动力转向功能上再增加液压油流量控制功能即可，可以降低价格，简化结构。缺点是当流向动力转向机构的液压油降低到极限值时，将改变转向控制部分的刚度，使其下降到接近转向刚性。这样，在低供给油量区域内，对于快速转向会产生液压油量不足，降低了相应性。

1. 丰田雷克萨斯轿车电子控制动力转向系统

图8-1所示为雷克萨斯轿车采用的流量控制式动力转向系统。该系统主要由车速传感

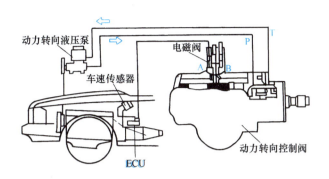

图 8-1　雷克萨斯轿车的流量控制式动力转向系统

器、电磁阀、整体式动力转向控制阀、动力转向液压泵和电子控制单元等组成。电磁阀安装在通向转向动力缸活塞两侧油室的油道之间,当电磁阀的阀针完全开启时,两油道就被电磁阀旁通。流量控制式动力转向系统就是根据车速传感器的信号,控制电磁阀阀针的开启程度,从而控制转向动力缸活塞两侧油室的旁路液压油流量,来改变转向盘上的转向力。车速越高,流过电磁阀电磁线圈的平均电流值越大,电磁阀阀针的开启程度越大,旁路液压油流量越大,而液压助力作用越小,使转动转向盘的力也随之增加。

图 8-2 所示为该系统电磁阀的结构。图 8-3 所示为电磁阀的驱动信号。由图可以看出,驱动电磁阀电磁线圈的脉冲电流信号频率基本不变,但随着车速增大,脉冲电流信号的占空比将逐渐增大,使流过电磁线圈的平均电流值随车速的升高而增大。图 8-4 所示为雷克萨斯轿车电子控制动力转向系统的电路图。

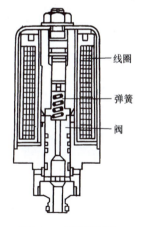

图 8-2　电磁阀结构

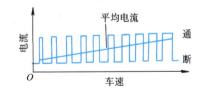

图 8-3　电磁阀驱动信号

2. 日产蓝鸟轿车电子控制动力转向系统

图 8-5 所示为曾在日产蓝鸟轿车上使用的流量控制式动力转向系统。它的特点是在一般液压动力转向系统上再增加旁通流量控制阀、车速传感器、转向角速度传感器、电子控制单元和控制开关等。在转向液压泵与转向机体之间设有旁通管路,在旁通管路中又设有旁通油量控制阀。根据车速传感器、转向角速度传感器和控制开关等信号,电子控制单元按照汽车的行驶状态向旁通流量控制阀发出控制信号,控制旁通流量,从而调整向转向器供油的流量。

当向转向器供油流量减少时,动力转向控制阀灵敏度下降,转向助力作用降低,转向力增加。在这一系统中,利用仪表板上的转换开关,驾驶人可以选择三种适应不同行驶条件的转向力特性曲线,如图8-6所示。另外,电子控制单元还可根据转向角速度传感器输出信号的大小,在汽车急转弯时,按照图8-7所示的转向力特性实施最优控制。

图8-8为该系统旁通流量控制阀的结构示意图。在阀体内装有主滑阀和稳压滑阀,在主滑阀的右端与电磁线圈柱塞连接,主滑阀与电磁线圈

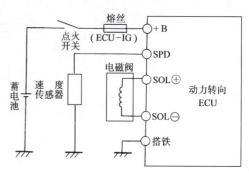

图 8-4 雷克萨斯轿车电子控制动力转向系统电路

的推力成正比移动,从而改变主滑阀左端流量主孔的开口面积。调整调节螺钉可以调节旁通流量的大小。稳压滑阀的作用是保持流量主孔前后压差的稳定,以使旁通流量与流量主孔的开口面积成正比。当因转向负荷变化而使流量主孔前后压差偏离设定值时,稳压滑阀阀芯将在其左侧弹簧张力和右侧高压油压力的作用下发生滑移。如果压差大于设定值,则阀芯左移,使节流孔开口面积减小,流入到阀内的液压油量减少,前后压差减小;如果压差小于设定值,则阀芯右移,使节流孔开口面积增大,流入到阀内的液压油量增多,前后压差增大。流量主孔前后压差的稳定,保证了旁通流量的大小只与主滑阀控制的流量主孔的开口面积有关。

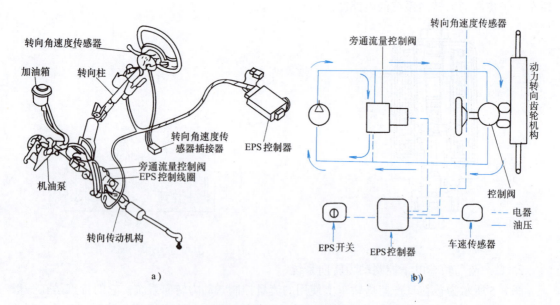

图 8-5 日产蓝鸟牌轿车的电子控制动力转向装置
a) 结构 b) 系统原理示意图

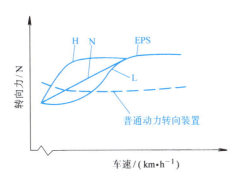

图 8-6　三种不同的转向力特性曲线

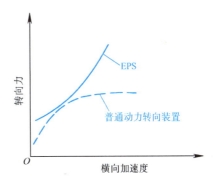

图 8-7　汽车急转弯时的转向力特性

图 8-9 为日产蓝鸟轿车流量控制式动力转向系统电路图。系统中电子控制单元的基本功能是接收车速传感器、转向角速度传感器及变换开关的信号，以控制旁通流量控制阀的电流，并具有故障自诊断功能。

当控制单元、传感器、开关等电气系统发生故障时，安全保险装置能够确保与一般动力转向装置的功能相同。

（二）反力控制式 EPS

反力控制式动力转向系统是一种根据车速大小，控制反力室油压，从而改变输入、输出增益幅度以控制转向力。其优点表现在，具有较大的选择转向力的自由度，转向刚度大，驾驶人能感受到路面情况，可以获得稳定的操作手感等。其缺点是结构复杂，且价格较高。

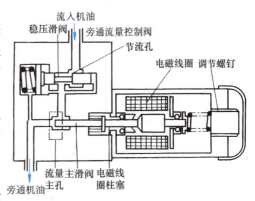

图 8-8　旁通流量控制阀结构

1. 系统组成与工作原理

图 8-10 所示为反力控制式动力转向系统的工作原理。该系统主要由转向控制阀、分流阀、电磁阀、转向动力缸、转向液压泵、储油箱、车速传感器（图中未画出）及电子控制单元等组成。转向控制阀是在传统的整体转阀式动力转向控制阀的基础上增设了油压反力室而构成的。扭杆的上端通过销子与转阀阀杆相连，下端与小齿轮轴用销子连接。小齿轮轴的上端通过销子与控制阀阀体相连。转向时，转向盘上的转向力通过扭杆传递给小齿轮轴。当转向力增大，扭杆发生扭转变形时，控制阀体和转阀阀杆之间将发生相对转动，改变阀体和阀杆之间油道的通、断和工作油液的流动方向，从而实现转向助力作用（见整体转阀式动力转向系统一节）。

分流阀的作用，是把来自转向液压泵的液压油向控制阀一侧和电磁阀一侧进行分流。按照车速和转向要求，改变控制阀一侧与电磁阀一侧的油压，确保电磁阀一侧具有稳定的液压油流量。固定小孔的作用是把供给转向控制阀的一部分流量分配到油压反力室一侧。

电磁阀的作用是根据需要，将油压反力室一侧的液压油流回储油箱。

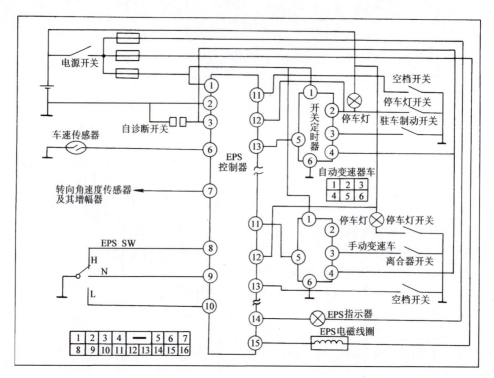

图 8-9　蓝鸟轿车电子控制动力转向系统电路

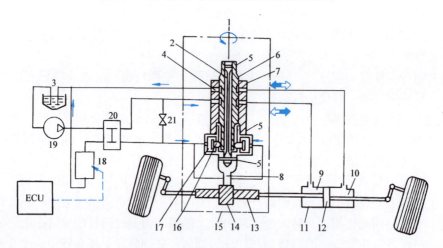

图 8-10　反力控制式动力转向系统的工作原理

1—转向盘　2—扭杆　3—储油箱　4—接口　5—销钉　6—控制阀轴　7—回转阀　8—小齿轮轴
9—左室　10—右室　11—动力液压缸　12—活塞　13—齿条　14—小齿轮　15—转向齿轮箱
16—柱塞　17—油压反力室　18—电磁阀　19—液压泵　20—分流阀　21—小节流孔

电子控制单元(ECU)根据车速的高低线性控制电磁阀的开口面积。当车辆停驶或速度较低时，ECU 使电磁线圈的通电电流增大，电磁阀开口面积增大，经分流阀分流的液压油通过电磁阀重新回流到储油箱中，所以作用于柱塞的背压(油压反力室压力)降低。于是柱塞推动控制阀转阀阀杆的力(反力)较小，因此只需要较小的转向力就可使扭杆扭转变形，使阀体与阀杆产生相对转动而实现转向助力作用。

当车辆在中、高速区域转向时，ECU使电磁线圈的通电电流减小，电磁阀开口面积减小，所以油压反力室的油压升高，作用于柱塞的背压增大，于是柱塞推动转阀阀杆的力增大。此时需要较大的转向力才能使阀体与阀杆之间做相对转动（相当于增加了扭杆的扭转刚度）而实现转向助力作用，所以在中、高速时可使驾驶人获得良好的转向手感和转向特性。

2. 反力控制式动力转向系统实例

图8-11所示为丰田汽车公司"马克Ⅱ"型车用反力控制式动力转向系统结构。图8-12所示为反力控制式动力转向控制阀（增设了反力油压控制阀和油压反力室）的结构。

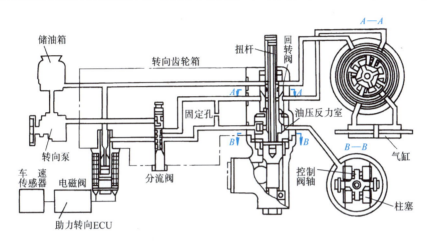

图8-11 "马克Ⅱ"型车用反力控制式动力转向系统结构

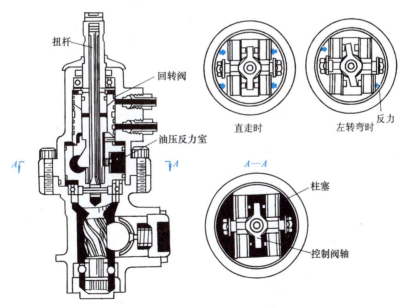

图8-12 反力控制式动力转向控制阀结构

图 8-13 所示为电磁阀的结构及其特性。输入到电磁阀中的信号是通、断脉冲信号，改变信号占空比（信号导通时间所占的比例）就可以控制流过电磁阀线圈平均电流值的大小。

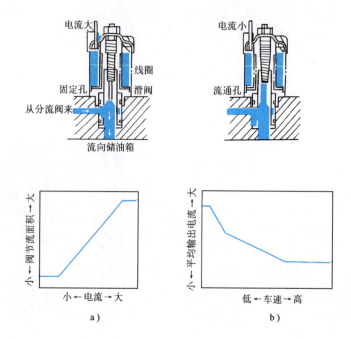

图 8-13　电磁阀的结构及其特性

（三）阀灵敏度控制式 EPS

阀灵敏度控制式 EPS 是根据车速控制电磁阀，直接改变动力转向控制阀的油压增益（阀灵敏度）来控制油压的。这种转向系统结构简单、部件少、价格便宜，而且具有较大的选择转向力的自由度；与反力控制式转向相比，转向刚性差，但可以最大限度提高原来的弹性刚度来加以克服，从而获得自然的转向手感和良好的转向特性。图 8-14 所示为 89 型地平线牌轿车所采用的阀灵敏度可变控制动力转向系统。该系统对转向控制阀的转子阀作了局部改进，并增加了电磁阀、车速传感器和电子控制单元等。

1. 转子阀

一般在圆周上形成 6 条或 8 条沟槽，各沟槽利用阀部外体，与泵、动力缸、电磁阀及油箱连接。图 8-15 所示为实际的转子阀结构剖面图。

图 8-16 所示为阀部的等效液压回路图，转子阀的可变小孔分为低速专用小孔（1R、1L、2R、2L）和高速专用小孔（3R、3L）两种，在高速专用小孔的下边设有旁通电磁阀回路，其工作过程如下：

当车辆停止时，电磁阀完全关闭，如果此时向右转动转向盘，则高灵敏度低速专用小孔 1R 及 2R 在较小的转向转矩作用下即可关闭。转向液压泵的高压油液经 1L 流向转向动力缸右腔室，其左腔室的油液经 3L、2L 流回储油箱，所以此时具有轻便的转向特性。而且施加在转向盘上的转向力矩越大，可变小孔 1L、2L 的开口面积越大，节流作用就越小，转向助力作用越明显。

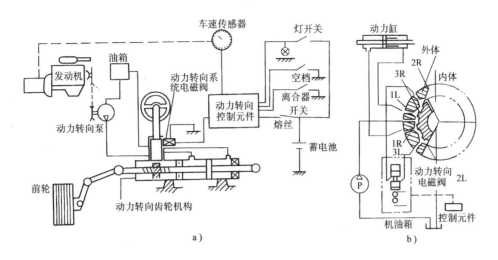

图 8-14 阀灵敏度可变控制动力转向系统
a) 系统示意图 b) 转子阀

随着车辆行驶速度的提高，在电子控制单元的作用下，电磁阀的开度也线性增加，如果向右转动转向盘，则转向液压泵的高压油液经 1L、3R 旁通电磁阀流回储油箱。此时，转向动力缸右腔室的转向助力油压就取决于旁通电磁阀和灵敏度低的高速专用小孔 3R 的开度。车速越高，在电子控制单元的控制下，电磁阀的开度越大，旁路流量越大，转向助力作用越小；在车速不变的情况下，施加在转向盘上的转向力越小，高速专用小孔 3R 的开度越大，转向助力作用也越小。当转向力增大时，3R 的开度逐渐减小，转向助力作用也随之增大。由此可见，阀灵敏度可变控制动力转向系统可使驾驶人获得非常自然的转向手感和良好的速度转向特性。具有多工况的转向特性如图 8-16c 所示的从低速到高速的过渡区间，由于电磁阀的作用，按照车速控制可变小孔的油量，因而可以按顺序改变特性。

2. 电磁阀

电磁阀结构如图 8-15 所示，该阀设有接控制上下流量的旁通油道，是可变的节流阀。在低速时向电磁线圈通以最大的电流，使可变孔关闭，随着车速升高，依次减小通电电流，可变孔开启；在高速时，开启面积达到最大值。该阀在左右转向时，油液流动的方向可以逆转，所以在上下流动方向中，可变小孔必须具有相同的特性。为了确保高压时流体有效作用于阀，必须提供稳定的油压控制。

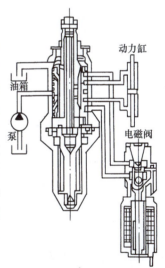

图 8-15 转子阀及电磁阀结构剖面图

3. 电子控制单元

接收来自车速传感器的信号，控制向电磁阀和电磁线圈输出电流。图 8-17 所示为控制系统的电路。

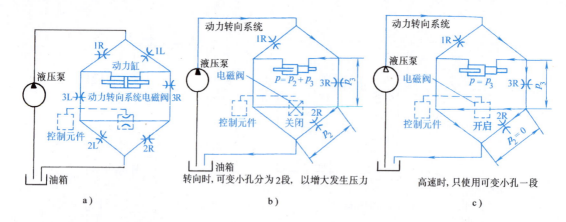

图 8-16　阀部的等效液压回路

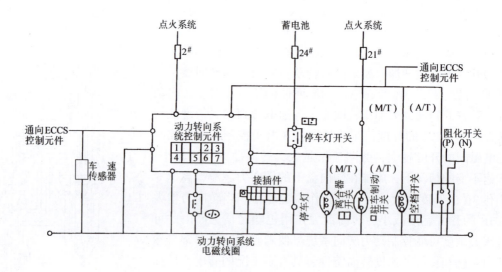

图 8-17　控制系统电路

四、电动式电控动力转向系统

电动式电控动力转向系统（EPS）是一种直接依靠电动机提供辅助转矩的电动助力式转向系统。该系统仅需要控制电动机电流的方向和幅值，不需要复杂的控制机构。另外，该系统由于利用 ECU 控制，为转向系统提供了较高的自由度，同时还降低了成本和重量。

电动式电控动力转向系统主要特点如下：

1) 电动机、减速机、转向柱和转向齿轮箱可以制成一个整体，管道、液压泵等不需单独占据空间，易于装车。

2) 基本上只增加电动机和减速机，没有了液压管道等部件，使整个系统趋于小型轻量化。

3) 液压泵仅在必要时用来使电动机运转，故可以节能。

4) 因为零件数目少，不需要加油和抽空气，所以在生产线上的装配性好。由此，从发展的角度看，电动式电控动力转向系统将成为标准件装备在汽车上。

（一）电动式电控动力转向系统的结构与工作原理

电动式电控动力转向系统基本上是由转矩传感器、车速传感器、控制元件、电动机和减速机组成的，如图 8-18 所示。

在操纵转向盘时，转矩传感器根据输入力的大小产生相应的电压信号，由此检测出操纵力的大小，同时根据车速传感器产生的脉冲信号又可测出车速，再控制电动机的电流，形成适当的转向助力。

1. 转矩传感器

转矩传感器的作用是测量转向盘与转向器之间的相对转矩，以作为电动助力的依据之一。

图 8-19 为无触点式转矩传感器的结构及工作原理图。在输出轴的极靴上分别绕有 A、B、C、D 四个线圈，转向盘处于中间位置（直驶）时，扭杆的纵向对称面正好处于图示输出轴极靴 AC、BD 的对称面上。当在 U、T 两端加上连续的输入脉冲电压信号 U_i 时，由于通过每个极靴的磁通量相等，所以在 V、W 两端检测到的输出电压信号 U_o=0 转向时，由于扭杆和输出轴极靴之间发生相对扭转变形，极靴 A、D 之间的磁阻增加，B、C 之间的磁阻减少，各个极靴的磁通量发生变化，于是在 V、W 之间就出现了电位差。其电位差与扭杆的扭转角和输入电压 U_i 成正比。

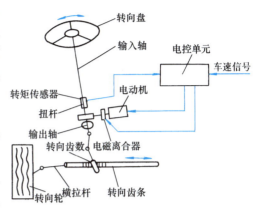

图 8-18　电动式 EPS 的组成

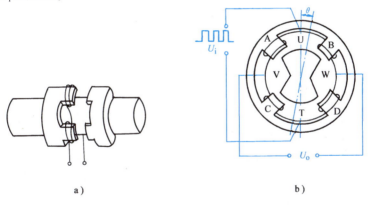

图 8-19　无触点式转矩传感器

所以，通过测量 V、W 两端的电位差就可以测量出扭杆的扭转角，于是也就知道转向盘施加的转矩。

图 8-20 所示为滑动可变电阻式转矩传感器的结构。它是将负载力矩引起的扭杆角位移转换为电位器电阻的变化，并经集电环传递出来作为转矩信号。

2. 电动机、离合器、减速机

EPS 上所采用的电动机是在一般汽车用电动机基础上加以改进后得到的。为了改善操纵感、降低噪声和减少振动，有的电动机转子外圆表面开有斜槽，有的则改变定子磁铁的中心处或底部的厚度。电动机的特性如图 8-21 所示。

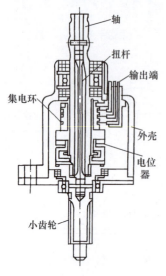

图 8-20　滑动可变电阻式
转矩传感器的结构

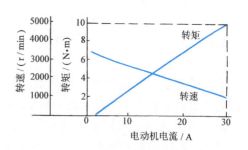

图 8-21　电动机的特性

转向助力用直流电动机需要正反转控制，图 8-22 所示为一种比较简单适用的控制电路。a_1、a_2 为触发信号端。当 a_1 端得到输入信号时，晶体管 VT_3 导通，VT_2 得到基极电流而导通，电流经 VT_2、电动机 M、VT_3、搭铁而构成回路，于是电动机正转；当 a_2 端得到输入信号时，电流则经 VT_1、电动机、VT_4、搭铁而构成回路，电动机则因电流方向相反而反转。控制触发信号端电流的大小，就可以控制通过电动机电流的大小。

电动机的工作范围限定在某一速度区域内，如果超过规定速度，则离合器使电动机停转，且离合器分离，不再起传递动力的作用。在不加助力的情况下，离合器可以清除电动机惯性的影响。同时，在系统发生故障时，因离合器分离，可以恢复手动控制转向。

为了减少加与不加助力时驾驶车辆感觉的差别，设法使离合器具有滞后输出特性，同时还使其具有半离合状态区域。

图 8-23 为单片干式电磁离合器的工作原理图。当电流通过集电环进入电磁离合器线圈时，主动轮产生电磁吸力，带花键的压板被吸引与主动轮压紧，于是电动机的动力经过轴、主动轮、压板、花键、从动轴传递给执行机构。

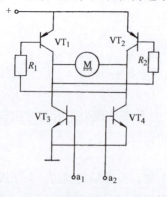

图 8-22　电动机正反转控制电路

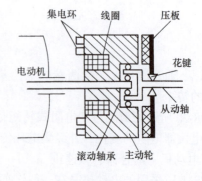

图 8-23　电磁离合器工作原理

减速机构(图 8-24)是把电动机的输出放大后,再传给转向齿轮箱的主要部件。目前已实用的有多种组合方式,如两级行星齿轮与传动齿轮驱动组合式、蜗轮蜗杆与转向轴驱动组合式等。为了抑制噪声和提高耐久性,减速机构上采用了部分树脂材料及特殊齿形。

(二) 电动式电控动力转向系统的控制

1. 控制电路

控制电路框图如图 8-25 所示。控制电路的中心是 8 位的单片微型计算机,内装 256B 的 RAM,4KB 位的 ROM 和 8 位的 A-D 转换器。

主传感器和辅助传感器的转矩及电动机的信号及电动机的电流信号,通过 A-D 转换器输入到微型计算机中,而车速信号、发动机转速、蓄电池电压和起动机开关的通断状态、交流发电机的 L 端子电压则通过接口电路输入到微型计算机中。

转矩信号通过 A-D 转换器输入到计算机后,计算机根据车速范围按照规定的转矩——电动机电流变换值,确定出电动机的电流指令值,把电流指令值输入到 D-A 转换器转换成模拟信号,之后输入

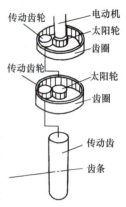

图 8-24 减速机构

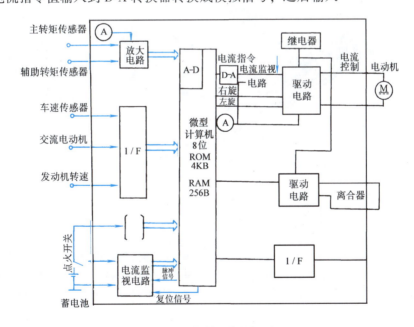

图 8-25 控制电路的框图

到电流控制电路中去;同时,计算机还输出电动机的旋转方向指示信号,这个信号输入电动机的驱动电路后,便决定了电动机的旋转方向。

电流控制电路把上述已成为模拟信号的电流指令与电动机的实际电流相比较后,产生二者幅度相同的斩波信号。驱动电路收到斩波信号与旋转方向指令信号之后,则输出指令,驱动功率 MOS-FET 电路,控制电动机的电流,使其按规定的方向旋转。

当超过规定的车速时,离合器的驱动信号被切断,电动机与减速机构分离,同时电动机也停止工作。

2. 故障诊断与安全保护

控制元件具有故障自我诊断功能，当发生电气系统故障时，能自动停止助力。同时，ECU 可以记忆故障内容，并使故障指示灯点亮。维修时可读取故障码，找出故障原因。

出现电气故障后，控制电路停止向电动机供电，在装有离合器的 EPS 上，离合器脱开，恢复到手动控制转向。

（三）红旗轿车电控动力转向系统

红旗 E-HS3 电动汽车电控动力转向系统组成如图 8-26 所示。电控动力转向系统包括电动助力转向控制单元、转向角传感器、电子稳定程序控制单元、智能驾驶综合控制器、整车控制单元、网关控制器、T-BOX、智能前摄像头等。红旗 E-HS3 电动汽车电控动力转向系统控制部件的连接关系如图 8-27 所示。

图 8-26　红旗 E-HS3 电动汽车电控动力转向系统组成

1—智能驾驶综合控制器　2—转向角传感器　3—电子稳定程序控制单元　4—整车控制单元
5—电动助力转向控制单元　6—网关控制器　7—T-BOX（智能驾驶综合控制器）　8—智能前摄像头

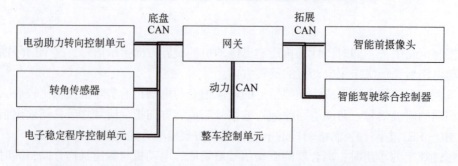

图 8-27　红旗 E-HS3 电动汽车电控动力转向系统控制部件的连接关系

任务二　检修电控动力转向系统

下面以丰田皇冠轿车为例介绍电动式电控转向系统(EPS)检修方法。

一、系统组成

电动式电控转向系统组成如图 8-28 所示。

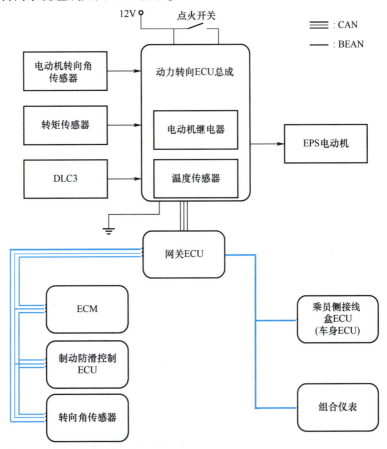

图 8-28　电动式电控转向系统组成

为了提供转向助力，EPS 通过操作安装在动力转向拉杆总成上的电动机产生转矩。辅助动力的方向和大小由来自转矩传感器的信号来确定，并根据车速来控制。因此，在低速行驶时，转向力小；高速行驶时，转向力应适度地提高。

1. 组件功能

组件功能见表 8-1。

表 8-1　组件功能表

组　件	功　能
动力转向 ECU 组件	根据转向转矩和车速计算辅助电流 根据从电动机转向角传感器获得的电动机电子角度驱动电动机 接通蓄电池电路来产生电动机驱动电压 如果电动机和 ECU 过热，则限制辅助电力，以保护系统

(续)

组　件	功　能
转矩传感器	转向盘转动时，检查产生的转向力
动力转向电动机	用齿条轴定位同轴度，通过转动滚珠螺母和滚珠使转向齿条做直线运动
电动机转向角传感器	检查电动机转向角度

2. 操作说明

操作说明简图如图8-29所示。

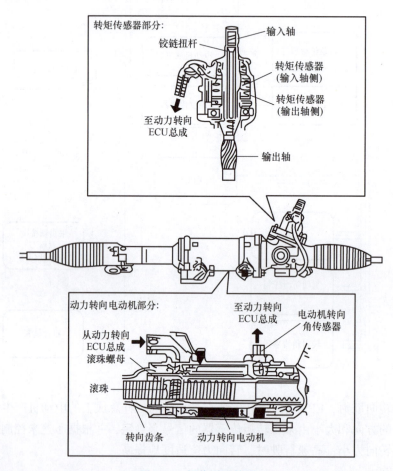

图8-29　操作说明简图

1）转矩传感器安装在主轴的输入轴上和小齿轮轴的输出轴上。输入和输出轴通过铰链扭杆连接在一起。

2）如果转动转向盘，则铰链扭杆会扭曲，每一个转矩传感器就会检测到转向角的不同。根据转向角的不同，动力转向ECU总成计算转矩。

3）根据车速和步骤2）中获得的转矩，动力转向ECU总成计算合适的辅助转矩。然后ECU控制电动机驱动电路，以使之产生辅助转矩。

4) 滚珠螺母安装在电动机轴上。通过滚珠可以把电动机的旋转运动转变成转向齿条的直线运动。

5) 以上过程中辅助力的产生，将会减小驾驶人操作时的转向力。

二、部件安装位置

电动式电控转向系统部件安装位置如图 8-30 所示。

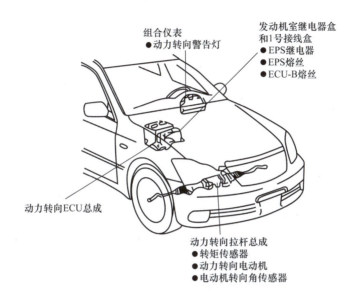

图 8-30　部件位置分布

三、系统检修

1. 检修注意事项

（1）断开蓄电池负极（-）端子后，当重新连接端子时，要对下列系统进行初始化

1) 电动窗控制系统。

2) 滑动天窗系统。

3) 驻车辅助监视系统。

（2）操作电子部件时

1) 要避免撞击电子零件，比如 ECU 和继电器。如果掉落或严重弯曲则用新的更换。

2) 不要把任何电子部件暴露在高温和潮湿环境下。

3) 为了防止由于静电而引起变形或故障，不要触摸插接器端子。

4) 如果更换新动力转向 ECU 总成，则初始化转向角传感器并校准转矩传感器的零点。

（3）操作动力转向拉杆总成时

1) 避免撞击动力转向拉杆总成，尤其是电动机或转矩传感器。如果掉落或发生严重弯曲则用新的更换。

2) 移动动力转向拉杆总成时，不要拉线束。

3) 如果更换新动力转向拉杆总成，则应清除转向角传感器的校准值，初始化转向角传感器并校准转矩传感器的零点。

（4）断开和重新连接插接器时

1）断开与电动转向系统相关的插接器时，打开点火开关（IG），打正转向盘，关闭点火开关，然后断开插接器。

2）重新连接与电动转向系统相关的插接器时，应确保关闭点火开关，打正转向盘，然后打开点火开关（IG）。

3）转向盘没有打正时，不要打开点火开关（IG）。

4）如果以上操作有误，则转向角中立点（零点）将会偏离，这样会导致在左右转向时转向力不同。如果左右转向时转向力不同，则应校准转向零点。

（5）CAN 通信注意事项

1）CAN 通信系统用来从制动防滑控制 ECU、ECM 和转向角传感器接收通信并传送警报至组合仪表。它也用于 DLC_3 的 T_C 和 T_S 端子间的通信。如果 CAN 通信电路有问题，就会输出指示通信电路故障的 DTC。

2）如果 CAN 通信 DTC 输出，则应对通信电路进行故障排除。数据通信正常时，一定要启动电动转向系统的故障排除。

3）由于每个 CAN 通信电路的长度和路径都是规定的，所以不能用旁路接线等临时安装或修理。

2. 故障症状表

如果在 DTC 检查时显示故障码，则要针对这个代码对所列电路进行检查。检查 DTC 期间，显示正常的系统码后，如果仍有故障发生，则按表 8-2 的顺序对应每个故障症状检查组件。

表 8-2 故障症状表

症　状	故障可能发生的部位
转向沉重	1. 前轮胎（充气不当、不均匀磨损） 2. 前轮定位（不正确） 3. 前悬架（下球头磨损严重） 4. 动力转向拉杆总成（转矩传感器、电动机转向角传感器、动力转向电动机） 5. 转向柱总成 6. 蓄电池和电源系统 7. 动力转向 ECU 总成的电源电压 8. 动力转向 ECU 总成 9. 车辆停止时，转向盘快速地左右来回转动或该车连续重载
左右转向力不同或不均匀	1. 转向中心点（零点没有完全标明） 2. 前轮胎（充气不当、不均匀磨损） 3. 前轮定位（不正确） 4. 前悬架（下球头） 5. 动力转向拉杆总成（转矩传感器、电动机转向角传感器、动力转向电动机） 6. 转向柱总成 7. 动力转向 ECU 总成

(续)

症　状	故障可能发生的部位
行驶时，转向力不随车速变化或转向盘不能正常回位	1. 前悬架 2. 速度传感器 3. ABS 和牵引力执行器总成 4. 动力转向拉杆总成（转矩传感器、电动机转向角传感器、动力转向电动机） 5. 动力转向 ECU 总成 6. CAN 通信系统
低速行驶时转动转向盘，发出摩擦声	1. 动力转向拉杆总成（动力转向电动机） 2. 转向柱总成
车辆停止时，慢慢转动转向盘，发出尖锐声音（啸叫）	动力转向拉杆总成（动力转向电动机）
车辆停止时，转动转向盘，转向盘振动并发出噪声	1. 动力转向拉杆总成（动力转向电动机） 2. 转向柱总成
组合仪表中的 P/S 警告灯一直亮	1. IG 电源、电路 2. 组合仪表系统 3. 动力转向 ECU 总成

任务三　介绍四轮转向系统

一、四轮转向系统（4WS）车的转向特性

1. 4WS 车低速时的转向特性

汽车在低速转向的情况下，可以认为车辆的前进方向和车的朝向是大体一致的，所以各车轮上几乎不产生转向力。4 轮前进方向的垂线在一点相交，而车辆以此交点（转向中心）为中心进行转向。

图 8-31 所示为低速转向时的行驶轨迹，可知 2WS 车（前轮转向操纵）的情况是后轮不转向，所以转向中心大致在后轴的延长线上。4WS 车的情况是对后轮进行逆向转向操纵，转向中心就比 2WS 车的超前并在靠近车体处。在低速转向时，若前轮转向角相同，则 4WS 车的转向半径更小，内轮差也能小，所以转向性好。对小轿车而言，如果后轮逆向转向 5°，则可减小最小转弯半径约 0.5m，内轮差约 0.1m。

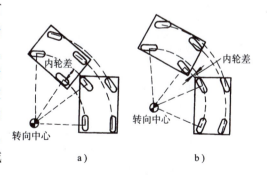

图 8-31　低速转向时的行驶轨迹
a) 2WS 车　b) 4WS 车

2. 4WS 车中高速时的转向特性

直行汽车的转向是下列两个运动的合成，即车辆的质心点绕改变前进方向的转向中心的公转和绕质心点的自转运动。

图 8-32 所示为 2WS 车高速转向时车辆的运动状态。前轮转向时，前轮产生侧偏角 α，

并产生旋转向心力使车体开始自转。当车体出现偏向时,后轮也出现侧偏角 β,且也产生旋转向心力。4 轮分担自转和公转的力,一边平衡一边转向。但是,当车速越高,离心力就越大,而且,为了使后轮也产生与此相对应的侧偏角,使车体有更大的自转运动,所以必须给前轮更大的侧偏角,使它产生更大的旋转向心力。但是,车速越高,车体的自转运动就越不稳定,容易引起车辆的旋转或侧滑。

理想的高速转向的运动状态是尽可能使车体的倾向和前进方向一致,以防多余的自转运动,使前后轮产生足够的旋转向心力。在 4WS 的车上通过对后轮的同相转向操纵,使后轮也产生侧偏角 α,使它与前轮的旋转向心力相平衡,从而抑制自转运动。这样有可能得到车体方向与车辆前进方向相一致的稳定转向状态,如图 8-33 所示。

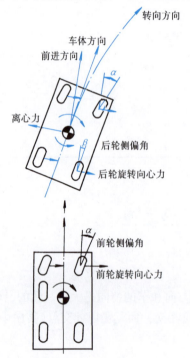

图 8-32　2WS 车高速转向时的车辆动态

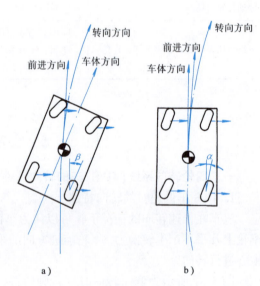

图 8-33　高速转向时的 2WS 车与 4WS 车同相转向操纵的比较

a) 2WS 车　b) 4WS 车

二、转向角比例控制

所谓转向角比例控制,就是与转向盘转向角成比例,在低速区是逆相,而在中高速区是同相地对后轮进行转向操纵控制。在中高速区的转向操纵应使前后轮平衡稳定并处于恒定转向状态,车的前进方向和车体的朝向就能一致,并能得到稳定的转向性能。转向初期的过渡状态,从一开始就是使前后轮同时产生旋转向心力。所以,车体的公转先于自转,车体就有朝向转向外侧的倾向。但是,与 2WS 车的转向相比能够做到转向方向的偏离足够小。

1. 系统组成

图 8-34 所示为 4WS 转向角成比例控制的系统。前后的转向机构是以机械方式连接。转向盘的旋转传递到前转向齿轮箱(齿条和小齿轮),由齿条带动转向横拉杆左右运动,使前轮转向。同时,小齿轮的旋转输出,通过连接轴传给后转向齿轮箱。

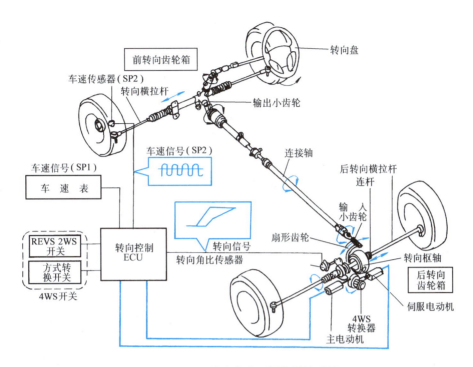

图 8-34　4WS 转向角成比例控制的系统

（1）转向枢轴　如图 8-35 所示，后转向齿轮箱的转向枢轴是一个大的轴承。其外圈与扇形齿轮成为一体，围绕枢轴可左右转动；内圈与连杆突出的偏心轴相连接，连杆通过 4WS 转换器的电动机连杆以旋转中心做正反旋转。偏心轴在转向枢轴机构内可上下回转约 55°。

通过连接轴的输入使小齿轮向左或向右旋转时，旋转力就传递到扇形齿轮，再由转向枢轴通过偏心轴使连杆向左右方向移动。连杆带动后转向横拉杆和后转向节臂实现后轮的转向。图 8-35b 所示为由于枢轴与偏心轴的运动，形成后轮的同相位和逆相位的转向原理图。偏心轴的前端与枢轴左右旋转中心重合时，即使转向枢轴左右转动，连杆也完全不动，后轮就在中立状态。随着偏心轴前端位置与枢轴的旋转中心上下方向的偏离，枢轴左右转动时的连杆的移动量就变大。偏心轴与后轮转向之间的动态关系是偏心轴前端位置在转向枢轴的上侧时为逆相位，而下侧时为同相位。图 8-35c 所示为转向枢轴旋转角度与连杆的旋转角度和左右移动量的关系。

（2）4WS 转换器　图 8-36 所示为 4WS 转换器的结构。转换器是由主电动机和副电动机的驱动部分、行星齿轮的减速部分以及旋转连杆的蜗杆组成的。通常主电动机转动，而副电动机处于停止状态。副电动机的输出轴与行星齿轮的中心齿轮相连，齿圈就是 4WS 转换器的输出轴。通常中心齿轮固定不动，而与主电动机相连的小齿轮旋转。因此，小齿轮围绕着中心轮进行公转和自转，以此带动 4WS 转换器的输出齿圈。

主电动机不工作时，小齿轮就变成空转齿轮，并将副电动机旋转传递到齿圈，使连杆同相位方向旋转。

2. 控制逻辑

图 8-37 所示为转向角比例控制 4WS 控制流程框图。通过转向角传感器、车速传感器等

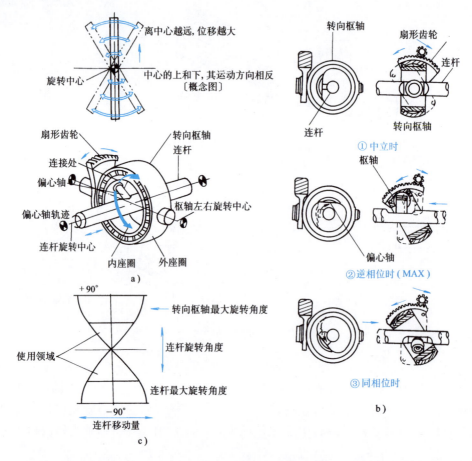

图 8-35 转向枢轴

a) 结构 　b) 偏心轴和枢轴的运动 　c) 枢轴的旋转角与连杆移动量之间的关系

输入信号，进行以下控制：

（1）转向角比控制　按照图 8-38 所示的转向角比控制，由主电动机进行控制。驾驶人通过 4WS 方式转换开关，可选择常规模式（NORMAL）和运动模式（SPORT）。

车速主要由车速表的传感器提供，用 ABS 车速传感器中的前轮的一个传感器输入信号作为辅助信号。转向角传感器是检测后转向齿轮箱内的连杆的旋转角度，根据滑动阻力相应于旋转角的模拟电压输入到 ECU。

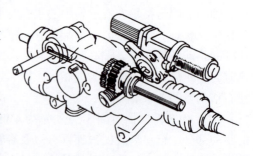

图 8-36　4WS 转换器的结构

（2）2WS 选择功能　2WS 开关为 ON 且变速器为倒档状态时，因与车速无关，故将后轮的转向操纵量设定为零。对 2WS 车倒退转向操纵已习惯的驾驶人，若对 4WS 车倒退转向操纵有失调感时，可使用此开关。

（3）安全性控制　系统出现异常时，在进行下列工作的同时点亮"4WS 警告灯"通知驾驶人，而且 ECU 记忆异常部位。

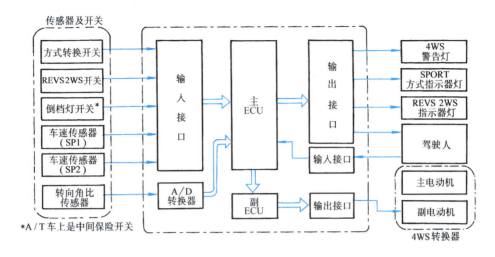

图 8-37　转向角比例控制 4WS 控制流程框图

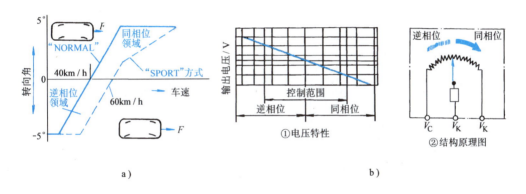

图 8-38　转向角比控制
a）转向角控制　b）转向角比传感器的特性

1) 主电动机异常时,驱动副电动机只在同相方向上,以常规模式（NORMAL）按照车速进行转向角比例控制。

2) 车速传感器异常时,在 SP1 和 SP2 的任何一个输出中,用车速高的值通过主电动机只对同相方向进行转向角比例控制。

3) 转向角比传感器异常时,通过副电动机驱动到同相方向最大值时停止控制。此时,若是副电动机异常,则用主电动机进行同样的控制。

4) ECU 异常时,通过副电动机驱动到相同方向最大值为止,然后停止控制。此时,能避免出现逆相位状态。

三、横摆角速度比例控制

在中高速区为发挥恒定转向时 4WS 的控制功能,并为了改善从转向初期到恒定转向的过渡状态中"转向内侧车体滞后现象",已进行了各种各样控制方法的研究。如前轮转向动作比后轮的转向动作稍晚点进行,从而增加自转的方法（一次滞后控制）。又如中断转向操纵时,由于转向的角速度和角加速度引起的转向时的车体朝向与前进方向偏离,转向初期的瞬间,将对后轮进行逆相位转向,再返回同相位转向的方法（位相反转控制）。

横摆角速度比例控制是通过检测横摆角速度以控制后轮转向操纵量的。通过横摆角速度能够直接检测自转运动的增减，所以按照它再增减后轮的转向角，就能取得合适的自转和公转时间，从转向初期起就能使车体朝向与前进方向之间的偏离很小。另外，驾驶人直接看着车辆的自转运动，所以即使是转向操纵以外而产生力，例如，在有横向风的情况下，以瞬时的感觉也能向抑制自转的方向操纵后轮的转向。

1. 系统组成

图 8-39 所示为 4WS 的横摆角速度比例控制系统的组成。使后轮产生转向角的工作原理就是转换后转向机构的控制阀油路，使阀芯左右移动。在前轮有转向运动时控制阀将后轮的最大转向角控制到 5°（大转向角控制），而与前轮转向无关时将后轮的转向角最大控制到 1°（小转向角控制）。前者属于依靠传动绳索的机械式转向，而后者是依靠脉冲电动机的电子式转向，后轮的转向角是由上述两者合成的。

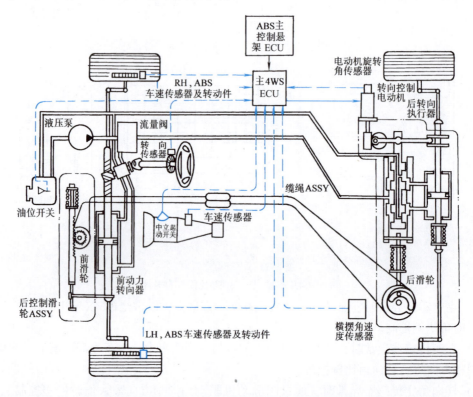

图 8-39　4WS 横摆角速度比例控制系统的组成

（1）前轮转向操纵机构　图 8-40 所示为前轮转向操纵机构。转向盘的旋转运动传递到转向器的小齿轮和齿条，并随着齿条的左右移动带动小齿轮旋转。此时与小齿轮成为一体的前带轮就做正反旋转。前带轮的旋转通过转向角传动缆绳传递到后轮转向操纵机构的后带轮上。控制齿条上有长为 l 的自由行程（盲区），而相应转向盘的转动范围大约为 250°，所以不能进行与前轮转向角连动的后轮转向操纵。高速行驶时，后轮不能进行这样大的转向角的转向操纵。因此高速行驶时，后轮只是通过脉冲电动机进行电子式转向控制。

（2）后轮转向操纵机构　图 8-41 所示为后轮转向操纵机构。机械式转向操纵机构的情况是通过缆绳将转动传递到后带轮并带动控制凸轮，而凸轮推杆仿照凸轮外形运动带动阀套筒左右移动。转向盘向左转动时，后带轮向右旋转。此时随着旋转，凸轮曲率半径变小，凸轮推杆被拉出，阀套筒向左移动。转向盘右转时，则相反。随着凸轮曲率半径变大，凸轮推杆被推进，阀套筒就向右移动。由于阀套筒和阀芯的相对位移，使来自液压泵的工作液压油路被切换。转向盘向左转时，阀套筒就向左移，使油液进入液压缸的右室，动力活塞向左移动。此时与活塞一体的拉杆向左移动，将后轮向右转。相反，当前轮向右转时，动力活塞向右移动，后轮就向左转。无论何种情况，总是逆相位转向操纵。

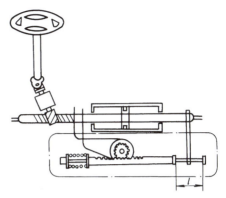

图 8-40　前轮转向操纵机构

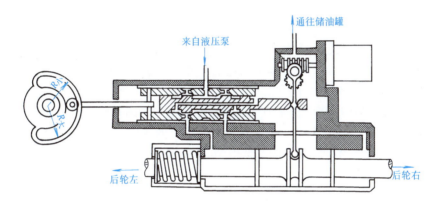

图 8-41　后轮转向操纵机构

2. 控制状态

按照前轮的转向量，后轮的转向控制状态有大转向角控制和小转向角控制两种状态。

（1）大转向角控制（机械式控制）　当前轮转向角处在与后轮转向无关的转向齿条自由行程范围内时，阀芯与阀套筒之间的相对位置处于中立状态。因而，来自液压泵的工作油液被排出，且返回到副油箱。动力油缸的左右室都成为中立的低油压，活塞杆在复位弹簧的作用下停止在中立位置。

当前轮向左转向时，阀套筒向左移动，并与阀芯之间产生相对位移。图 8-42 中的 a 部位以及 b 部位被节流，高压作用于动力油缸的右室，推动活塞杆向左移动，而后轮就向右转向。当活塞杆向左移动时，因为脉冲电动机不工作，阀控制杆就以支点 A 为中心回转，并将阀芯从 B 点移到左方的 B′ 点。因此，打开处于节流状态的阀 a 部分以及 b 部分，降低动力油缸右室的压力，如图 8-42 所示。结果是当活塞杆移动到规定位置时，a 部分以及 b 部分的节流压力与来自车轮的外力相平衡，后轮就不能进行更多的转向。

外力产生变化时，活塞杆将有微小的变化，但阀控制杆立即将变化反馈给阀芯并改变节流量。这个过程直到动力活塞的压力与外力相平衡为止，从而保持稳定。

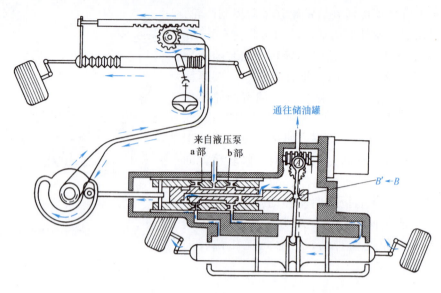

图 8-42 大转向角控制(逆相位)

（2）小转向角控制(电子式控制)　为了将脉冲电动机的旋转运动变为阀芯的直线运动，采用螺旋齿轮和曲柄组合机构。脉冲电动机的旋转通过蜗轮机构传递到从动齿轮，借助曲柄使阀控制杆移动，如图 8-43a 所示。当从动齿轮向左旋转时，阀控制杆的上端支点 A 就以从动齿轮中心 O 点为回转中心移动到 A' 点。脉冲电动机刚起动的瞬间，后转向轴还没有运动。所以，阀控制杆就以 C 点为回转中心向左运动，杆中央的 B 点成为 B' 点，使阀芯向左移动。缆绳不动时，阀套筒固定不动，与阀套筒产生相对位移，图 8-43 中阀的 a 部分以及 b 部分被节流，高压油进入油缸左室。

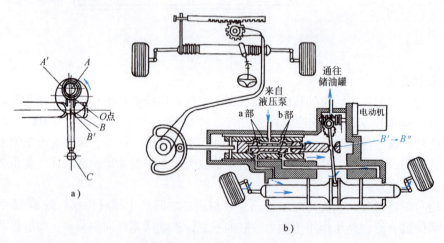

图 8-43 小转向角控制(同相位)
a) 反馈杆的工作原理　b) 整体工作原理

当活塞杆向右移动时，如图 8-43b 所示，反馈杆以支点 A 为中心回转，使阀套筒向右移动到 B'' 点为止。结果打开 a 部分和 b 部分，能减少节流使压力下降。而后以与机械式转向操纵相同的方法保持平衡。

单元九　辅助制动电控系统

任务内容

任务一　介绍电子驻车制动系统
任务二　介绍电子制动力分配（EBV）系统
任务三　介绍车辆上坡起步与下坡控制系统

学习目标

通过本单元的学习掌握汽车常用辅助制动电控系统的结构、原理、使用、检修等基本知识，并能灵活地加以应用。
➤ 能够向客户介绍电动真空制动助力系统的特点及其相关基本知识。
➤ 能够对电动真空制动助力系统进行一般故障的诊断与检修。
➤ 能够向客户介绍电子制动力分配（EBV）系统的功能及特点。
➤ 能够向客户介绍车辆上坡起步与下坡控制系统的功能及特点。

任务一　介绍电子驻车制动系统

一、电子驻车制动系统的功能

电子驻车制动系统（EPB）是将行车过程中的临时性制动和停车后的长时间制动功能整合在一起，并且由电子控制方式实现停车制动的技术。

电子驻车制动系统的主要功能如图 9-1 所示。电子驻车制动从基本的驻车功能延伸到自动驻车功能（AUTO HOLD）。驾驶人要停下车辆时，只需按下 AUTO HOLD 按钮（而不需要像之前一样长时间用脚踏制动踏板），然后拉起驻车制动器手柄即可实现自动驻车。启动自动电子驻车制动的情况下，车辆起动时，电子驻车制动器自行松开，这能避免车辆在坡道起步向后溜车。

二、电子驻车制动系统的结构与工作原理

电子驻车制动的工作原理与机械式驻车制动相同，均是通过摩擦片与制动盘或制动鼓产生的摩擦力来达到控制停车制动的目的，只不过控制方式从之前的机械式驻车制动拉杆变成了电子按钮。

电子驻车制动系统的组成如图 9-2 所示，主要由驻车制动控制单元、驻车制动开关、AUTO HOLD 开关、制动执行元件等组成。

电子驻车制动有以下几种工作模式：

图 9-1　电子驻车制动系统的主要功能

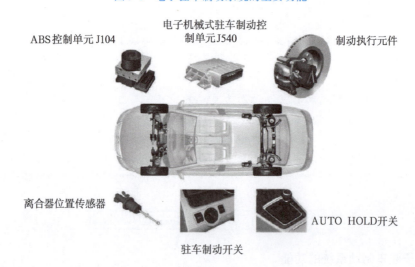

图 9-2　电子驻车制动系统的组成

1）动态起动辅助模式：当车辆从静止起步，车轮转矩达到一定程度时，电子驻车制动自动释放，将操作简化。

2）斜坡停车模式：EPB 通过内置在其控制单元中的纵向加速传感器来测算坡度，从而可以算出车辆在斜坡上由于重力而产生的下滑力，控制单元通过电动机对后轮施加制动力来平衡下滑力，使车辆能停在斜坡上。

3）动态紧急制动模式：如果在行车过程中发生极端情况，操作电子驻车制动按钮，可以对车辆进行紧急制动。此时车辆的制动并非机械的驻车制动，高速情况下，紧急制动是通过 ESP 控制单元以略小于全力制动的力对全部车轮进行液压制动，而当车辆接近静止状态时，才能直接用电子驻车制动来减速或驻车。例如大众的电子驻车制动在车速大于 7km/h 时就是如此，而只有当车速小于 7km/h 时，才是直接施以电子驻车制动。

4）AUTO HOLD 模式：它是 ESP 的一种扩展功能，由 ESP 部件控制，制动管理系统通过 ESP 的扩展功能来实现对四轮制动的控制。当车辆临时停驻并且很短一段时间之后需要重新起动时，其驻车就交由 ESP 控制的制动来完成，计算机会通过一系列传感器来测量车身的水平度和车轮的转矩，对车辆溜动趋势做一个判定并对车轮实施一个适当的制动力使车辆静止。这个制动力刚好可以阻止车辆移动，并不会太大，以便再次踩加速踏板前行时不会有太严重的前窜动作。在临时驻车超过一定时限后，制动系统会转为后轮机械驻车（打开电子驻车制动）来代替之前的四轮液压制动。当车辆欲前行时，电子系统会检测加速踏板的踩踏力度以及手动档车型的离合器踏板的行程，来判定制动是否解除。

AUTO HOLD 功能可以避免使用电子驻车制动而简化操作，自动档车型不用频繁地由 D 位到 N 位、D 位到 P 位来回切换档位，简化了操作，也减少了"溜车"的可能性。为了环保和减少传动系统磨损，自动档车型短时停车应该适时挂空档。

图 9-3 大众公司电子驻车制动系统的执行装置

图 9-3 所示是大众公司电子驻车制动系统的执行装置，其传动机构如图 9-4 所示。电动机驱动齿轮通过同步带带动一个大齿轮，减速比为 3∶1，大齿轮驱动斜盘齿轮带动从动齿轮，减速比为 50∶1，再通过螺杆将力矩转向，推动活塞与卡盘实现制动。

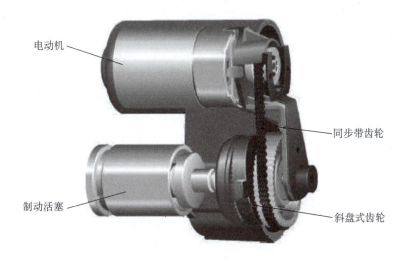

图 9-4 电子驻车制动系统的传动机构

任务二 介绍电子制动力分配（EBV）系统

电子制动力分配（EBV）系统可以按需要合理分配汽车的制动。在监控汽车稳定性时，通过取消制动压力缓减器或通过增强后轮制动器，以使后桥上的制动过程尽量靠近汽车的整个制动过程。当汽车前桥上的载荷较大时，还可利用前桥上剩余的制动潜力。

一、理论基础

汽车制动力应当这样分配，即在没有制动压力缓减器时，在制动过程的较小制动力阶段

（如 0.5g），可得到理想制动力分配曲线 1 上的固定的制动力分配调节点 P，如图 9-5 所示。在配备 ABS 和使用原来的液压系统、传感技术和电子技术，通过对电磁阀和软件的适当修改，在制动过程的较大制动力阶段，就可以使汽车后桥上的制动力相对减小。

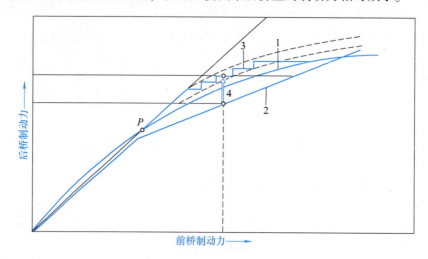

图 9-5　电子制动力分配（EBV）
1—理想的制动力分配　2—不稳定的制动力分配　3—电子制动力分配　4—在后桥上增加的制动力

二、工作原理

电控单元不断计算汽车在各种行驶状况下前轮和后轮上的滑转率。如果在制动过程中后轮的滑转率与前轮的滑转率之比超过设定的稳定边界值，则相应后轮的 ABS 中制动液进液压力阀关闭，以阻止后轮轮缸中制动液压力继续增加。

如果驾驶人要继续往下踩制动踏板，即增加制动压力，则前轮上的滑转率增大，后轮与前轮的滑转率之比再次减小，后轮制动液进液压力阀开启，后轮上的制动压力再次增加。与制动踏板作用力和驾驶技巧有关的后、前轮的滑转率之比的上述变化过程将重复多次，即电子制动力分配的阶梯状变化过程，如图 9-5 中的曲线 3。该变化过程将不断地紧靠理想的制动力分配曲线。

电子制动力分配只是控制 ABS 中后轮制动液进液压力阀，液压调压器中的回液泵电动机不工作。

三、优点

由电子制动力分配曲线可见，其优点是：
1）在各种载荷状况，在弯道、上山和下山有侧向力时，以及动力传动系统变化（如离合器接合、离合器分离、自动变速器升降档）时，都能得到最佳的汽车行驶稳定性。
2）取消了常规的制动压力缓减器或制动压力限制器。
3）降低前轮制动器的热负荷。
4）前、后摩擦制动衬片磨损均匀。
5）在相同的制动踏板作用力时有较大的汽车减速度。
6）在汽车寿命期内制动力分配不变。
7）只需对原来的 ABS 中的一些部件做微小改变。

任务三　介绍车辆上坡起步与下坡控制系统

一、山区上坡起步控制功能(HHC)

山区上坡起步控制功能(HHC)如图9-6所示。它是汽车行驶的舒适性功能，并可防止在上陡坡起步时汽车下溜。用倾斜传感器(纵向加速度传感器)可以测定坡度。在停车时，踩踏制动踏板建立的制动压力是汽车在上坡起步所必需的。

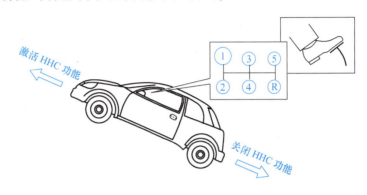

图9-6　HHC控制功能

在确认汽车已停下来，且没有踩踏制动踏板时，在液压制动系统中仍将保持驾驶人在停车过程期间预设的制动压力。制动压力保持时间最长达2s，以后制动压力下降。在这时间内驾驶人可踩加速踏板使汽车起步，在确认汽车要起步后制动压力下降。

如果汽车发动机转矩足够，则汽车起步行驶。汽车起步可由驾驶人踩踏加速踏板或接合离合器，也可以由变速器输出发动机转矩(如自动变速器)来实现。

若汽车在静止状态时已有足够的发动机转矩(如通过自动变速器驱动)时，则液压制动系统中的制动液压力不再保持。

如果在汽车设定的制动压力保持时间内踩踏加速踏板，则制动压力保持时间要延长到有足够的发动机转矩，以使汽车起步。

若既不踩加速踏板，也不踩制动踏板，则山区上坡起步控制(HHC)最晚在2s以后将失效，汽车就下溜。

HHC控制功能是ESP系统的附加功能，并利用了ESP系统中的部件。这个控制过程是自动完成的。

二、山区下坡控制功能(HDC)

山区下坡控制功能(HDC)如图9-7所示。山区下坡控制(HDC)也是汽车的一个舒适性功能。当汽车在山区下坡(坡度达50%)行驶时，该功能帮助驾驶人自动地进行制动干预。在激活山区下坡控制功能后，无需驾驶人的帮助而能细微调节预先设定的汽车速度。

操纵HDC键就可实现激活和关闭山区下坡控制功能。在需要时，驾驶人可以通过踩制动踏板和加速踏板或速度控制器的操纵键改变预设的速度。

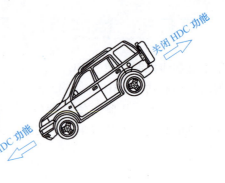

功能范围
- 标准的目标速度≈8km/h
- 目标速度范围为5～35km/h（由驾驶人调整）
- 制动激活，只在下坡行驶
- 只在1档或倒档才能完成整个功能

图9-7　HDC控制功能

在山区下坡控制时，如果车轮在高的制动滑转率滑转，则ABS投入工作。如果车轮在不同附着系数的路面上转动和滑转，则滑转车轮上的制动力矩就会自动地分配到有高附着系数的车轮上。

山区下坡控制功能可自动地、充分地利用发动机制动力矩。与只利用发动机倒拖的阻力矩相比，HDC控制功能的额外好处是当车轮离开地面时，仍可保持汽车速度而不会突然加速。

HDC控制功能的另一优点是制动力的分配是可变的，该制动力与自动地行驶方向识别连在一起。在汽车倒行时需对后桥进行较猛的制动，以减轻前桥载荷和得到最佳的汽车操控性。

HDC控制功能中有一个地平面检测功能，在山区下坡行驶时允许进行制动干预。如汽车在平路上或在山区上坡行驶时，HDC控制功能转换到准备状态，一旦识别出汽车是下坡行驶就再次自动激活HDC控制功能。

为预防驾驶人误用HDC控制功能，若加速踏板移动量超过它的阈值而继续往下踩或汽车超过它的最大控制速度时，则HDC控制功能进入准备状态。如果汽车进一步加速而超过切断速度，则HDC转入关闭控制功能。

HDC控制功能的状态由HDC指示灯显示。在通过HDC进行制动干预时还通过制动灯显示。

参 考 文 献

[1] 李春明. 汽车底盘技术[M]. 2版. 北京：机械工业出版社，2009.
[2] 赵良红. 汽车底盘电控技术[M]. 2版. 北京：机械工业出版社，2013.
[3] 李东江. 现代汽车电子控制系统结构与维修[M]. 南京：江苏科学技术出版社，2001.
[4] 李栓成，王天颖. 现代轿车电控悬架的结构原理和检修[M]. 北京：北京理工大学出版社，1998.
[5] 麻友良，赵英勋. 富康988/富康轿车维修手册[M]. 北京：机械工业出版社，2001.
[6] 德国BOSCH公司. 汽车安全性与舒适性系统[M]. 魏春源，等译. 北京：北京理工大学出版社，2007.
[7] 刘艳莉. 一汽皇冠轿车使用与故障分析[M]. 北京：高等教育出版社，2008.